Helmut Breidenbach
Angelika Breidenbach

MIT DEM WOHNMOBIL NACH POLEN

Teil 1: Der Norden

Die Anleitung für einen Erlebnisurlaub

DER WOHNMOBIL-VERLAG
D-98634 Mittelsdorf/Rhön

Die Deutsche Bibliothek – CIP-Einheitsaufnahme

Bibliografische Information der Deutschen Bibliothek

Die Deutsche Bibliothek verzeichnet diese Publikation in der Deutschen Nationalbibliografie.
Detaillierte bibliografische Daten sind im Internet über <http://dnb.ddb.de> abrufbar.

Titelbild:
Danziger Altstadt mit Krantor

3. überarbeitete und erweiterte Auflage 2012

Druck:
Appel & Klinger, 96277 Schneckenlohe

Vertrieb:
GeoCenter, 70565 Stuttgart

Herausgeber:
WOMO-Verlag, 98634 Mittelsdorf/Rhön
GPS: N 50° 36' 38.2" E 10° 07' 56.0"

Fon: 0049 (0) 36946-20691
Fax: 0049 (0) 36946-20692
eMail: verlag@womo.de
Internet: www.womo.de

Autoren-eMail: Breidenbach@womo.de

ISBN 978-3-86903-613-7

EINLADUNG

Der ersehnte Urlaub liegt noch vor Ihnen, die Hauptsaison naht, Ihre Überlegungen gelten den möglichen Zielen. Der Süden? Italien, Griechenland? Sicher, baden würde man gerne, aber die Hitze... und alles so voll. Skandinavien? Hm, ob da das Wetter mitspielt ... Spanien? Vieeel zu heiß im Sommer! In die Berge? Na ja, dieses Jahr besser mal nicht zuviel kraxeln. Nun, Baden hört sich ja ganz gut an... Das Meer? Gerne, aber ab und an Süßwasser wäre auch ganz schön; aber wir wollen natürlich nicht nur faulenzen!

Kultur? Alte, historische Städte? Sehenswerte Kirchen? Nachdenkenswerte Zeugnisse der schrecklichen Deutschen Geschichte, aber auch viele Stätten und Zeichen der Versöhnung? Die prachtvollsten Ritterburgen des Mittelalters? Ein Land, im Zeichen der Europäischen Einigung, in dem der Eiserne Vorhang die ersten tiefen Risse bekam, ein Land im Aufbruch? Wo man sich frei und ohne Ge- und Verbote mit seinem Wohnmobil bewegen kann?

Folgen Sie uns – nach **POLEN**. Alles oben Beschriebene werden Sie dort finden – und noch vieles mehr. Wie wäre es mit einer sehr guten, bürgerlichen und für unsere Verhältnisse äußerst preiswerten Küche? Mit schmackhaften Bieren, kristallklarem Wodka? Fischgerichte in allen Variationen? Mit unendlichen Wäldern voller Pilze und Blaubeeren? Tausender Kilometer schönster schattiger Alleen? Unendlichen Sandstränden, im Osten die wörtlich zu nehmende „Bernsteinküste"? Die größten Wanderdünen Europas?

Über tausend Seen, Hunderte Kilometer schönster Flüsse warten auf Sie!

Als passionierter WOMO-Leser werfen Sie alle Vorurteile, die Sie je über dieses Land gehört haben, schleunigst über Bord.

Folgen uns in eines der interessantesten und vielseitigsten der neuen EU-Mitgliedsstaaten!

Ihr

Helmut Breidenbach

Sehr geehrter Leser, lieber WOMO-Freund!

Reiseführer sind für einen gelungenen Urlaub unverzichtbar – das beweisen Sie mit dem Kauf dieses Buches. Aber aktuelle Informationen altern schnell, und ein veralteter Reiseführer macht wenig Freude.
Sie können helfen, Aktualität und Qualität dieses Buches zu verbessern, indem Sie uns nach Ihrer Reise mitteilen, welchen unserer Empfehlungen Sie gefolgt sind (freie Stellplätze, Campingplätze, Wanderungen, Gaststätten usw.) und uns darüber berichten (auch wenn sich gegenüber unseren Beschreibungen nichts geändert hat).
Bitte füllen Sie schon während Ihrer Reise das Info-Blatt am Buchende aus und schreiben Sie evtl. Korrekturen auch in unser Forum unter: www.forum.womoverlag.de
Dafür gewähren wir Ihnen bei Buchbestellungen direkt beim Verlag (mit beigefügtem, vollständig ausgefülltem Info-Blatt oder entsprechender eMail) ein Info-Honorar von 10%.
Aktuelle Korrekturen finden Sie unter: www.forum.womoverlag.de

Um die freien Übernachtungs- und Campingplätze auf einen Blick erfassen zu können, haben wir diese im Text in einem Kasten nochmals farbig hervorgehoben und, wie auf den Karten, fortlaufend durchnummeriert. Wir nennen dabei wichtige Ausstattungsmerkmale und geben Ihnen eine kurze Zufahrtsbeschreibung. "Max. WOMOs" soll dabei andeuten, wie viele WOMOs dieser Platz maximal verträgt und nicht, wie viele auf ihn passen würden (schließlich gibt es auch Einwohner und andere Urlauber)!
Übernachtungsplätze mit **B**ademöglichkeit sind mit hellblauer Farbe unterlegt. **W**anderparkplätze sind grün gekennzeichnet. **P**icknickplätze erkennen Sie an der violetten Farbe. Auf Schlafplätze, denen die gerade genannten Merkmale fehlen – also auf einfache **S**tellplätze – weist die Farbe Gelb hin.
Empfehlenswerte **C**ampingplätze haben olivgrüne Kästchen. Wanderungen, die wir Ihnen besonders ans Herz legen möchten, haben wir hellgrün unterlegt.

Und hier kommt das Kleingedruckte:
Jede Tour und jeder Stellplatz sind von uns meist mehrfach überprüft worden, wir können jedoch inhaltliche Fehler nie ganz ausschließen. Bitte achten Sie selbst auf Hochwasser, Brandgefahr, Steinschlag und Erdrutsch!
Verlag und Autoren übernehmen keine Verantwortung für die Legalität der veröffentlichten Stellplätze und aller anderen Angaben. Unsere Haftung ist, soweit ein Schaden nicht an Leben, Körper oder Gesundheit eingetreten ist, ausgeschlossen, es sei denn, unsere Verantwortung beruht auf Vorsatz oder grober Fahrlässigkeit.

INHALTSVERZEICHNIS

Zeichenerklärungen für die Tourenkarten

Touren / abseits der Touren

- Autobahn
- 4-spurige Straße
- Hauptstraße
- Nebenstraße
- Schotterstraße
- Wanderweg
- S W P B — WOMO-Stellplatz, Wander-, Picknick-, Badeplatz (nicht für freie Übernachtungen)
- 11 12 13 14 — WOMO-Stellplatz, Wander-, Picknick-, Badeplatz (geeignet für freie Übernachtungen)

Alle übernachtungsgeeigneten Plätze sind im Text und auf den Tourenkarten fortlaufend durchnummeriert.

- Kirche, Kloster
- Burg, Schloss, Ruine
- 1493 m — Berggipfel
- Ausgrabungsstätte
- Sehenswürdigkeit
- Aussicht, Rundsicht
- Trinkwasser/Dusche
- V E — Ver-/Entsorgung
- WC — Trockenclo/WC
- 15 C — empf./sonst. Campingplatz
- N50° 36' 38.2" E10° 07' 12.5" GPS

Gebrauchsanleitung

„Wie, Ihr wollt nach Polen? Fahrt Ihr denn mit zwei Wohnmobilen, damit Ihr wenigstens noch mit einem zurückkommen könnt?!? Habt Ihr Verwandte drüben oder stammt einer Eurer Eltern von dort?“ Diese und ähnliche Fragen wurden gestellt, als wir unsere Neugierde für dieses Land kundtaten. Ihnen als Leser der WOMO-Reihe wären solche Fragen sicher nie über die Lippen gekommen, sind wir doch alle offen für neue Ziele! Und wir werden Sie kreuz und quer durch den nördlichen Teil dieses seit 2004 zur EU gehörenden Landes mit seiner reichhaltigen wechselvollen Geschichte führen.

Polen ist, wie es auch in der ersten Zeile der Nationalhymne heißt, ganz bestimmt noch nicht verloren - trotz oder gerade wegen seiner Vergangenheit. Immer wieder mal von der einen, mal von der anderen Seite erobert, geplündert, zerteilt, dann die Grauen der deutschen Besetzung, die aus dem Land ein einziges Konzentrationslager machten, zuletzt der Kommunismus, nichts hat das Land wirklich vernichten können. Ja, sogar der Grundstein für die ersten richtigen Löcher im Eisernen Vorhang und damit dem Niedergang des Kommunismus wurden hier gelegt: in Danzig, in der ehemaligen Leninwerft, wurde mit der Solidarność die erste freie Gewerkschaft gegründet.

Vielmehr ist Polen ein Land im Auf- und Umbruch. Der Beitritt zur EU hat vielen Dingen einen enormen Schub verliehen. An allen Stellen, ob im Straßenbau, oder zur Renovierung und Restaurierung von Straßenzügen und gar ganzen Stadtzentren, wird gewühlt und gegraben. Der Tourismus nimmt stetig zu, man bemüht sich, die vielen Sehenswürdigkeiten und vor allem die reichhaltige, zum großen Teil nahezu unberührte Natur entsprechend hervorzuheben.

Und davon werden Sie auf unseren Touren wahrlich genug zu sehen bekommen! Jeder hat bestimmt schon von den großen masurischen Seen gehört, aber wussten Sie zum Beispiel, dass es in den Urwäldern im Białowieska-Nationalpark nahe der weissrussischen Grenze noch freilebende Wisente gibt?

Machen Sie es den Polen beziehungsweise uns nach und sammeln Sie in den Wäldern Massen von Steinpilzen, Pfifferlingen oder Blaubeeren. Sie wollen im Meer baden? Über 500

km Küstenlinie stehen Ihnen zur Verfügung, wo Sie mit etwas Glück auch noch Bernstein finden können!

Aber wir zeigen Ihnen natürlich nicht nur die Natur und die Landschaften, sondern auch sehenswerte Städte! Posen, Thorn, Warschau, Danzig sind wunderschöne, perfekt restaurierte, geschichtsträchtige Orte mit interessanten Museen, großartigen Kathedralen, einladenden Straßencafés und Restaurants.

Was bietet Ihnen Polen noch? Eine ganz hervorragende, bodenständige und zudem preiswerte Küche! Bigos (Eintopf auf Krautbasis mit Würstchen, Speck und Fleisch), Żurek (saure Suppe auf Basis von speziell fermentiertem Mehl) oder Pierogi (Teigtaschen, gefüllt mit Kraut und Pilzen) müssen Sie einfach probieren; dazu ein frisches, kühles Bier! (Achtung: Promillegrenze 0,2!)

Perfekt restauriert - Danzig (Gdańsk)

Schmeckt so gut, wie es aussieht!

An der Küste werden Sie natürlich mit frischem Fisch verwöhnt; an vielen Orten finden Sie Strandrestaurants, wo Sie - mit Selbstbedienung - für noch nicht einmal EUR 5,- eine komplette Mahlzeit bekommen.

Mit der Sprache werden Sie nicht viele Probleme bekommen. Oft (vor allem natürlich in den touristisch erschlossenen Gebieten) spricht man Deutsch, ansonsten sprechen vor allem jüngere Leute vielfach sehr gutes Englisch. Die Preise in Polen sind, für unsere Begriffe (jedoch nicht gemessen am polnischen Durchschnittseinkommen!) äußerst günstig. Diesel ist um mehr als 1/3 günstiger, der Preis vieler Grundnahrungsmittel beträgt gar nur 1/4 der in Deutschland üblichen! Auch wenn sich - leider - am Rande der Großstädte inzwischen etliche, auch in Deutsch-

Typischer Markt - hier in Kulm(Chełmno)

land wohlbekannte, Supermarktketten etabliert haben, erfolgt der Großteil der Versorgung noch über (oft täglich stattfindende) Märkte oder über kleine „Tante-Emma-Läden“; achten Sie auf die Schilder „Sklep“; oft sieht man den Geschäften von außen nicht an, welche Vielfalt dort zu kaufen ist. Sie brauchen also gewiss nicht die Staufächer Ihres Womo mit Lebensmitteln von zu Hause vollzustopfen, genießen Sie die frische und preiswerte Vielfalt, die Ihnen das Land bietet!

So, nun wissen Sie also schon in groben Zügen, was es im Allgemeinen alles zu sehen gibt. Kommen wir nun zu einigen Dingen, die speziell für uns Wohnmobilisten interessant und wichtig sind und zu denen wir immer wieder befragt werden. Zunächst zu den Straßenverhältnissen: In Polen gibt es nur wenige Autobahnen - ein paar Kilometer um Stettin (Szczecin) herum sowie die im Bau befindliche und teilweise schon fertiggestellte Strecke, die einmal von Frankfurt/Oder nach Warschau führen soll. Ansonsten rollt der gesamte Verkehr über die Landstraßen - auch der nicht unerhebliche LKW-Transitverkehr Richtung Weissrussland, Ukraine und die baltischen Staaten rollt über den Asphalt, der teilweise für diese Belastungen nie geplant war. Dementsprechend sind Spurrillen (Straßenschild: Koleiny), Bodenwellen und Schlaglöcher nichts ungewöhnliches. Sind die Landstraßen so breit, dass es rechts neben der eigentlichen Fahrbahn noch einen mit einer gestrichelten Linie abgetrennten weiteren Bereich gibt, und Sie sind langsam unterwegs: halten Sie den Rückspiegel im Auge! Wenn ein schnelleres Fahrzeug kommt, weichen sie rechts auf diesen Streifen aus, um das Überholen für den nachfolgenden Verkehr zu erleichtern (übrigens auch, wenn sich im entgegenkommende Verkehr überholt wird).

Abseits dieser Hauptdurchgangsstraßen fahren Sie in der Regel durch wunderschöne Alleen. Aber auch hier ist Aufmerksamkeit angebracht: durch das Spiel von Licht und Schatten

Typische Allee

ist der oftmals sehr wechselhafte Straßenbelag nicht immer eindeutig auszumachen, auch können überhängende Äste manchem Alkoven gefährlich nahe kommen - insbesondere, wenn man bei Gegenverkehr (oder wenn man überholt wird) möglichst weit nach rechts ausweichen muss.

Wenn es ganz schlimm kommt (Schotterpisten oder übelstes Kopfsteinpflaster) weisen wir Sie natürlich im Text darauf hin. Im Allgemeinen halten wir uns jedoch mit der Beurteilung des Straßenzustandes sehr zurück - der Grund ist dass, wie schon zuvor beschrieben das ganze Land im Wandel ist. Manche Strecke, die ich bei der ersten unserer insgesamt drei Recherchetouren als hundsmiserabel notiert hatte war ein Jahr später neu asphaltiert und glatt wie der sprichwörtliche Kinderpopo.

Noch ein wenig zu den Geschwindigkeitsbeschränkungen: innerorts 50 km/h, außerorts 90 Km/h (über 3,5 t: 70 km/h), auf einspurigen Schnellstraßen 100 km/h (bzw. 80 km/h üb. 3,5 t),

Landstraße, unterste Kategorie

auf zweispurigen Schnellstraßen 110 Km/h (80 Km/h üb. 3,5t), auf Autobahnen 130 Km/h (80 Km/h üb. 3,5t). Auch tagsüber muß mit Abblendlicht gefahren werden! Einige Autobahnen sind **mautpflichtig**, die Gebühr wird direkt an Mautstationen kassiert - aber nur, sofern ihr WOMO unter 3,5t ZGG hat! Alle **Fahrzeuge** mit einem Gesamtgewicht von **über 3,5 Tonnen** benötigen seit dem 01.07.2011 eine funktionierende elektronische „**viaBox**"; falls Sie betroffen sind, informieren Sie sich vor Ihrer Reise unbedingt im Internet unter www.viatoll.pl (auch in deutscher Sprache) oder telefonisch unter +48 22 521 1010!

Unser damaliger Laika

Bevor Sie nun schimpfen, mit was für einem Fahrzeug der ver... Autor diese Routen wohl abgefahren hat: unsere allererste Recherche machten wir mit unserem Laika Ecovip 2i, einem ausgewachsenen Alkovenmobil mit insgesamt 7,60 Meter Länge, 3,30 Meter Durchfahrthöhe und 2,35 Meter Breite (+ Spiegel) und insgesamt 4,2 t Gesamtgewicht - der größte Teil der uns nachfahrenden Womos wird wohl kompakter sein und nicht fragen:" Wie in aller Welt sind DIE da wohl durchgekommen?!?"

Danach waren wir mit unserem Rondo XL von CS-Reisemobile, einem hochwertigen Ausbau auf Sprinterbasis, der für uns in idealer Weise das Platz- und Komfortangebot eines ausge-

wachsenen Wohnmobils mit den hervorragenden Fahreigenschaften und der schmalen Silhouette eines Kastenwagens verbunden hat. Hier die Abmessungen für Sie zum Vergleich: Höhe 3,20 Meter, Länge 6,60 Meter, Breite 1,95 Meter, zulässiges Gesamtgewicht 3,3 t.

Als uns unsere Kinder, inzwischen alle erwachsen, nicht mehr

im Wohnmobil begleiten wollten, wechselten wir zum CS Rondo, einem etwas kompakteren Kastenwagenausbau mit einem 2-Personen-Grundriss. Auch hier geben wir Ihnen die Abmessungen zum Vergleich: Höhe 2,70 Meter, Breite 1,99 Meter, Länge 5,95 Meter, zulässiges Gesamtgewicht 3,3 t.

Dieses Buch ist, wie alle WOMO-Führer, übersichtlich in Touren gegliedert. Natürlich konnten wir nicht alle Regionen bis in den letzten Winkel auskundschaften. Unsere Auswahl ist sehr subjektiv und reißt viele Dinge, insbesondere Stadtbesichtigungen und Bau- und Kunstdenkmäler, nur an. Viele Orte haben bereits Touristenbüros (*it*), die Sie gerne mit weitergehenden ausführlichen Informationen und Veranstaltungsterminen versorgen.

Der Hauptgrund für den Kauf dieses Reiseführers ist sicher Ihre Erwartung von Vorschlägen für Stellplätze. Wir haben uns viel Mühe gemacht, ruhige und einsame, aber auch solche in Orts- oder gar Zentrumsnähe für Sie zu finden und deren Abfahrt zu beschreiben. Oftmals haben wir diese Plätze auch fotografisch festgehalten. Von allen Plätzen haben wir die GPS-

Daten und, wo vorhanden, die Straßennamen notiert, sie finden die Positionsdaten in jedem Stellplatzkasten.

Weiterhin zeigen wir Ihnen die (in Polen) sehr seltenen Ver- und Entsorgungsmöglichkeiten auf. Es gibt noch keine entsprechende Infrastruktur für Wohnmobile, dementsprechend also auch keine Ver- und Entsorgungsstationen, wie man sie z.B. von Deutschland, Frankreich und Italien her kennt. Frischwasser bekommt man grundsätzlich an Tankstellen. Versäumen Sie aber bitte auf keinen Fall, bevor Sie einen eventuell bereitliegenden Schlauch in Ihren Tankstutzen stecken, zu fragen! Sofern Sie dort sowieso Ihren Dieseltank (Diesel auf Polnisch: ON) auffüllen, wird man Ihnen das Wasser bestimmt nicht verwehren! Falls Ihr Wohnmobil über eine Kassettentoilette verfügt, ist gegen eine (saubere!) Entsorgung in öffentlichen WC's nichts einzuwenden. Wo sich diese Möglichkeit anbietet, haben wir es auch erwähnt.

Noch ein Wort zu einem weiteren wichtigen Punkt: der Gasversorgung. Sie werden mit großer Wahrscheinlichkeit in Ihrem Wohnmobil 2 Flaschen je 11 kg haben. In der Regel wird Ihnen dieser Vorrat, sofern Sie nicht im tiefsten Winter unterwegs sind, für 4 - 6 Wochen reichen. Sollten Sie dennoch aus irgendwelchen Gründen Gasmangel bekommen - kein Problem! Die polnischen Flaschen sind von den Dimensionen und Anschluss mit den deutschen identisch, sie haben nur einen 3/4-Stahlkragen um den Ventilbereich. Diese Flaschen sind an vielen Tankstellen erhältlich - packen Sie in Notfall ihre leere Gasflasche ins Staufach und besorgen eine polnische, die Sie während des Urlaubs auch tauschen bzw. am Ende zurückgeben können.

Wer Campingplätze vorzieht, sollte auf jeden Fall auch z.B. den entsprechenden Wälzer des ADAC mitführen. Die Autoren des WOMO-Verlages haben zwar beschlossen, auch solche Übernachtungs- und Erholungsmöglichkeiten aufzuführen, wir beschränken uns aber darauf, Ihnen lediglich die landschaftlich reizvollen Plätze, ohne besondere Rücksicht auf Sanitärausstattung zu nennen, denn Sie bevorzugen bestimmt auch Ihre eigene Dusche und Ihr WC.

Viele Campingplätze in Polen sind mehr auf Zeltcamper ausgerichtet oder haben kleine Hütten zur Vermietung und sind weniger auf durchreisende Wohnmobile ausgelegt, entsprechend geringer ist die Auswahl - aber man ist oft bereit, auch zu improvisieren und wenn irgend möglich, Ihnen einen Platz freizumachen. Auch die Preise der polnischen Campingplätze sind oft günstiger als manch offizielle Stellplätze in Deutschland! Wo wir, obwohl wir uns mehr dem freien Übernachten verschrieben haben, entsprechendes entdeckt haben, haben wir es in olivgrüner Farbe aus dem übrigen Text hervorgehoben. Vor jede unserer Touren haben wir eine Karte gesetzt, so dass Sie sich leicht orientieren können. Sie kann Ihnen aber keinesfalls den Kauf einer professionellen Straßenkarte (Maßstab 1:200.000) ersetzen.

In der hinteren Umschlagseite finden Sie zudem eine Übersichtskarte über alle Touren, auf der Sie sich einen ersten Überblick über den Verlauf der einzelnen Reisegebiete verschaffen können. Außerdem wird auf die Seitenzahlen der zugehörigen Tourenkarten verwiesen.

Weder der Verlag noch wir selbst können dafür einstehen, dass das Übernachten auf den von uns angegebenen Stellplätzen behördlicherseits erlaubt ist. Das freie Stehen wird in Polen bisher toleriert. Unumgänglich dafür, dass dies auch so bleibt, ist das adäquate Verhalten aller. Vermeiden Sie die Überbevölkerung der Stellplätze! Dass Sie keinen Müll, Abwasser oder gar den Inhalt Ihrer Toilette hinterlassen, ist für Sie bestimmt selbstverständlich.

Sollte ein Stellplatz nicht mehr aktuell sein oder Sie weitere interessante Orte und Übernachtungsmöglichkeiten entdecken, oder wollen Sie einfach nur berichten, dass noch alles so ist, wie wir es beschrieben haben, bitten wir Sie dringend um Ihre Zuschrift an den Verlag oder an:

Helmut Breidenbach
Am Wäldchen 19
D-51469 Bergisch Gladbach
Fax: 02202-940589
e-mail: breidenbach@womo.de

Wir sind auf die Mithilfe unserer Kunden angewiesen! Am Ende dieses Buches finden Sie eine entsprechende vorbereitete Antwortkarte (weitere, auch für andere Bücher des Verlages, schicken Ihnen gerne Verlag oder Autor).

Noch ein Wort zur Nomenklatur: fast alle polnischen Ortschaften haben aus der Geschichte heraus auch deutsche Namen. Wir nennen im Text jedoch die polnischen Ortsnamen, vor allem, um Ihnen den Abgleich mit Landkarten und Wegweisern zu erleichtern und setzten die deutschen bei der ersten Erwähnung in Klammern dahinter. Am Ende des Buches unter „Tipps und Tricks“ haben wir zusätzlich noch ein Ortsnamensregister Deutsch-Polnisch und Polnisch-Deutsch hinzugefügt. Die Tourenkarten haben wir aus Platzgründen ausschließlich mit den polnischen Namen versehen.

Also: **serdecznie witamy** - Herzlich willkommen in Polen!

Anreisewege

Da Polen ein direktes Nachbarland von Deutschland ist, erübrigt sich eigentlich eine exakte Beschreibung der möglichen Anreisewege. Aber egal, ob Sie von Norden, Süden oder Westen aus ankommen, der Weg zum Startpunkt unserer Route - der Grenzübergang Frankfurt/Oder an der Autobahn A12 führt großräumig um beziehungsweise über Berlin.

Auf diesem Weg können und wollen wir Sie auf zwei Alternativen aufmerksam machen - sofern Sie die notwendige Zeit dafür mitgebracht haben.

So Sie von Süden über die A8 beziehungsweise von Westen her über die A2 auf BERLIN zukommen, biegen Sie am Autobahndreieck Werder auf die A10 Richtung Norden. An der Ausfahrt POTSDAM NORD verlassen Sie die Autobahn, dann links Richtung POTSDAM, nach gut 2 km wieder links Richtung FAHRLAND auf die Marquarder Straße. Nach 2,5 km erreichen Sie FAHRLAND, insgesamt nach 6 km endet die Straße an der B2. Hier biegen Sie links Richtung SPANDAU ab. Volles Beschleunigen lohnt nicht, nach gut einem Kilometer - Sie haben rechter Hand einen Seitenarm des LEHNITZ-SEE - geht es rechts „drittklassig“ ab. Endlich nach 4,3 km liegt zur Rechten der schöne, großräumige, zwischen Bäumen gelegene Parkplatz des **Schlosspark Sacrow**. Dieser Parkplatz eignet sich dann ganz hervorragend zur Übernachtung - aber natürlich gibt es hier noch mehr, sonst hätten wir

Sie nicht hierhin geführt! Direkt vom Parkplatz aus führen Wege durch den malerischen **Schlosspark** bis zum Ufer der Havel,

(001) WOMO-Stellplatz: Park Sacrow

GPS: N 52° 25' 36.7"; E 13° 05' 14.9"; Krempnitzer Str.

max. WOMOs: 4-5. **Ausstattung/Lage:** Mülleimer / außerorts.

Zufahrt: Er liegt direkt am Schlosspark Sacrow, eben, sehr ruhig. Von hier aus Spaziergang durch den Park entlang des der Havel bis zur malerisch gelegenen Heilandskirche; schöner Blick auf die Glienicker Brücke.

der wir in östlicher Richtung folgen, und kommen am Ende zur malerisch gelegenen **Heilandskirche**.

Von hier aus hat man auch einen wunderschönen Blick auf die **Glienicker Brücke**, einer schönen Stahlkonstruktion, die Potsdam mit Berlin verbindet - und die zu Zeiten des Kalten Krieges als Austauschplatz für Agenten eine Berühmtheit erlangte.

Die Glienicker Brücke

Nach einer sehr ruhigen Nacht geht es zurück zur B2, wir biegen links nach **Potsdam** ab und erreichen nach gut 6 km direkt nachdem wir an der Kreuzung rechts in den Voltaireweg der Beschilderung „**Sanssouci**" folgend abgebogen sind den Parkplatz (nicht für große WOMOs geeig-

Sanssouci - ein Muss in Potsdam!

net) bei [**002:** N 52° 24' 26.2"; E 13° 02' 43.4"], der sich auch durchaus zur Übernachtung eignen würde. Mo-Fr 15:00 bis 20:00 bzw. Sa/So 08:00 - 20:00 ist er gebührenpflichtig.

Von Potsdam aus wenden wir uns zurück Richtung Süden auf die Autobahn A10 / später A12 Richtung Frankfurt / Oder.

Wenn Sie Potsdam nicht so sehr reizt und Sie der Meinung sind, dass BERLIN noch viel mehr eine Reise wert ist, kann Ihnen auch geholfen werden:

Sie fahren den südlichen Berliner Autobahnring (A10) Richtung Osten; am Autobahndreieck NUTHETAL wechseln Sie auf die Stadtautobahn A115, bis zum Dreieck FUNKTURM, dort auf die A100 bis zum Ende Richtung Wedding/Seestr. Dann weiter bis zur zweiten großen Kreuzung, dort rechts in die Müllerstraße einbiegen, die dann in die Chausseestrasse übergeht. 1,9 km nach dieser Kreuzung liegt zur Rechten die:

(003) REISEMOBIL-STATION Berlin-Mitte

GPS: N 52° 32' 17.3"; E 13° 22' 21.2"; Chausseestr. **max. WOMOs:** 50.

Ausstattung/Lage: kpl. Ver- und Entsorgung, Strom, WC, Dusche, Zentral im Ort, nicht ganz leise, Geschäfte wenige Minuten zu Fuß, U-Bahn 2 min. zu Fuß, Entfernung Brandenburger Tor ca. 30 min. zu Fuß

Zufahrt: siehe Text.

Von hier aus lässt sich die Bundeshauptstadt bequem sogar zu Fuß erkunden.

Nun kommen wir aber endgültig zum Anfang unserer eigentlichen Touren: Autobahn A10 / A12 Richtung Osten, südlich vorbei an Frankfurt / Oder. Direkt hinter der Oderbrücke befindet sich der Grenzübergang ohne jegliche Kontrollen dank den Schengener Abkommen: Wir kommen!!

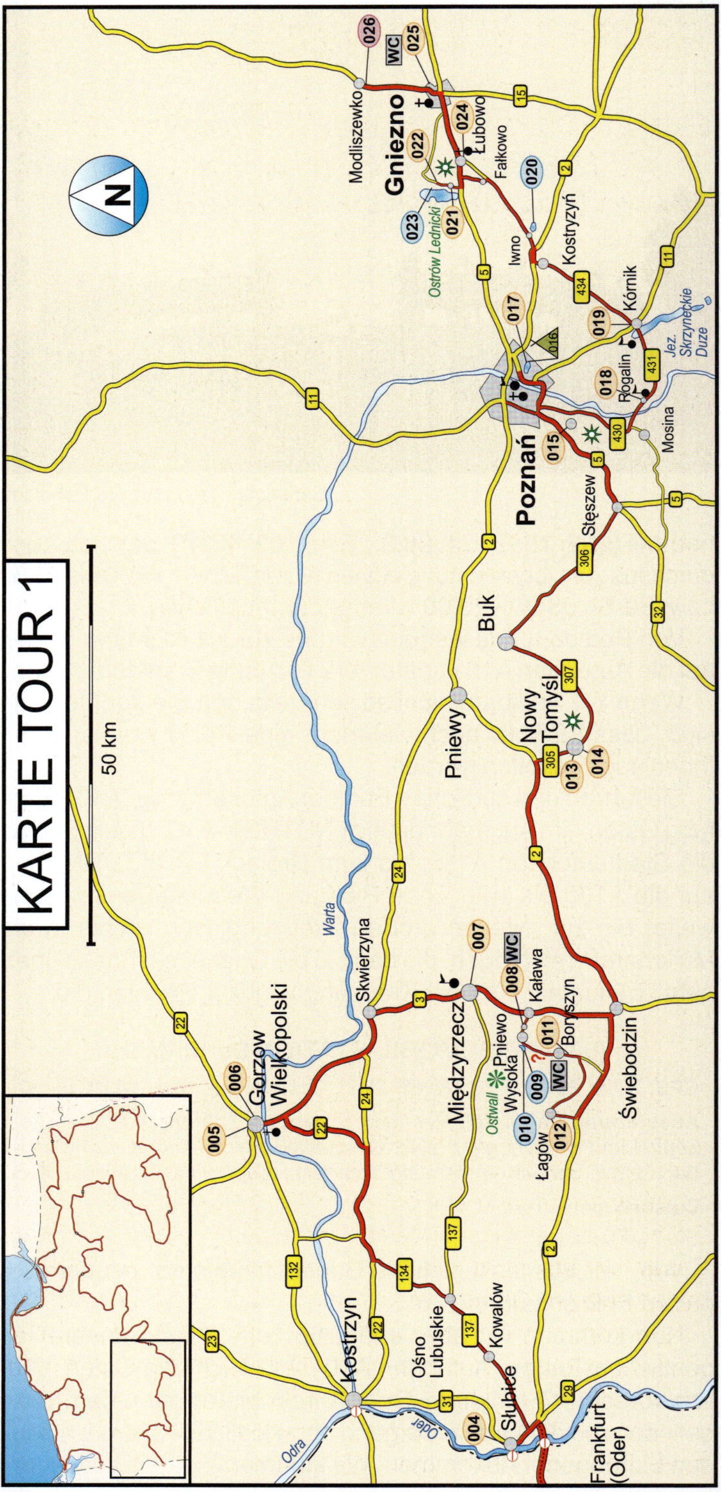

KARTE TOUR 1
50 km
N
Gorzow Wielkopolski
Kostrzyn
Słubice
Frankfurt (Oder)
Ośno Lubuskie
Kowalów
Skwierzyna
Międzyrzecz
Kaława
Pniewo
Wysoka
Boryszyn
Łagów
Ostwall
Świebodzin
Pniewy
Nowy Tomyśl
Buk
Stęszew
Poznań
Mosina
Rogalin
Kórnik
Jez. Skrzyneckie Duze
Kostrzyn
Iwno
Fałkowo
Łubowo
Gniezno
Modliszewko
Ostrów Lednicki
Warta
Odra
Oder
WC
004
005
006
007
008
009
010
011
012
013
014
015
016
017
018
019
020
021
022
023
024
025
026
2
3
5
11
15
22
23
24
29
31
32
132
134
137
305
306
307
430
431
434

TOUR 1 (ca. 416 km / 3-4 Tage)

Słubice (Damm) - Gorzow Wielkopolski (Landsberg) - Międzyrzecz (Meseritz) - Nowy Tomyśl - Poznań (Posen)- Gniezno (Gnesen)

Freie Übernachtung:	Bei Ośno Lubuskie am See, in Międzyrzecz nahe der Burg, in Wysoka am Badesee, in Kiekrz am Badesee, in Posen, in Iwno am Badesee, in Ostrów Lednicki am Strand in der Nähe des Freilichtmuseums, hinter Gnesen im Wald
Campingplätze:	„Camping Malta“ in Posen.
Ver-/Entsorgung:	an Tankstellen entlang der B2.
Baden:	... siehe „freie Übernachtung“.
Besichtigen:	Zentrum von Landsberg, Burg in Meseritz, Ostwall in Pniewa, Altstadt von Posen, Schloßparks von Rogalin und Kórnik, Holzkirche in Łubowo, Freilichtmuseum in Ostrów Lednicki, Stadtzentrum in Gnesen

Es ist soweit: wir rollen auf der A12 die letzten Meter auf die polnische Grenze zu. Die Zeiten langer Wartezeiten sind schon lange vorbei, seit Polen Vollmitglied der EU ist und den Schengener Abkommen beigetreten ist, gibt es keine Personenkontrollen und lange Grenzaufenthalte mehr, zumal für den LKW-Verkehr und die zugehörigen Zollkontrollen kilometerlange Wartestreifen eingerichtet wurden!

Die Bundesstraße 2 Richtung Poznań (Posen) geht zunächst vierspurig weiter, aber da wir nicht im Vollgalopp durch Polen hetzen wollen, biegen wir nach knapp 3 km direkt in die nächste Ausfahrt ab, halten uns ganz rechts und fahren auf der B29 nach **Słubice** (Damm). Nicht, dass dieser Grenzort große Sehenswürdigkeiten zu bieten hätte, ich möchte Sie auch nicht zu den vielen Bars und Nachtclubs führen, deren Hinweisschilder nicht gerade dezent links und rechts des Weges stehen, es geht viel mehr um eine polnische Besonderheit in den Grenzorten, die es vielleicht auch nicht mehr ewig geben wird: einen **Basar**. Ungefähr drei Kilometer nachdem wir von der B2 abgebogen sind (wir haben zwischendurch eine Eisenbahnschranke passiert und befinden uns im Ort) folgen wir dem Schild „Bazar“ an einer Tankstelle rechts, sehen dann zur linken den riesigen, überdachten Basar und stellen unser Womo schräg gegenüber auf einen bewachten Parkplatz [**004**: N 52° 20’ 42.9” E 14° 35’12.8”]. Einen Euro (alternativ 4 Złoty) kostet dieses gute Gefühl der Sicherheit, welches Sie sich aber durchaus gönnen sollten, zumindest noch hier in Grenznähe.

Typischer polnischer Basar

Hier auf dem Basar, wo Hunderte von Händlern ihre paar Quadratmeter Ladenfläche haben, bekommen Sie wirklich alles billig zu kaufen, was das Herz begehrt: Textilien jeder Art, Fleisch, Wurst, Käse, Spielsachen, Alkoholika, Zigaretten, Musik- und Programm-CD's, DVD's... Dazu noch jede Menge Imbissstände, so dass Sie schon hier mit dem, was man unter polnischem „Fast Food" versteht, Bekanntschaft machen können.

Natürlich nutzen wir auch die vor dem Basar liegende Tankstelle, der Diesel ist um ca. 30% günstiger als zu Hause. So geht es nun, mit gefülltem Kühlschrank und Staufächern, weiter: zunächst wieder auf die B29 zurück Richtung Autobahn. Aber bereits nach 400 m biegen wir links auf die B137 Richtung **Ośno Lubuskie** (Drossen) ab. Nach 14 km erreichen wir **Kowalów** (Kohlow), es geht links und direkt wieder rechts. Wir biegen links auf die B134 nach Norden, nach 14 km erreichen wir die recht gut ausgebaute B22, nach weiteren 18 km zweigt links die 22 nach **Gorzów Wielkopolski** (Landsberg) ab, 18 km weiter sind wir im Zentrum angelangt. Die B3, in die die 22 mündet, führt geradewegs auf die **Warta** zu. Direkt an der 90° Linkskurve , die die Straße dann am Ufer entlangführen lässt, halten wir uns rechts und finden eine schönen, gepflasterten Parkplatz am Ufer mit Panoramablick:

(005) WOMO-Stellplatz:
Gorzów Wielkopolski I (Landsberg)

GPS: N 52° 43' 46.6"; E 15° 14' 43.0"; Wal Okrezny **max. WOMOs:** 4-5.
Ausstattung/Lage: Ortszentrum.
Zufahrt: von Süden die B3 kommend bis zum Ufer der Warta, dort rechts

Alternativ können Sie auch noch die 200 Meter bis zur Brücke über die Warta fahren, den Fluss überqueren und direkt wieder rechts am anderen Ufer weiterfahren - nach 350 m links befindet sich ein bewachter Parkplatz, den wir wegen seiner Lage wegen aber nicht unbedingt zum Übernachten empfehlen möchten:

(006) WOMO-Stellplatz: Gorzów Wielkopolski II

GPS: N 52° 43' 53.0"; E 15° 14' 42.6"; Cichonskiego **max. WOMOs:** 2-3.
Ausstattung/Lage: 24h bewacht, kostenpflichtig / zentral.
Zufahrt: Er liegt direkt im Zentrum von Landsberg - von Süden die B3 kommend direkt hinter der Warta-Brücke rechts, nach 350 m links.

Marktplatz Gorzów Wielkopolski

Der Markplatz (**alter Markt**) von Landsberg mit der frühgotischen **Kathedrale**, der Mischung aus teilweise restaurierten und zum Teil neugebauten Häusern und der Außengastronomie hat Atmosphäre! Überquert man die Hauptverkehrsstraße nördlich, kommt man zu einer kleinen Fußgängerzone mit etlichen Geschäften und einem Reststück der alten **Stadtmauer** aus dem 15. Jahrhundert mit vier **Wachtürmen**.

Von Landsberg aus fahren wir weiter Richtung Süden über die B3, **Poznań** ist ausgeschildert, durchfahren nach ca. 25 km Skwierzyna (Schwerin) und erreichen 18 km weiter **Międzyrzecz** (Meseritz). An der großen beampelten Kreuzung biegen wir rechts auf die 137 ab. Nach 200 m kommt eine Linkskurve, 150 m später befindet sich zur linken ein schöner, gepflegter großer Parkplatz.

(007) WOMO-Stellplatz: Międzyrzecz (Meseritz)

GPS: N 52° 26' 36.4"'; E 15° 34' 28.3"; Mlynska **max. WOMOs:** 4-5.
Ausstattung/Lage: Mülleimer, nicht ganz leise / zentral.
Zufahrt: Er liegt direkt im Zentrum von Meseritz - von Norden die B3 kommend an der Ampel rechts, nach 350 m auf der linken Seite.

Von hier aus gehen wir zur ersten Sehenswürdigkeit der über tausend Jahre alten Stadt, schräg gegenüber unseres Parkplatzes: dem alten **Schloss** aus dem 16. Jahrhundert beziehungsweise dem, was davon noch übrig ist:

Schloss Meseritz (Międzyrzec)

Anschließend geht es weiter zum schön herausgeputzten **Rathaus** von 1581 mit der dahinterliegenden spätklassizistischen **Heiligen-Adalberts-Kirche** aus dem 19. Jahrhundert. Napoleon verweilte übrigens im Jahre 1806 hier im Ort.

Rathaus und Heiligen-Adalberts-Kirche

Auch hier fällt uns wieder auf, dass erst vor wenigen Jahren durch Neupflasterung der Plätze, Anlegen von Bürgersteigen, einem frischen Anstrich von Häusern und mit Blumenschmuck ein sehr, sehr schöner Gesamteindruck erreicht wird.

Weiter geht es zu einem richtigen Highlight dieser ersten Tour: dem Meseritzer Befestigungsgebiet. Wir verlassen unseren Parkplatz, halten uns links und kommen auf die B3 zurück, wo wir rechts Richtung ZIELONA GÓRA abbiegen. Nach ca. 8,5 km, wir befinden uns in KAŁAWA, biegen wir rechts Richtung WYSOKA ab. Nach anderthalb Kilometern sind wir in PNIEWO, ein großer Panzer und weitere Militärgerät weisen auf die hiesige Attraktion hin: einen Einstieg in die größtenteils **unterirdische Welt** des **Ostwalls**. Natürlich gibt es hier auch einen entsprechenden Parkplatz, der sich auch zum Übernachten eignet:

(008) WOMO-Stellplatz: Ostwall Pniewo

GPS: N 52° 22' 17.2"; E 15° 30'22.7"; Kaława **max. WOMOs:** 4-5.
Ausstattung/Lage: Toiletten, Mülleimer, Wiesengelände / ortsnah,
Zufahrt: von der B3 kommend in Kaława nach Pniewo abbiegen, dort bei dem Panzer auf das Gelände abbiegen.

Der Bau des Ostwalls begann in den 20er Jahren des letzten Jahrhundert von den Deutschen zum Schutz der Hauptstadt Berlin Richtung Osten. Über 100 km lang wurde der Oder/Warta-Bogen mit einer Kette von Geschütztürmen, mit Granatwerfern, Maschinengewehren und Flammenwerfern sowie Panzersperren gebaut. Alle Verteidigungseinrichtungen wurden durch ein unterirdisches Netz von Gängen, in denen sogar elektrisch betriebene Züge zum Munitions- und Warentransport verkehrten, verbunden. Das gesamte Befestigungskonzept wurde in der Hitler-Zeit etwas halbherzig vollendet - die meisten Einbauten wurden mühevoll an den West- und Atlantikwall verlegt, ohne dort noch viel ausrichten zu können. Als dann gegen Ende des Krieges die Ostfront fiel, war hier weder genug Material, Waffensysteme und Munition noch Besatzung mehr vorhanden, um die Befestigungsanlagen in irgendeiner Form noch wirkungsvoll einsetzen zu können.

Geschütztурm des Ostwalls

Einstieg in die Unterwelt

In Pniewo befindet sich nicht nur ein Museum des Ostwalls,

Kilometerlange Gänge 50 Meter unter der Erde

sondern es werden auch geführte Touren durch einen Teil des Gängesystemes unternommen. Über 30 km sind erschlossen, der Rest wurde für Menschen versperrt - hier halten Winter für Winter über 30.000 Fledermäuse aus 12 Gattungen ihren Schlaf. Eine einmalige Einrichtung in Europa! Sie sollten auf jeden Fall festes Schuhwerk, warme Kleidung (die Temperatur beträgt unabhängig von der Jahreszeit ca. 10-12°C) sowie eine kräftige Taschenlampe (die bestimmt zur Ausstattung Ihres Womos gehört) mitnehmen. Mit etwas Glück bekommen Sie vielleicht einen Führer, der Ihnen die Erklärungen sogar in deutscher Sprache liefern kann!

Natürlich gab es hier Trafostationen, Elektro- und Wasserinstallationen, Pumpwerke, Quartier- und Befehlsräume - eine Welt für sich!

Nach so langer Zeit unter der Erde waren wir froh, wieder in der sommerlichen Wärme draußen zu sein! Nur noch 3,5 Kilometer trennen uns vom nächsten Urlaubsglück - folgen Sie uns einfach! Vom Parkplatz aus links weiter nach **Wysoka**. Hier halten wir uns im Ort links und finden am See eine als Zeltplatz ausgewiesene Wiese direkt am Badesee, wo wir unser Womo ideal abstellen können.

(009) WOMO-Badeplatz: Wysoka See

GPS: N 52° 22' 25.9"; E 15° 27' 41.7"; Wysoka **max. WOMOs:** 1-2.
Ausstattung/Lage: Wiesenstrand, Volleyballplatz / ortsnah.
Zufahrt: von der B3 kommend in Kaława nach Pniewo abbiegen, in Wysoka links halten, dann rechts zum See abbiegen.

Hier lassen wir uns nieder, packen beruhigt - wie auch die Insassen der hier abgestellten PKW - Tisch und Stühle aus und widmen uns dem Entspannen. Aber nach einiger Zeit packt mich doch die Neugierde, wo der Weg rechts an der Mauer hinführen mag. Nun, er führt am Seeufer entlang, aber nach wenigen hundert Metern entdecke ich links einen Eingang. Also schnell zurück zum Wohnmobil, Taschenlampe und Kinder holen und weiter erkunden! Natürlich ist auch dies ein Überbleibsel des Ostwalls, und soviel sei verraten: Sie müssen nicht an der gleichen Stelle wieder herauskommen, wo Sie hineingegangen sind...

Wo geht's hier hin ?!?

Wir verbringen auch die Nacht auf diesem Badeplatz, wobei wir uns am nächsten Morgen in dem kleinem Laden von Wysoka, nur 200 m entfernt, versorgen.

Schon am Stellplatz am Ostwall ist uns ein Hinweisschild auf einen privaten Stellplatz am Wysoka-See aufgefallen, den wir Ihnen natürlich nicht vorenthalten möchten. Wenn Sie sich nach der Einfahrt in den Ort nicht wie vorhin beschrieben links zum See halten, sondern geradeaus in die Sackgasse hinein ca. 400 Meter weiter bis zum Ende fahren, liegt zur Linken der:

(010) WOMO-Badeplatz: Wysoka See II

GPS: N 52° 22' 22.3"; E 15° 27' 10.9"; Wysoka 35 **max. WOMOs:** 5.
Ausstattung/Lage: Wiesenplatz, Strom, Ver- und Entsorgung, Angel- und Bademöglichbkeit, Kajak, gebührenpflichtig/ ortsnah.
Zufahrt: von der B3 kommend in Kaława nach Pniewo abbiegen, in Wysoka geradeaus in die Sachkgasse, nach 400 m am Ende links.

Hier hat Helmut Prockl, ein ehemaliger Berliner, den es nach Polen verschlagen hat, einige Bungalows, aber auch einen Wohnmobilstellplatz für bis zu 5 Fahrzeuge direkt am See angelegt.

Das Wetter ist nun leider nicht so schön, wie wir es gerne hätten, also geht es weiter - auf der Suche nach einem weiteren Einstieg in das Labyrinth des Ostwalls - wobei ich Sie vorwarnen möchte: wenn Sie nicht unbedingt über eine Teststrecke für Stossdämpfer und die Festigkeit des Möbelbaus rattern wollen, fahren Sie zurück zur B3, dort südlich nach Świebodzin und weiter rechts auf die B2 17,5 km Richtung Westen, um dann rechts nach Łagów abzubiegen.

Ansonsten folgen Sie uns auf der schmalen Straße am See

Teststrecke für Wohnmobile

entlang weiter Richtung **Boroszyn** (die „Teststrecke" beträgt ca. 3,5 km). Es gibt hier ein weiteres Museum mit Einstieg:

(011) WOMO-Stellplatz: Ostwall Boroszyn

GPS: N 52° 21' 19.3"; E 15° 27' 57.7". **max. WOMOs:** 4-5.
Ausstattung/Lage: Toiletten, Mülleimer / außerorts.
Zufahrt: von der B3 kommend in Kaława nach Pniewo abbiegen, weiter bis hinter Boroszyn.

Wir folgen der schmalen Straße weiter südlich bis **Lubrza**, dann geht es rechts weiter über **Bucze** und **Zelechow** nach **Łagów**. Dieser Ort liegt romantisch zwischen zwei Seen. Früher war es ein beliebtes Ausflugsziel der Berliner, nach dem Krieg wurde es eine Attraktion für Polen. Hier finden wir vor dem malerischen, aber sehr engen Ort, einen geräumigen Parkplatz, der aber leider direkt an der Durchgangsstraße liegt:

(012) WOMO-Stellplatz: Łagów

GPS: N 52° 19' 58.5"; E 15° 17' 45.8".
max. WOMOs: 4-5.
Ausstattung/Lage: ohne alles / Ortsrand.
Zufahrt: von Zelechow kommend hinter der Eisenbahnunterführung links an der Ecke zur Straße Richtung Gronow/ B2 abbiegen , dort Einfahrt zum Parkplatz

An einer schmalen Landbrücke zwischen zwei Seen liegt der Ort. Versuchen Sie nicht, hineinzufahren - die Durchfahrt ist für Fahrzeuge über 2,5t gesperrt, außerdem kommt nach 200 m ein Stadttor mit Breiten- und Höhenbeschränkung von 2m! Beherrscht wird das 5000 Einwohner zählende Städtchen von der ehemaligen **Johanniterburg**, in der sich heute ein Hotel und im Turm ein sehr gutes Restaurant befindet. Łagów wurde während des zweiten Weltkriegs nicht zerstört, so dass das Städtchen seinen ursprünglichen und **mittelalterlichen Charakter** bewahrt hat. An den beiden Seen, die durch einen kleinen Kanal durch den Ort miteinander verbunden sind, kann man wunderschön Tretboot oder Kanu fahren, es gibt mehrere Verleiher. Auch Wanderwege führen am Ufer entlang. Für einen längeren Aufenthalt empfiehlt es sich, gegenüber des Stellplatzes auf den kleinen Campingplatz auszuweichen - auch

Idyll in Łagów

Die ehem. Johanniterburg

wenn die Sanitäranlagen nur unteres Niveau haben. Er kostet für ein Womo mit zwei Personen nur gut EUR 10,- .

Wir verlassen Łagów Richtung Gronów und gelangen nach 3,8 km auf die B2, der wir Richtung Poznań folgen.Nun liegen ca. 62 km auf der Bundesstraße vor Ihnen. Die Strecke ist eine der Hauptadern Richtung Osten, dementsprechend ist vor allem der LKW-Verkehr. Die Strecke ist recht gut ausgebaut, jedoch müssen Sie streckenweise mit sehr stark ausgeprägten Spurrillen rechnen (Warnschild: „**Koleiny**"). Entweder halten Sie es wie die PKW und auch die schweren LKW und ziehen ohne Rücksicht auf Verluste mit knapp 100 km/h über die Piste oder aber sie fürchten um Ihr Wohnmobil, Leib und Leben und fahren lieber gemächlicher; dann sollten Sie aber den Rückspiegel im Auge halten und immer, wenn von hinten ein schnelleres Fahrzeug kommt, mit den beiden rechten Rädern auf den Standstreifen ausweichen, um diesem das Vorbeiziehen (trotz Gegenverkehr) zu erleichtern - und immer damit rechnen, dass auf dem Standstreifen auch Fahrräder, Traktoren oder Fuhrwerke unterwegs sein können. Auch auf der Gegenspur wird dementsprechend agiert, und oft muss man auch deshalb rechts ausweichen, weil dort zwei oder sogar drei Fahrzeuge nebeneinander fahren. Es wird an allen möglichen und unmöglichen Stellen überholt, man muss sehr wachsam sein. Hinzu kommt, dass die Bundesstraße durch viele kleine Dörfer führt - ohne dass die Straße deswegen schmaler oder kurviger wird. Hier herrscht dann natürlich die gewohnte Geschwindigkeitsbeschränkung von innerorts 50 km/h, die auch des öfteren von fest installierten oder mobilen Radaranlagen überwacht wird - und Geschwindigkeitsübertretungen sind nicht billig!

Nach diesen 62 km biegen wir rechts auf die 305 nach **Nowy Tomyśl** ab, wor wir 7,1 km später - mitten im Ort - an einem

Der größte Weidenkorb der Welt

Parkplatz bei [**013**: N 52° 19' 06.1" E 16° 07' 42.9"] Halt machen. Hier stehen wir vor der Attraktion des Ortes, nämlich des mit 17,92 m Länge, 9,45 m Breite und 7,71 m Höhe weltweit größten Weidenkorbs. Er wurde im August 2000 von 50 Flechtern, die aus 15 örtlichen Betrieben des Flechtgewerbes kommen, in 55-stündiger Arbeit aus 8 Tonnen Weide hergestellt. Weiden- und Hopfenanbau wird um Nowy Tomyśl seit dem 19. Jahrhundert intensiv gepflegt. So gibt es hier nicht nur ein schön restauriertes Rathaus mit Marktplatz, eine nette Fußgängerzone mit Geschäften, Eisdielen und Restaurants, sondern auch ein „**Museum der Korbmacherei und des Hopfenanbaus**". Wir fahren vom Parkplatz aus 330 m die „Tysiaclecia" in südliche Richtung, biegen links in die „Witosa W.", folgen bis zum Ende nach 200 m, dann rechts und die nächste, „Barteckiego", wieder links. Nach 450 m endet die Bebauung am Stadtpark, in dem sich auch das Museum befindet; hier befindet sich genug Platz!

Museum der Korbmacherei und des Hopfenanbaus

(014) WOMO-Stellplatz: Museum in Nowy Tomyśl

GPS: N 52° 18' 45.9"; E 16° 08' 17.5"; Olchowa **max. WOMOs:** 1-2.
Ausstattung/Lage: ohne alles / im Ort.
Zufahrt: siehe Text.

In der Saison ist das Museum Dienstag bis Samstag von 8:00 bis 16:00 Uhr, Sonntags von 11:00 bis 15:00 Uhr geöffnet. Neben einer Ausstellung über den Weiden- und Hopfenanbau im Gebäude gibt es Schauparzellen mit verschiedenen Korbweidenarten und Hopfenfeldern und etliche kunstvolle Objekte aus Weidengeflecht - ein sehr lohnenswertes und attraktives Museum!

Trabant als Korbware....

Von Nowy Tomyśl

aus fahren wir auf die 307 Richtung Poznań, nach ca. 30 km, in Buk, rechts auf die 306 bis Stęszew, dort links auf die 5 Richtung Warszawa. nach 9 km, kurz nach dem Ortseingangsschild von Szreniawa, biegen wir rechts in die **Dworcowa** ab und stehen nach gut 400 m vor dem **„Museum der Landwirtschaft un der Agrar-Lebensmittelindustrie“**

(015) WOMO-Stellplatz: Museum Narodowne Rolnicta

GPS: N 52° 18' 58.8"; E 16° 47' 53.9"; Dworcowa **max. WOMOs:** 1-2.
Ausstattung/Lage: ohne alles; Übernachten nicht möglich / im Ort.
Zufahrt: E 261 von Stęszew kommend Richtung Warszawa nach dem Ortseingang in Szreniawa rechts den Hinweisschildern folgend

Was sich vom Titel her so trocken anhört, ist in Wirklichkeit eine interessante Ausstellung vor allem historischer landwirtschaftlicher Maschinen!

Von hier aus fahren wir zur 307 Richtung **Poznań** zurück. Sie richten sich dort nach 12,5 km, immer nach der Beschilderung Gniezno (Gnesen). Irgendwann überqueren Sie die Warta, dann kommt ein großer Kreisverkehr, Ihre Richtung führt nach links (= 3/4 im Kreisverkehr); dann sehen Sie nach ca. 1 km rechts einen großen Regattasee, etwas später kommt wieder ein großer Kreisverkehr. Entweder Sie fahren jetzt wiederum links (= 3/4 im Kreisverkehr) ins Zentrum hinein (noch gut einen Kilometer) und suchen sich hier einen bewachten Parkplatz, oder aber Sie wollen Posen wirklich in aller Ruhe genießen, auch das abendliche Stadtbild, und folgen uns zum Campingplatz „Malta“ - also an oben erwähntem Kreisverkehr 90° rechts. Die Straße ist hier vierspurig, auf dem Mittelstreifen verläuft die Straßenbahn. Nach 1,5 km kommt ein Hinweis nach rechts, der Zoo, aber auch Camping Malta sind ausgeschildert. Nach weiteren 500 Metern liegt rechts der Platz in unmittelbarer Nähe des Malta-See (Jez. Maltanskie - kein Badesee!).

(016) WOMO-Campingplatz-Tipp Poznań: Malta

Öffnungszeiten: ganzjährig.
GPS: N 52° 24' 11.9"; E 16° 59' 03.0'; Krancowa
Ausstattung/Lage: schön schattig; Gaststätte; Hunde erlaubt; Ver- und Entsorgung; Spielplatz; See für Kajak und Surfen anbei; Straßenbahnhaltestelle Richtung Altstadt (3 km): in 500 m.
Zufahrt: Ab Ortsmitte B2 (Richtng Warschau - Warszawa) der Beschilderung Zoo folgen.

Wenn Sie am Campingplatz vorbeifahren, entdecken Sie ca. 300 Meter weiter auf der linken Seite noch einen freien Parkplatz, den Sie für eine kurze Visite von Poznań nutzen können:

(017) WOMO-Stellplatz: Poznań Zoo

GPS: N 52° 24' 10.3"; E 16° 59' 22.2"; Krancowa **max. WOMOs:** 1-2.
Ausstattung/Lage: Mülleimer / ortsnah.
Zufahrt: Ab Ortsmitte B2 (Richtung Warszawa) der Beschilderung Zoo folgen.

Wir haben uns für den schönen Campingplatz entschieden, da wir ohnehin ver- und entsorgen müssen, auch die Preise sind sehr angenehm. Zudem fühlen wir uns zumindest in einer Großstadt wesentlich wohler, wenn das Womo bewacht steht.

Nur 500 Meter geht man zurück zur Hauptstraße (B2), dort befindet sich eine Straßenbahnhaltestelle. Für nur wenige Cent pro Person legten wir rumpelnd die ungefähr 3 km bis zur Altstadt zurück und steigen die nächste Station unmittelbar nach der rechts liegenden **Domkirche** bzw. nach dem Überqueren der Warthebrücke aus und wenden uns links zur Fahrtrichtung. Nach rund 350 Metern erreichen wir den **Rathausplatz**.

Das ganze Häuserensemble auf und rund um den **Markt** wurde gegen Ende des zweiten Weltkrieges fast vollständig zerstört und liebevoll wieder aufgebaut. Wandeln Sie auf dem Platz, genießen Sie den Anblick, kehren Sie in eines der vielen Straßencafés ein, hören Sie den Straßenmusikanten zu. In einem der Häuser (Nr. 85) finden Sie auch eine **Tourist Information**, wo Sie sich mit allen nötigen Informationen über die örtlichen Museen, Sehenswürdigkeiten, Veranstaltungen und ähnlichem versorgen können.

Häuserzeile am Marktplatz in Posen (Poznań)

Von den vielen Museen möchten wir Ihnen nur eines besonders ans Herz legen, es liegt gegenüber dem Rathaus: das **Musikinstrumentenmuseum**. Über drei Etagen eines des wunderschön restaurierten Hauses sind Tausende Exponate aller möglichen Musikinstrumente ausgestellt - es lohnt sich!

Domkirche zu Posen

Bevor wir in die Straßenbahn steigen, überqueren wir noch die Warthebrücke, wechseln auf die andere Seite der Straße und werfen einen Blick in die sehenswerte ehemals romanische, im 14. Jahrhundert gotisch umgebaute Domkirche - wie oft in Polen aus rotem Backstein erbaut. Dann geht es mit der urigen Straßenbahn rumpelnd zurück zum Campingplatz, wo wir im dortigen Restaurant auf der Terrasse den Abend ausklingen lassen.

Am nächsten Morgen verlassen wir den Campingplatz, kehren zurück zur B2 und halten uns dort links Richtung Zentrum Posen. Am Kreisverkehr fahren wir links (=270°), überqueren den nächsten Kreisverkehr geradeaus, am nächsten (rechts befindet sich der Busbahnhof) biegen wir rechts ab (BERLIN ist ausgeschildert). Wir überqueren die WARTA und biegen bei der nächsten Möglichkeit links Richtung Süden ab - wir befinden uns nun auf der B430 Richtung Mosina. Dort, nach 16 km, biegen wir links auf die B431 Richtung KÓRNIK. Nach 6,7 km liegt zur rechten **Schloss Rogalin**, wir parken am Straßenrand bei [**018**: N 52° 14' 07.9" E 16° 55' 56.8"].

Schloss Rogalin der Familie Raczynski

Natürlich ist das Schloss selbst (Öffnungszeiten: Mi-So. 10:00 bis 15:00 Uhr) mit seinem Interieur und dem Kutschenmuseum schon sehr sehenswert, noch beeindruckender aber ist der prächtige **Park** mit seinem **Eichenbestand** - unter anderem drei 1.000-jährige Bäume mit bis zu 9 Meter Umfang!

Die Abteilung „Kutschen" im Schloss

Nach dem Besuch des Schlosses geht es wieder zurück zum Womo und wir fahren die B431 einfach weiter Richtung KÓRNIK, dem nächsten Ziel auf unserer Route. Nach 11 km biegen wir, in Kórnik angekommen, im Kreisverkehr auf die 434 geradeaus Richtung Rawicz und kommen auf dem bewachten Parkplatz des **Palais Kórnik** an.

(019) WOMO-Stellplatz: Palais Kórnik

GPS: N 52° 14' 26.6"; E 17° 05' 22.9"'; Zamkowa **max. WOMOs:** 2-3.
Ausstattung/Lage: WC / im Ort.
Zufahrt: von der B431 aus Westen kommend an der Vorfahrt-Achten-Straße rechts, am Palais (links) weiterfahren, dann auf der rechten Seite.

Auch hier ist das für sich genommen schon sehr beeindruckende **Schloss**, welches vom Stil her auch ohne weiteres in die schottischen Highlands passen würde, mit seiner wertvollen Sammlung von Büchern der Polnischen Akademie der Wissenschaften, Gemälden, Waffen und Rüstungen, nicht die Hauptattraktion des Ortes. Natürlich kann man das Schloss und die Sammlungen besichtigen, aber vielmehr lädt das 40 ha große **Arboretum**, ein Park im Stil eines englischen Gartens angelegt, zu stundenlangen Spaziergängen ein.

Palais Kórnik

Im Arboretum Kórnickie

Hier findet man sowohl heimische als auch exotische Gehölze, es ist die größte Anlage dieser Art in Polen. Nach zwei Stunden haben wir genug gesehen.

Nach so viel Kunst und Kultur steht uns nun der Sinn nach profaneren Freuden. Es ist sommerlich warm und ein kleiner See wäre genau das, was wir und besonders unsere Kinder sich wünschen.

Vom Parkplatz aus biegen wir links ab, Richtung Kórnik, nach knapp 1 km die zweite Straße rechts auf die B434, **Kostrzyń** ist ausgeschildert. Nach 20 km sind wir dort angekommen, am Stoppschild biegen wir rechts ab, 500 m weiter wieder links und treffen dann auf die B2 / E30 Richtung Warszawa. Hinter dem Ortsende, nach ca. 1,8 km, verlassen wir die gut ausgebaute Bundesstraße wieder und biegen links auf die B434 Richtung Gniezno. Dann, nur 1,8 km weiter, entdecken wir rechts genau das, was wir suchen: ein kleiner See, eine Wiese, auf die wir uns stellen können - perfekt!

(020) WOMO-Badeplatz: See bei Iwno

GPS: N 52° 24' 18.1" E 17° 16' 36.3"; Lesna **max. WOMOs:** 1-2.
Ausstattung/Lage: Wiesenstrand, / ortsnah, nicht ganz leise
Zufahrt: Von der B2 Kostrzyń Richtung Warschau hinter Ortsende links auf B434 Richtung Gniezno, nach 1,8 km bei Iwno rechts

Weiter geht die Fahrt auf der B434 zunächst Richtung Gniezno. Unser Ziel ist das große **Freilichtmuseum Ostrów Lednicki**. Nach 14 km, wir befinden uns in **Fałkowo**, biegen wir links Richtung **Dziekanowice** ab. Wir gelangen an die B5, biegen links ab und fahren 2 km Richtung **Poznań**, bis wir rechts Richtung **Komorowo** abfahren.

(021) WOMO-Stellplatz: Ostrów Lednicki Skansen

GPS: N 52° 30' 45.7"; E 17° 23' 03.8" **max. WOMOs:** 2-3.
Ausstattung/Lage: ohne alles / Ortsrand.
Zufahrt: siehe Text

Windmühlen im Freilichtmuseum

Das Freilichtmuseum gehört zu den schönsten, die wir in Polen gesehen haben. Liebevoll sind viele Bauernhäuser und auch drei Windmühlen an ihren Ursprungsorten ab- und hier vollständig restauriert in Form eines kompletten Dorfes, einschließlich Kirche, wieder aufgebaut worden. Sie sind komplett eingerichtet und können natürlich auch von Innen angesehen werden. Aber nicht nur dieses Freilichtmuseum ist in diesem Komplex am östlichen Ufer des Lednica-Sees aufgebaut worden, auf einer Insel ist noch ein bemerkenswerter Fund gemacht worden: die Reste der ältesten Steinburg Polens aus dem 10. Jahrhundert wurden und werden noch ausgegraben. Aber wie kommt man auf die Insel? Natürlich mit einer Fähre, die rund zwei Kilometer weiter nördlich abfährt:

(022) WOMO-Stellplatz: Ostrów Lednicki MalySkansen

GPS: N 52° 31' 42.2"; E 17° 23' 06.2" **max. WOMOs:** 4-5.
Ausstattung/Lage: ohne alles / Ortsrand.
Zufahrt: siehe Text

Und zwar mit einer ganz gemächlich, still über einen Seilantrieb bewegten Personenfähre. Die Insel empfängt einen durch die eingeschränkte Transportkapazität mit einer eigentümlich ruhigen Atmosphäre. Die Ausgrabungen der Burg sind aus Schutz vor Regen komplett überdacht, bei den momentanen Temperaturen nehmen wir dies jedoch als Sonnenschutz ebenfalls dankbar an! Und das bringt uns dann gleich in Erinnerung, dass wir ja auf der Hinfahrt zur Fähre an einem Badestrand vorbeigekommen sind. Wir treten also den Rücktransport an, wenig später sind wir wieder am Womo. Wir fahren die Straße am östlichen Seeufer einfach wieder zurück und finden rechts den wunderschönen Badestrand, links einen Parkplatz!

(023) WOMO-Badeplatz: Lednica-See

GPS: N 52° 31' 28.2"; E 17° 23' 08.1"'; **max. WOMOs:** 1-2.
Ausstattung/Lage: Sandstrand, Badesteg / außerorts.
Zufahrt: Von der B5 Poznań - Gniezno am rechten Ufer des Lednica-Sees ca. 2,5 km Richtung Norden fahren.

Nach dem Bad geht es wieder zurück auf die B5, wir biegen links nach **Gniezno** ab. Nach 5 km, wir befinden uns in **Łubowo**, entdecken wir auf der rechten Seite an der Abzweigung der B434 bei [**024**: N 52° 30' 40.2" E 17 27' 09.7"] eine wunderschöne **Holzkirche** mit einer uralten, eisenbeschlagenen Eichentüre, die glücklicherweise offen steht.

Holzkirche von Łubowo

Weiter geht die Fahrt nach **Gniezno**, unserem nächsten Ziel: dem Ort, wo nach der Legende Lech, der Führer des Stammes der Polanen, im 8. Jahrhundert die Hauptstadt Polens hier gründete. In Gnesen angekommen richten wir uns hinter dem Jelonek-See rechts zum Zentrum hin und finden einen bewachten Parkplatz

(025) WOMO-Stellplatz: Gniezno

GPS: N 52° 32' 04.6"; E 17° 35' 32.3"'; Jezioma **max. WOMOs:** 2-3.
Ausstattung/Lage: WC, Frischwasser / im Ort.
Zufahrt: von der B5 aus Posen kommend den Schildern „Zentrum" hinter dem Jelonek-See rechts folgen, 500 m.

Vom Parkplatz aus richten wir uns bergauf nach Nordosten und kommen nach 400 m auf den großen **Marktplatz** (Rynek) mit den restaurierten Häusern. Hier zweigt die Straße „Tumska“ mit den herrlichen Bürgerhäusern Richtung Kathedrale ab.

Gniezno - vom Markplatz Richtung Kathedrale

Dieses Bauwerk mit seiner ganzen Pracht müssen Sie sich ansehen, unter vielem möchte ich auf die einzigartige Bronzetüre aus dem 12. Jhd. in der Vorhalle hinweisen. Das Besteigen des Turms ist auch möglich.

Wenn Sie den Abend in der Stadt verbringen wollen und in einem Restaurants um den Markt Essen gehen möchten, bleiben Sie einfach auf unserem Parkplatz oder wechseln alternativ auf die Parkplätze an der Kathedrale. Wenn Sie jedoch Ruhe suchen und Einsamkeit nicht fürchten, fahren Sie noch ein Stück Richtung Bromberg (Bydgoszcz)! vom Parkplatz aus wieder zurück auf die B5, und folgen Sie der Beschilderung. Nach 12,5 km, 400 m nach Beginn des Waldes, befindet sich rechts ein Picknickplatz:

(026) WOMO-Picknickplatz: B5 Modliszewko

GPS: N 52° 38’ 06.8”; E 17° 36’ 49.9”.
max. WOMOs: 2-3.
Ausstattung/Lage: Mülleimer, Tisch & Bank / außerorts.
Zufahrt: B5 von Gniezno nach Bydgoszcz hinter Modliszewko.

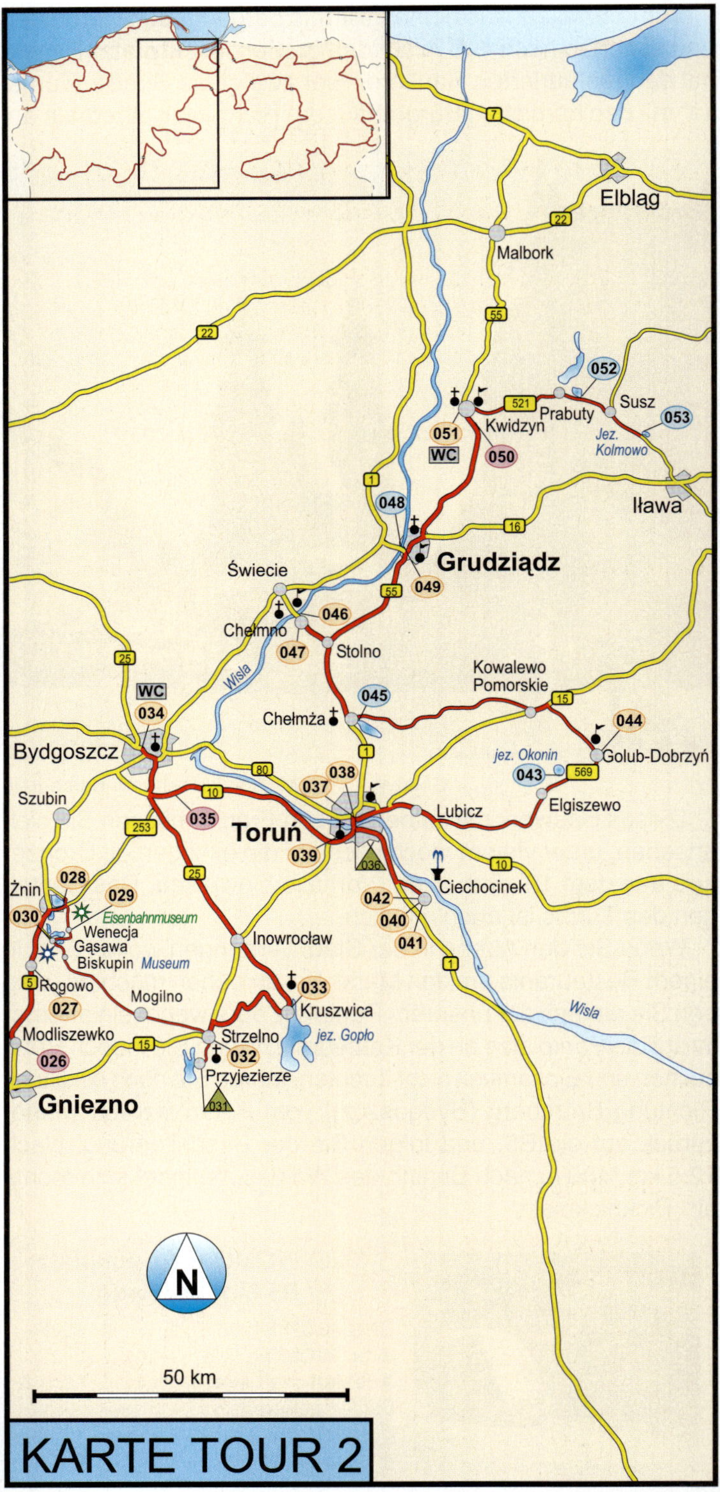

Elbląg
Malbork
7
22
55
22
052
Prabuty
Susz
521
053
Jez. Kolmowo
051
Kwidzyn
WC
050
1
Iława
048
16
Grudziądz
Świecie
049
55
046
Chełmno
047
Stolno
25
Wisła
Kowalewo Pomorskie
15
WC
034
045
Chełmża
044
Bydgoszcz
1
jez. Okonin
Golub-Dobrzyń
80
038
043
569
Szubin
10
037
035
Lubicz
Elgiszewo
253
Toruń
039
036
10
Ciechocinek
Żnin
028
029
25
042
030
Eisenbahnmuseum
040
Wenecja
Gąsawa
Inowrocław
041
Biskupin
Museum
1
5
Rogowo
033
Mogilno
Kruszwica
027
Wisła
Modliszewko
15
Strzelno
jez. Gopło
026
032
Przyjezierze
031
Gniezno
N
50 km

KARTE TOUR 2

TOUR 2 (ca. 330 km / 3-4 Tage)

Gniezno (Gnesen) - Bydgoszcz (Bromberg) - Toruń (Thorn) - Chełmno (Kulm) - Grudziądz (Graudenz) - Kwidzyn (Marienwerder) - Susz

Freie Übernachtung: Dinopark Rogowo, am Stellplatz in Żnin, bei Lubcz, am Museum Biskupin, auf dem Waldparkplatz südlich von Bydgoszcz, 24h-Stadtparkplatz in Toruń, in Ciechocinek, unterhalb von Chełmno an der Weichsel, auf dem 24h Parkplatz in Chełmno, gegenüber Grudziądz an der Weichsel, am Suskie-See

Campingplätze: Camping in Toruń; in Przyjezierze

Baden: ... siehe „freie Übernachtung".

Besichtigen: Dinopark Rogowo, Eisenbahnmuseum Wenecja, Bronzezeitsiedlung Biskupin, Sankt-Prokop-Rotunde Strzelno, Stiftskirche St. Marien Kruszwica, Altstadt von Bydgoszcz und Toruń, Gradierwerk in Ciechocinek, Zamek Golub-Dobrzyń, Altstadt von Chełmno, Speicher und Festung von Grudziądz, Burganlage Kwidzyn.

Von unserem Waldparkplatz aus fahren wir nach dem Frühstück weiter auf der B5 Richtung Bromberg. Die Nacht war, trotz der nahen Bundesstraße, recht ruhig - wir hatten uns noch ein paar Meter weiter den Waldweg am Ende des „Wendehammers" hineingesetzt und waren damit weit genug von den Verkehrsgeräuschen entfernt. An diesem Rastplatz kommen immer wieder PKW, es wird ein Happen gegessen, die Thermoskanne ausgepackt, sich ein wenig die Beine vertreten und dann geht es weiter.

Wir setzen unseren Weg auf der B5 Richtung Bydgoszcz fort. Nach 13,8 km liegt nördlich von **Rogowo** links von der B5 der vor allem für Familien mit Kindern sehr interessante **Dinozaurów Park,** der uns eine unvergessliche Reise in die Vergangenheit bietet:

(027) WOMO-Stellplatz: Dinozaurów Park Rogowo

GPS: N 52° 44' 35.5"; E 17° 39' 07.3".
max. WOMOs: 2-3.
Ausstattung/Lage: ohne alles / außerorts.
Zufahrt: B5 von Gniezno kommend Richtung Żnin hinter Rogowo links auf den Parkplatz des Parks.

Es war einmal vor unserer Zeit...

Der Park mit seinen lebensgroßen Dinosaurierfiguren hat in der Hauptsaison täglich von 10:00 bis 18:00 Uhr geöffnet.

Wir fahren weiter nördlich Richtung Bydgoszcz. Nach 2 km taucht rechts der „Jezioro Male Żninski“ (kleiner See von Żnin) auf, wir können jedoch keine ansprechende Übernachtungsmöglichkeit finden, dann kommen wir nach **Żnin** herein. Der Ort ist von Industrie geprägt und noch nicht so herausgeputzt wie viele andere, durch die wir schon gekommen sind. Bemerkenswert sind hier im Zentrum nur die **Kirche** aus dem **15. Jahrhundert** sowie der **eckige gotische Rathausturm**. Von der B5 aus biegen wir, noch vor der kreuzenden Eisenbahn, rechts auf die B251 ab. Nach 1,4 km passieren wir die Gleise, die Straße macht einen Linksknick und wir überqueren wieder Schienen (wir befinden uns immer noch auf der B251), 800 m weiter biegen wir links Richtung Chomętowo ab. Zu unserer Linken liegt nun der „Jezioro Żninskie Duże“ (großer See

von Żnin),links der Straße ist ein breiterer Wiesenstreifen, nach 200 m stellen wir dort unser Womo ab. Wir stehen zwar recht nah am Sträßchen, aber viel Verkehr ist hier nicht zu erwarten.

(028) WOMO-Stellplatz: großer See von Żnin

GPS: N 52° 51' 17.4"; E 17° 45' 06.4". **max. WOMOs:** 2-3.
Ausstattung/Lage: Wiesenstreifen direkt am See / ortsnah.
Zufahrt: Von der B5 aus Süden kommend in Żnin vor der Eisenbahnlinie rechts auf die B251, nach 2,5 km links Richtung Chomętowo.

Wir wollen uns als nächstes ein wenig für Altmetall interessieren. 800 m fahren wir wieder zurück bis über die Eisenbahnschienen, dann links Richtung **Gąsawa**. Nach 4,3 km in **Wenecja**, geht es schräg rechts ab, das **„Muzeum Kolei Wąskotorowej"** (Museum der Schmalspurbahn) ist ausgeschildert. Nur 1,7 km weiter liegt links noch vor dem Museum eine große Parkfläche:

(029) WOMO-Stellplatz: Eisenbahnmuseum Wenecja

GPS: N 52° 47' 55.5"; E 17° 45' 10.6"; **WOMOs:** >5.
Ausstattung/Lage: unbewacht, gepflastert / ortsnah.
Zufahrt: Von Żnin aus Richtung Gąsawa, nach 4,3 km in Wenecja rechts der Beschilderung zum „Muzeum Kolei Wąskotorowej" folgen.

Schnuckeliges Bähnchen

Schon auf der Fahrt hierher hat die Landstraße mehrfach eine kleine Bahnlinie gekreuzt - sie ist noch in Betrieb, und zwar im Rahmen dieses Museums. Es handelt sich um eine

Schmalspurstrecke - und das ist auch der Grund, warum die Eisenbahnen so niedlich aussehen. Die Linie verkehrt zwischen Żnin, Wenecja, Biskupin und Gąsawa und wird mit wechselnden Zügen aus dem Museum befahren - teilweise sogar mit Dampf!

Vom Museum aus fahren wir weiter und biegen dann nach 2 km links Richtung Gąsawa ab. Wir haben einen freien Blick über den See von Biskupin und wundern uns schon über einen weithin sichtbaren „Bretterzaun". Das Museum Biskupin ist na-

Der See von Biskupin - und ein seltsamer Holzbau

türlich ausgeschildert, nach gut einem Kilometer sind wir auf dem großen, gebührenpflichtigen Parkplatz angekommen, der sich natürlich auch zum Übernachten eignet.

(030) WOMO-Stellplatz: Museum Biskupin

GPS: N 52° 47' 04.7"; E 17° 44' 35.9"; Biskupin **WOMOs:** >5.
Ausstattung/Lage: bewacht, asphaltiert, Mülleimer / außerorts.
Zufahrt: Von der B5 in Bożejwice rechts Richtung Gąsawa fahren, nach 5,7 km links.

Nachdem man sich durch die obligatorische Reihe von Andenken- und Imbissbuden geschlängelt (zumindest der Landschaft angepasst in Holzhütten und -Ständen) und die Schmalspureisenbahnstrecke überquert hat, die auch hier entlang führt,

Der wehrhafte Eingang zur Siedlung der Lausitzer Kultur

kommen wir auf das Museumsgelände mitten in einem dichten Eichen- und Buchenwald - hier sind Unterkünfte aus der entsprechenden Eisenzeit vor 2.500 Jahren nachgebaut. So gelangen wir schließlich zum Herzstück des Museums, dem **Nachbau** der 1933 hier entdeckten **Eisenzeit-Siedlung**.

Reihenhausbau vor 2.500 Jahren

Die Wandungen bestehen aus Eichenbalken, im Inneren sind die „Straßen" mit Eichen- und Kiefernbalken ausgelegt. In den strohbedeckten „Reihenhäusern" haben die rund 1.000 Einwohner dieser wehrhaften Siedlung gelebt. Die einzelnen Häuser hatten nahezu identische Größe und Ausstattung - als ob die dort lebenden Familien diesbezüglich keine Rangunterschiede gekannt hätten. Alles ist sehr sorgfältig aufgebaut. Feuerstelle, Schlafstätte, Raum für das Kleinvieh - wenn man sich vorstellt, dass pro Haus sieben bis zehn Personen lebten, Tiere dazwischen, keine Sanitärausstattung,

dann 1.000 Menschen auf den paar Quadratmetern - so gemütlich die Atmosphäre auch scheint, ich möchte nicht unbedingt hier gelebt haben!

Man könnte ohne weiteres auf dem Parkplatz des Museums stehen bleiben, aber der Tag ist noch zu jung, außerdem ist es heiß und eine schöne Gelegenheit zum Baden wäre nun nicht schlecht... Nun, in südöstlicher Richtung haben wir auf der landkarte einige blaue Flecken gesehen, also weiter Richtung **Gąsawa**, danach nach **Mogilno**. Der nächste größere Ort ist dann **Strzelno**. Dort angekommen, biegen wir noch vor der Kreuzung mit der 15 rechts ab und kommen über **Nowa Wies** nach **Przyjezierze** am Jez. Ostrowskie.

Es handelt sich um einen typisch polnischen Badeort mit Ferienhäusern und einem Imbiss nach dem anderen entlang der Hauptstraße am See. Es gibt keine Möglichkeit zum freien Stehen, aber dafür einen zwar sehr einfachen aber preiswerten, ruhig gelegenen Campingplatz:

(031) WOMO-Campingplatz-Tipp: Przyjezierze

GPS: N 52° 32' 35.4"; E 18° 08' 29.3"
Öffnungszeiten: 01.05. bis 15.09 .**Ausstattung/Lage:** schön schattig; am Seeufer; einfachste Ausstattung.
Zufahrt: siehe Text.

Badestrand am Jez. Ostrowskie

Wir genießen den schönen Badestrand und verbringen eine ruhige Nacht auf dem kleinen Campingplatz. Am nächsten Tag geht es zunächst zurück nach **Strzelno.** Hier möchten wir Sie bei [**032**: N 52° 37' 46.7" E 18° 10' 43.2"] auf die **Sankt-Prokop-Rotunde**, der größten romanischen Kirche auf einem kreisrunden Grundriss, hinweisen.

Sankt-Prokop-Rotunde(links) in Strzelno

Wir fahren rechts der Kirche weiter und folgen dem Verlauf der Straße. Nach 2,6 km biegen wir rechts auf die 62 Richtung Włocławek. In **Kruszwica** bleiben wir auf der 62, kurz bevor die Straße den See überquert, liegt rechts ein Parkplatz, der zu dem 8-eckigem **Popiel-Turm** gehört. Dieser Turm ist der Überrest eines gotischen Schlosses, welches bei den Schwedischen Kriegen niedergebrannt wurde. Diesen 32 m hohen Turm kann man auf einer hölzernen Treppe besteigen und hat einen prächtigen Rundblick auf den Gopło-See.

Überquert man die Brücke über den See und biegt die erste Straße links ab, liegt nach 600 m bei [**033**: N 52° 40' 45.6" E 18° 19' 40.5"] die **Stiftskirche St. Marien** aus den Jahren 1120-1140. Es ist die vielleicht älteste Kirche Polens überhaupt.

Nun geht es aber endgültig nach **Bydgoszcz** (Bromberg), weiter am östlichen Seeufer, über Inowroclaw, dort auf die 25, der wir bis zum Zentrum folgen. Direkt am Opernhaus befindet sich ein bewachter Parkplatz, der sich ideal zur Stadtbesichtigung (und natürlich auch zur Übernachtung) eignet.

(034) WOMO-Stellplatz: Bydgoszcz (Bromberg)

GPS: N 53° 07' 27.8"; E 17° 59' 55.7"; Marsz.Focha 7 **max. WOMOs:** 3-4.
Ausstattung/Lage: Mülleimer, gebührenpflichtig / im Ort.
Zufahrt: Der Beschilderung Zentrum / Oper folgen.

Man steht hier sehr zentral und kann alle Sehenswürdigkeiten zu Fuß erreichen. Wir gehen am Brda-Ufer bis zur Brücke

500 Jahre alte Pfarrkirche auf der Brda-Insel

und überqueren sie. Nach Westen hin fällt die malerische Brda-Insel mit der alten **Pfarrkirche** und den **Getreidespeichern** ins Auge, auf der anderen Seite sehen wir weitere restaurierte ehemalige Getreidespeicher und die Silhouette der **Altstadt** - sowie einen (bronzenen) **Seiltänzer** auf einem quer über dem Fluss gespannten Seil. Wir folgen dieser Straße und kommen auf den alten **Marktplatz**. Direkt rechts befindet sich die **Touristen-Information**, versorgen Sie sich hier mit einem Stadtplan und weiteren Details zu den Sehenswürdigkeiten der Stadt!

Der Seiltänzer über der Brda

Auf dem **Marktplatz** befindet sich ein **Denkmal** für die 20.000 Opfer des Nationalsozialismus in Erinnerung an den Bromberger Blutsonntag. Wenn Sie am Rathaus vorbei zur Brda hinunter gehen, kommen sie dort an das „**Bromberger Venedig**“ mit seinen schönen **Bürgerhäusern** aus dem 19. Jahrhundert. Wir schlendern zurück, drehen unsere Runde durch die **Altstadt** bis zur **Jesuitenkirche**, dann am Ufer der Brda zurück und über die Brücke, über die wir auch hineingekommen sind. Wir gehen ein Stück rechts, dann zweigt links die prachtvolle Einkaufsmeile - die ul. Gdańska - mit Ihren restaurierten Jugendstilhäusern ab.

Backsteinpracht am nördlichen Ufer der Brda

Für die weitere Planung haben Sie nun drei Möglichkeiten: entweder Sie bleiben einfach auf dem Parkplatz stehen und genießen den Abend in einem der Restaurants an der Brda - oder aber Sie wollen sich (und gegebenenfalls Ihren Kindern) noch ein paar Stunden im **Kultur- und Erholungspark Myslecinek** mit Zoo, Luna- und Skatepark und botanischem Garten gönnen, in diesem Fall fahren Sie einfach die vorhin erwähnte ul. Gdańska bis zum Stadtrand durch - oder, aber zum letzten,

Sie haben die Nase voll vom Stadtleben, wollen Ihre Ruhe haben und fürchten die Einsamkeit nicht. Dann folgen Sie uns zu einem Waldpicknickplatz südlich von Bydgoszcz.

Wir verlassen den Parkplatz, wenden uns rechts und am nächsten Kreisverkehr (600 m) wieder rechts und überqueren die Brda. Wir bleiben immer weiter geradeaus, auch über die nächsten Kreisverkehre, die Straße mündet auf die B15 Richtung Süden. Nach insgesamt 8 km kreuzt die B10, wir biegen links Richtung **Toruń** (Thorn) ab. Nach ziemlich genau 4 km finden wir auf der rechten Seite ein kleines Stück im Wald den Parkplatz.

(035) WOMO-Picknickplatz: Wald südlich Bydgoszcz

GPS: N 53° 03' 11.8"; E 18° 03' 20.4"; Droga Pożarowa
max. WOMOs: 2-3 **Ausstattung/Lage:** Tisch & Bank, Mülleimer / außerorts.
Zufahrt: Er liegt direkt an der B10 südlich von Bydgoszcz genau 4 km hinter der Kreuzung mit der B5/B25.

Von hier aus führt uns der Weg weiter auf der B10 Richtung Toruń. 41 km bleiben wir auf dieser Straße, dann sehen wir die schöne stählerne Bogenkonstruktion der Brücke über die Wisła, die auch zur Altstadt von Toruń führt.

Brücke von Thorn (Toruń) über die Weichsel (Wisła)

Hier haben Sie zwei Möglichkeiten: Sie können auf den sehr empfehlenswerten Campingplatz am hiesigen (südlichen) Weichselufer einkehren (um dann zu Fuß ca. 1,5 km in die Altstadt zu kommen). Dazu biegen Sie nicht links auf die Brücke, sondern bleiben noch gut einen Kilometer auf der B10, dann überqueren Sie links die Bahngleise in die ul. Kujawska, um nach 400 m wieder schräg rechts zum *Campingplatz Tramp* direkt am Ufer einzubiegen.

(036) WOMO-Campingplatz-Tipp: „Camping Tramp“ in Toruń (Thorn)

GPS: N 53° 00' 01.3"; E 18° 36' 31.0"; Dybowska
Öffnungszeiten: 01.05. bis 15.09. **Ausstattung/Lage:** schön schattig; am Ufer der Weichsel; Laden; Spielplatz, Hunde erlaubt; Ver- und Entsorgung; nicht sehr leise; Altstadt Thorn: 2,5 km.
Zufahrt: am südlichen Weichselufer die B10 von Westen kommend noch 1 km an der Brücke über die Wisła vorbeifahren, dann links über die Gleise abbiegen, noch 400 m.

Wenn Sie Thorn nur einen kurzen Besuch abstatten wollen, fahren Sie über die Weichselbrücke bis zum nächsten großen Kreisverkehr (1,9 km), dort rechts auf die ul. Odrodzenia, nach knapp 500 m wieder rechts auf die ul. Uniwersytecka und die nächste Straße links. Dort befindet sich nach 150 m auf der linken Seite ein 24h bewachter Parkplatz.

(037) WOMO-Stellplatz: Toruń Zentrum

GPS: N 53° 00' 50.3"; E 18° 36' 29.0"; Waly Gen. Sikorskiego 25
max. WOMOs: 2-3.
Ausstattung/Lage: Asphaltplatz, bewacht, kostenpflichtig / im Ort.
Zufahrt: Siehe Text.

Große WOMOs können auch auf den großen Busparkplatz unter der Eisenbrücke bei [**038**: N 53° 00' 27.0" E 18° 36' 01.7"], wenn auch nicht sehr leise, stehen, eine weitere Parkmöglichkeit befindet sich an der Kirche [**039**: N 53° 00' 49.0" E 18° 36' 49.4"].

Westliche Altstadt von Toruń mit Straßenbrücke über die Weichsel

So oder so, sie sollten sich nun in die wirklich sehenswerte **Altstadt** von Thorn begeben - und zur Orientierung kann Ihnen der

Das Altstädter Rathaus von Toruń

40 m hohe Turm des **Altstädtischen Rathauses** dienen. Dieses Gebäude steht mitten auf dem großen Altmarkt umgeben von prachtvollen **Bürgerhäusern**. An der Nordflanke des Platzes befindet sich die **Touristen-Information**. Sollten Sie zufällig ein WLan-fähiges Notebook in der Tasche dabeihaben: hier unterhält das Touristenbüro einen kostenfreien offenen Hotspot, sie können sich auf dem Platz einfach einwählen...

Vor dem Rathaus, und zwar an der Ecke, neben dem Turm, steht das 1853 errichtete **Denkmal** des weltberühmten Sohnes dieser Stadt mit der (lateinischen) Inschrift „**Nikolaus Kopernikus** Thorner, bewegte die Erde, hielt die Sonne und den Himmel an" - ein Hinweis auf das von ihm entwickelte Heliozentrische Weltbild. Ein weiteres Denkmal am Marktplatz ist das **Flößerdenkmal** auf dem Brunnen mit den 8 Fröschen. Einer Legende nach verzauberte der Flößer mit seinem wunderbaren Geigenspiel die in der Stadt beheimateten Frösche und führte sie in die Vorstadt hinaus (eine ähnli-

Das Flößerdenkmal

Kopernikus' Geburtshaus

che Geschichte kennt man - wenn auch nicht mit Fröschen - wohl auch aus einer Stadt in Deutschland Namens Hameln...).

Wir besuchen natürlich auch die am Marktplatz gelegene prachtvolle Heilig-Geist-Kirche und die Marienkirche, dann wenden wir uns wieder dem berühmten Sohn der Stadt zu. Sein **Geburtshaus** steht noch, und zwar südlich des Rathausplatzes in der parallel zur Weichsel verlaufenden ul. Kopernika Nr. 15/17. Es sind typische Thorner Bürgerhäuser aus der Wende vom 14. zum 15. Jahrhundert. Da es ein tiefes Geheimnis der Geschichte ist, ob er nun im Haus Nr. 15 oder Nr. 17 geboren wurde, hat man beide baulich zusammengefasst und das „**Museum Kopernikus-Geburtshaus**" daraus gemacht, wo unter anderem ein Modell des mittelalterlichen Thorn um das Jahr 1500 zu bewundern ist. Wenn Sie die ul. Kopernika weiter westlich gehen und dann an den Resten der Stadtmauer links zur Weichsel hinuntergehen, kommen sie an den **Schiefen Turm** von Thorn. Der Sage nach wurde dieser Turm (als Teil der Stadtbefestigung) von zwei Brüdern aufgezogen, die sich miteinander sehr zerstritten hatten. Da sie sich auch während der Arbeit nie ansahen und jeder vor sich hin mauerte, wurde der Turm schief. Und nun stecken heute noch Ihre Geister in den Mauern und müssen das Gebäude stützen...

Der schiefe Turm von Toruń

Von hier aus gehen Sie einfach weiter zum Weichselufer und folgen der **Uferpromenade**. Nach 500 m kommen Sie zur Ruine der **Deutschordens-**

Jakobskirche aus dem 14. Jahrhundert

burg. Dem Deutschen Orden begegnen wir im Laufe unserer Reise noch häufiger. Er wurde 1190 als Krankenpflegeorden gegründet, 8 Jahre später in einen Ritterorden umgewandelt. Im Rahmen der Missionierung des Baltikums wurde dem Orden 1230 im Vertrag von Kruschwitz „auf ewige Zeit" das Kulmer Land zugesprochen. So entstand hier ein Ordensstaat, auch über Ostpreußen und bis ins heutige Estland und Lettland hinein, der sich bis 1525 halten konnte. Aus dieser Periode finden sich immer noch grandiose Burgen und Ruinen.

Wir möchten noch auf die prächtige **Jakobskirche** hinweisen, und wenn Sie nun mehr den weltlichen Genüssen zugetan sind, auf das im weiteren Verlauf am Neumarkt in einem der schönen Bürgerhäuser zu findende Wirtshaus „Zur Blauen Schürze" (pod Modrym Fartuchem) - schauen Sie herein, es lohnt sich! Vieles haben wir hier noch nicht beschrieben - z.B. das Brückentor, das Klostertor, die Speicherhäuser, das prachtvolle Stadttheater, die Katzenkopfbastei, das volkskundliche Museum; wenn Sie wollen, können Sie noch mehrere Tage in dieser sehenswerten Stadt zubringen!

Wir brechen am Spätnachmittag wieder von Toruń auf. Zu unserem nächsten Ziel geht es über die E75 zunächst Richtung **Lódż**. Ca. 7,4 km, nachdem wir die S10 gekreuzt haben, biegen wir links auf ein Nebensträßchen nach **Ciechocinek** ab. Nach 5 km können wir Ihnen den ersten bewachten Wiesenparkplatz bieten:

(040) WOMO-Stellplatz: Ciechocinek I

GPS: N 52° 52' 58.1"; E 18° 46' 47.4"; Woluszewska **max. WOMOs:** 5.
Ausstattung/Lage: Wiesenplatz, bewacht, kostenpflichtig / im Ort.
Zufahrt: Siehe Text.

Nach gut 500 m folgt rechts der nächste bewachte und gebührenpflichtige Parkplatz: [**041**: N 52° 52' 53.7" E 18° 47' 16.3"] und, zu guter Letzt, wenn sie hier scharf rechts abbiegen, finden Sie nach weiteren 450 m einen unbewachten Großparkplatz bei [**042**: N 52° 52' 47.5" E 18° 46' 55.8"]. Alle Stellplätze liegen nahe am Zentrums des knapp 12.000 Einwohner zählenden Kurorts. Die Hauptattraktion sind die drei riesigen, 16 m hohen **Gradierwerke** mit 1,7 km Gesamtlänge, in denen die dampfende Sole über die Weidenstäbe verrieselt wird und ein außergewöhnliches, jodreiches Mikroklima erzeugt. Zwischen den Gradierwerken und dem 19 ha großen **Gesundheitspark** verläuft eine der berühmtesten **Promedaden** Polens, die auch ein Paradies für Straßenhändler und Künstler ist - und die in der Hochsaison oft ganz schön belebt ist! Im Park befindet sich in wunderschöner **Holzarchitektur** des 19. Jahrhunderts die **Mineralwassertrinkhalle** mit der dahinter liegenden **Orchestermuschel**. Lassen Sie sich mit einer Pferdekutsche den Park entlang und durch den Ort fahren und entdecken die historischen **Kurbadhäuser**! Aber auch für das leibliche Wohl ist

Gradierwerk in Ciechocinek

Mineralwasser-Trinkhalle im Park

hier gesorgt, entlang der Promenade befinden sich etliche Imbissstände und kleine Straßenrestaurants.

Wir fahren zurück auf die E75 nach **Toruń** und wechseln dann auf die E10 Richtung **Gdańsk**, weiter Richtung **Warszawa**. Hinter **Lubicz Gorny** halten wir uns links auf die 569 Richtung **Golub-Dobrzyń**. Knapp 3 km hinter **Elgiszewo** kommen wir an den Jez. Okonin und können unser WOMO rechts am Straßenrand parken und ins Wasser springen:

(043) WOMO-Badeplatz: Jez. Okonin

GPS: N 53° 04' 27.9"; E 18° 57' 40.2"; **max. WOMOs:** 1-2.
Ausstattung/Lage: Sandstrand zw. Bäumen, zum Übernachten ungeeignet / außerorts
Zufahrt: An der 569 zwischen Elgiszewo und Golub-Dobrzyń.

Nur noch 7,5 km sind es bis nach Golub-Dobrzyń und dem dortigen Schloss, der Weg ist ausgeschildert:

(044) WOMO-Stellplatz: Zamek Golub-Dobrzyń

GPS: N 53° 06' 53.6"; E 19° 02' 52.8"; **max. WOMOs:** 2-3.
Ausstattung/Lage: Asphalt, gebührenpflichtig / im Ort.
Zufahrt: In Golub-Dobrzyń der Beschilderung zum Zamek folgen.

Der Grundbau des **Schlosses** stammt aus dem 14. Jahrhundert der Kreuzritter. 1611 verlieh der polnische König das Anwesen seiner Schwester Anna, die dann die Festung in eine **Renaissanceresidenz** umbaute. Heute befindet sich hier ein Museum, ein hervorragendes Restaurant und ein Hotel.

Wir fahren vom Parkplatz aus zurück auf die 534 und biegen links ab. Nach gut 10 km kommen wir auf die 15 und richten uns nach der Beschilderung „Toruń" - aber nur bis **Kowalewo Pomorskie**! Dort biegen wir rechts nach **Chełmża** ab und folgen der 554 und später der 649 für insgesamt 15,5 km. 300 m nach dem Ortseingangsschild von Chełmża - unmittelbar vor dem Sportplatz - biegen wir links zum See ab um können Ihnen nach weiteren 300 holprigen Metern einen Badeplatz zeigen:

(045) WOMO-Badeplatz: Chełmża

GPS: N 53° 11' 08.0"; E 18° 37' 33.3";
max. WOMOs: 1-2.
Ausstattung/Lage: Sandstrand zw. Bäumen / im Ort
Zufahrt: An der 551 von Osten kommend 300 m nach Ortseingang vor dem Sportplatz links abbiegen.

Wenn Sie keinen Wert auf die Besichtigung der **Domkirche** aus dem **13. Jahrhundert** legen, brauchen Sie nicht ins Zentrum hineinzufahren und können direkt die 6 km bis zur E75 weiterfahren, dort richten wir uns der Beschilderung nach Gdańsk. 18 km weiter erreichen wir **Chełmno** (Kulm), das Ziel unserer Etappe. Wir fahren jedoch nicht direkt links in die Stadt hinauf, sondern versuchen zunächst, ob es am Ufer der Weichsel nicht schöne Übernachtungsplätze gibt. Wir bleiben also noch ca. 3,5 km auf der B1 und biegen die letzte Straße vor der Brücke links ab. Nach 950 m ändern wir die Richtung auf eine relativ üble Kopfsteinpflasterstraße, die uns binnen eines Kilometers durch eine Schrebergartensiedlung bis zum Ufer der Weichsel führt. Hier finden wir auf der Wiese wunderschöne Stellmöglichkeiten:

(046) WOMO-Stellplatz: Weichselufer Chełmno (Kulm)

GPS: N 53° 21' 53.2"; E 18° 25' 15.4"; Powisle **max. WOMOs:** 2-3
Ausstattung/Lage: Möglichkeiten auf Wiese /Feldweg / Betonplatte direkt am Weichselufer / Ortsrand.
Zufahrt: B1 aus Süden, letzte Straße vor Brücke links, dann die nächste Möglichkeit rechts bis zum Ende.

Im Strömungsschatten eines ehemaligen Fähranlegers hat sich ein kleiner Sandstrand gebildet, einige Kinder aus der Schrebergartensiedlung baden hier. Später am Abend kommen Paare ans Ufer geschlendert, eine Familie baut einen Grill auf - eine schöne Uferidylle!

Abendstimmung an der Weichsel bei Chełmno

Am nächsten Morgen machen wir uns mit dem Womo auf den Weg in die **Altstadt**. Wir fahren die Kopfsteinpflasterstrecke zurück und bleiben dann einfach geradeaus, steil den Berg hoch. Die Nächste rechts, dann wieder links, wir folgen der Beschilderung „P 24 h Strezony“ und werden auf einen geräumigen Bewacht-Parkplatz am Rand der Stadtmauer geführt, der sich natürlich auch zum Übernachten eignet.

(047) WOMO-Stellplatz: Chełmno Zentrum

GPS: N 53° 20' 48.4"; E 18° 25' 32.5"; Walowa **max. WOMOs:** 1-2.
Ausstattung/Lage: ebener Schotterplatz, bewacht, kostenpflichtig, Mülleimer, Frischwasser / im Ort.
Zufahrt: Siehe Text.

Von hier aus starten wir unseren Rundgang durch die Stadt, der uns zunächst zum zentralen großen **Rathausplatz** führt, auf dem täglich Markt stattfindet.

Rathausplatz von Chełmno

Der Reiz von Kulm liegt in seinem geschlossenen Gesamteindruck. Noch von der **mittelalterlichen Stadtmauer** umgeben, im zweiten Weltkrieg nicht zerstört, ist hier vieles aus der Zeit des Deutschen Ordens erhalten - auch wenn noch viele Straßenzüge der Restaurierung harren. Rund um der Marktplatz stehen viele schöne **klassizistische Bürgerhäuser** aus dem 19. Jahrhundert, Biergärten und Straßencafés laden zum Verweilen ein. Wir schlendern durch die Straßen innerhalb der Stadtmauern und sind begeistert von der schönen **Backsteinarchitektur**. Auf der Fläche von 500 x 700 Meter, die die historische Altstadt ein-

Backsteinarchitektur in Chełmno

nimmt, befinden sich alleine fünf Kirchen und ein ehemaliges Zisterzienserkloster!

Von Chełmno aus fahren wir zurück zur B1 und zunächst ein Stück nach Norden. 5 km nach Überquerung der Wisła fahren wir rechts auf dei E75 Richtung **Gdańsk**. Nach gut 23 km verlassen wir die Schnellstraße rechts Richtung **Grudziądz**. Bevor wir Sie in den Ort leiten, möchten wir Sie noch ein einen wunderschönen Flussbadeplatz führen, von dem aus Sie auch einen atemberaubenden Blick auf die Altstadt von Grudziądz haben! Nach 3,2 km auf der 16, in dem Örtchen **Michale**, biegen wir links auf die 207 Richtuung **Dragacz** ab.Nach 1,5 km biegen wir scharf rechts in die Sackgasse zur Wisła hinab ein und finden nach 600 m einen schönen, kleinen Sandstrand direkt gegenüber von Grudziądz:

(048) WOMO-Badeplatz: Dragasz

GPS: N 53° 29' 35.1"; E 18° 44' 22.1";
max. WOMOs: 1-2.
Ausstattung/Lage: Sandstrand / Ortsrand
Zufahrt: B16 von der E75 kommend Richtung Grudziądz, in Michale links Richtung Dragacz, nach 1,5 km rechts zum Ufer der Wisła.

Die Altstadt von Grudziądz

Wir fahren wieder zurück zur 16 und biegen links nach **Grudziądz** ab. Nachdem wir die Brücke über die Wisła passiert haben, biegen wir die erste Straße links ab und fahren bis zum Ende weiter. Dort dürfen wir nicht links Richtung Wisła abbiegen. Also rechts, danach 2 x links und wieder rechts, nun fahren wir direkt auf den Fluss zu. Am Ende einfach rechts abbiegen und wir finden nach wenigen Metern einige Parktaschen vor dem Verbotsschild zur großen Wiese unterhalb der Altstadt - welches von vielen Fahrzeugen großzügig ignoriert wird....

(049) WOMO-Stellplatz: Grudziądz (Graudenz)

GPS: N 53° 29' 28.8"; E 18° 44' 47.4"; Spichrzowa 4 **max. WOMOs:** 1-2.
Ausstattung/Lage: Parktaschen am Ufer der Weichsel; zeitweise gebührenpflichtig / im Ort.
Zufahrt: siehe Text

Wir stehen hier am Fuße der Speicher, ursprünglich aus dem 14. Jahrhundert, die nahezu uneinnehmbar in die Stadtbefestigung integriert waren. Auch Graudenz hat seinen Ursprung im Deutschen Orden. Zuletzt fielen 1903 einige der **Speicher** einem Brand zum Opfer, hier wurde dann statt dessen eine großzügige Treppe in die **Altstadt** gebaut, die wir auch benutzen. Oben angekommen liegt links das ehemalige **Jesuitenkloster** mit barocker Kirche, dahinter liegt der kleine **Marktplatz** mit dem **Rathaus** und der **St. Nikolauskirche**. Wir gehen durch die Gassen in südliche Richtung und kommen zu weiteren Resten der alten **Stadtmauer**.

Ausgeruht fahren wir am nächsten Morgen zu einem weiteren Höhepunkt im Wirken des Deutschen Ordens. Wir verlassen unseren Stellplatz, fahren geradeaus vom Ufer weg, kommen nach 650 m an einen Kreisverkehr und fahren links (=270°) Richtung **Malbork** auf die 55. Kurz vor **Kwidzyn** liegt rechter Hand noch ein schöner Picknickplatz:

(050) WOMO-Picknickplatz: Kwidzyn (Marienwerder)

GPS: N 53° 42' 10.7"; E 18° 57' 36.5"; **max. WOMOs:** 1-2.
Ausstattung/Lage: Bänke, Mülleimer, Spielplatz / Ortsrand.
Zufahrt: An der 55 von Grudziądz kommend kurz vor Kwidzyn.

Nun fahren wir weiter nach Kwidzyn hinein. Die Straße geht in feinstes Kopfsteinpflaster über, am zweiten Kreisverkehr biegen wir links ab und überqueren die Eisenbahn („Kathedra" ist ausgeschildert). Nach 900 m geht es scharf rechts, die Kathedrale ist schon sichtbar. Vor dem Gebäude - der gesamte Vorplatz ist neu gepflastert und hergerichtet, eine schöne Springbrunnenanlage ist angelegt worden - finden wir genügend Parkraum.

(051) WOMO-Stellplatz: Kwidzyn (Marienwerder)

GPS: N 53° 44' 09.0";
E 18° 55' 20.5";
Na Skarpie **max. WOMOs:** 1-2.
Ausstattung/Lage: unbewacht, kostenfrei, WC, Mülleimer / im Ort.
Zufahrt: Nach Ortseingang von Kwidzyn der braunen Beschilderung „Kathedra" folgen.

Dom und **Burg** sind aneinander gebaut, im Anschluss an die Burg befindet sich imposant der sogenannte **Danzker** (Ablass), durch einen Gang mit der Burg verbunden. Dieser Danzker (über einem nun ausgetrockneten Flussbett gelegen) war früher einmal tatsächlich ein Sanitärgebäude - im 19. und 20. Jahrhundert auch als Gefängnis genutzt. Ansonsten ist in der Burg ein Heimatmuseum eingerichtet. Aber das beeindruckendste ist eigentlich die gewaltige Dimension dieser Burganlage, die den zweiten Weltkrieg unbeschädigt überstanden hat. Im Dom sind, in der Oberkirche, noch **Fresken** und **Mosaiken** aus dem 14. Jahrhundert zu sehen.

Ordensburg und -Dom mit Danzker in Kwidzyn

Vom Parkplatz aus fahren wir nun zunächst den gleichen Weg bis über die Eisenbahn zurück, den wir auch gekommen sind. Dort wenden wir uns dann links, der Beschilderung nach **Malbork** folgend. Am zweiten Kreisverkehr biegen wir rechts auf die B521 Richtung **Iława**. Nach 20 km gelangen wir nach

Prabuty, wir bleiben auf der 521. Ca. 1,2 km hinter Prabuty finden wir auf der linken Seite einen sehr schönen See mit Parkplatz und Badesteg - Zeit für eine Abkühlung! Da die Straße aber recht nah ist, möchten wir den Platz für eine Übernachtung nicht unbedingt empfehlen.

(052) WOMO-Badeplatz: Prabuty Sowica-See

GPS: N 53° 44' 47.7"; E 19° 14' 29.9"
max. WOMOs: 3-4.
Ausstattung/Lage: Sandstrand, Badesteg, Tisch, Bänke, Mülleimer / Ortsrand.
Zufahrt: B521 von Prabuty aus kommend nach 1,2 km südlich des Ortes auf der linken Seite.

Wir fahren weiter die 521 entlang, kommen durch Susz, 10 km später entdecken wir auf der linken Seite noch eine weitere sehr schöne Bade- und Übernachtungsmöglichkeit- aber nur für kompakte WOMOs ohne große Karosserieüberhänge und mit genügend Bodenfreiheit:

(053) WOMO-Badeplatz: Kolmowo-See

GPS: N 53° 39' 42.2"; E 19° 28' 14.4"
max. WOMOs: 1-2.
Ausstattung/Lage: Wiese zwischen Bäumen / außerorts.
Zufahrt: B521 von Susz aus kommend nach 10 km auf der linken Seite.

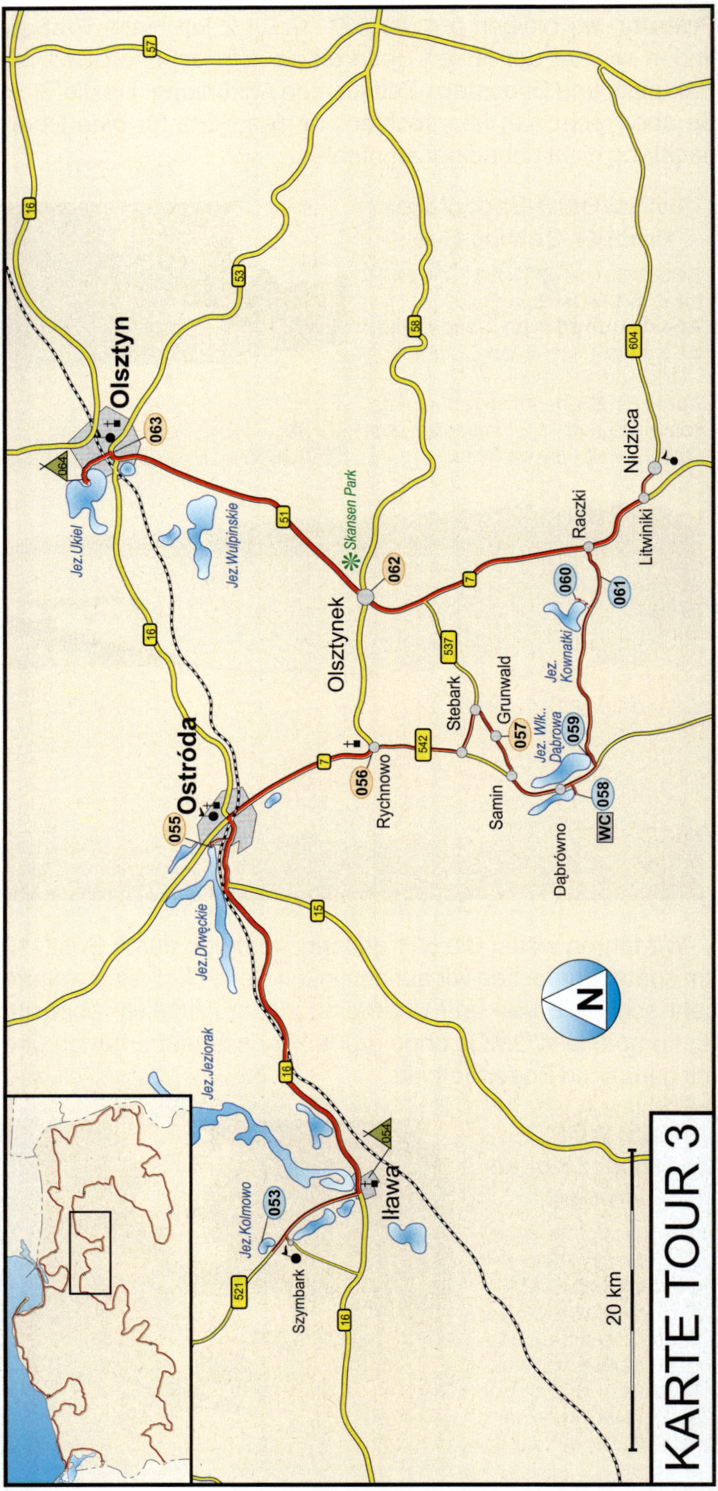
KARTE TOUR 3
Olsztyn
Ostróda
Iława
Olsztynek
Nidzica
Skansen Park
Rychnowo
Stebark
Grunwald
Samin
Dąbrówno
Raczki
Litwiniki
Szymbark
Jez. Ukiel
Jez. Wulpinskie
Jez. Drwęckie
Jez. Jeziorak
Jez. Kolmowo
Jez. Wlk. Dąbrowa
Jez. Kownatki
053
054
055
056
057
058
059
060
061
062
063
064
WC
7
15
16
51
53
57
58
521
537
542
604
N
20 km

TOUR 3 (ca. 183 km / 2-3 Tage)

Iława - Ostróda (Osterode) - Nidzica (Neidenburg) - Olsztynek (Hohenstein) - Olsztyn (Allenstein)

Freie Übernachtung:	Ostróda am Stadtsee, Badeplatz am Jez. Wilka Dąbrówa, Badeplatz am Jez. Kownatki, Skansenpark Olstynek, Stadtparkplatz Olsztyn
Campingplätze:	in Iława, in Olsztyn am Jez. Ukiel .
Baden:	in Dąbrówno, Jez. Wilka Dąbrówa, Jez. Kownatki, Olsztyn am Jez. Ukiel.
Besichtigen:	Stadtzentrum von Ostróda, Grunwald-Denkmal, Deutsch-Ordensburg in Nidzica, Freilichtmuseum in Olsztynek, Stadtzentrum Olsztyn

Von unserem Stellplatz am Kolmowo-See fahren wir am nächsten Morgen die 521 in südlicher Richtung nach **Iława**. Keine zwei Kilometer weiter kommen wir nach **Szymbark**, hier finden wir die Ruine einer im 14. Jahrhundert erbauten Ordensburg, die 1699 zu einem schönen Backsteinschloss umgebaut wurde. Dieses wurde im 2. Weltkrieg größtenteils zerstört, aber einige Mauern und Türme sind noch übrig - genug, dass sich das Anschauen lohnt!

Wir befinden uns nun im Westen der Region **Ermland und Masuren**. Die Landschaft ist hügelig, in der Eiszeit entstanden und, womit der Landstrich berühmt wurde, von mehr als tausend Seen durchzogen - wobei ich die Hoffnung direkt zerstö-

Typische Landschaft in Ermland

ren muss, dass es dementsprechend Tausende Stellplatzmöglichkeiten geben muss! Viele der Seen sind (glücklicherweise) nicht zugänglich, und wo keine Straße oder kein Feldweg hinführt, haben wir natürlich auch keine Chance! Außerdem sind oft über 90% der Ufer von Schilf bewachsen und bieten alleine dadurch keine Bademöglichkeit. In Verbindung mit der recht geringen Bevölkerungsdichte ergibt sich daher erfreulicherweise eine intakte Umwelt, zumal die Landwirtschaft größtenteils auf ökologische Produkte umgestellt wurde, wohingegen die Industrie hier keine große Rolle spielt. Auch der Tourismus hat natürlich angezogen. Viele Seen sind durch Kanäle miteinander verbunden, ganz Masuren ist ein regelrechtes Wassersportparadies - für Segler und Motorbootfahrer. Aber auch für uns ergibt sich auf den nächsten Touren eine interessante Mischung aus ruhigen Badeplätzen, schönen Ortschaften und jahrhundertealter Kultur!

Von **Szymbark** aus fahren wir die B521 weiter südlich, 6,5 km später treffen wir in **Iława** auf die B16, der wir links Richtung **Olsztyn** (Allenstein) folgen.

IŁAWA hat rund 30.000 Einwohner und liegt am Südende des Jez. Jeziorak, dem längsten See Polens, und wurde im 14. Jahrhundert vom Deutschen Orden gegründet. Das einzige historisch interessante Gebäude ist die **Ordenskirche** aus dieser Zeit mit einem Rokokoaltar. Ansonsten ist der Ort über die Grenzen hinaus berühmt für seine jedes Jahr im August stattfindende Internationale **Festival des traditionellen Jazz**. Leider haben wir im Ort keinen erwähnenswerten Stellplatz gefunden, aber immerhin einen ansprechenden Campingplatz:

(054) WOMO-Campingplatz-Tipp: „Camping No. 14" in Iława

GPS: N 53° 35' 58.5"; E 19° 32' 57.2"; Sienkiewicza 9.
Öffnungszeiten: 01.05. bis 31.10.
Ausstattung/Lage: teilweise schattig; Restuarant; Sportgelände, Hunde erlaubt; Ver- und Entsorgung; Zentrum 800 m, See 100 m.
Zufahrt: direkt an der B16 am westlichen Ende von Iława.

Weiter geht die Fahrt auf der B16 Richtung Osten, nach knapp 30 km erreichen wir den Ort **Ostróda** (Osterode). Links von uns liegen die Eisenbahnschienen, dahinter sehen wir schon den „Jez. Drwęckie" blau hervorblitzen. Von rechts trifft die B15 aus Thorn auf unsere B16, nach 500 m verlassen wir die Bundesstraße, die nun nach rechts abknickt, links und bleiben parallel zu den Bahnschienen. Nach 1 km überqueren wir die Eisenbahn an einer Schranke, fahren dann links der Gleise weiter und halten uns danach erneut links, der Uferlinie des Sees folgend. Gleich nach der Zufahrt zu einem Hotelkomplex biegen wir links auf die öffentlichen Parkplätze rechts der Hotelanlage. Der Platz ist ideal, die **Seepromenade** mit Restaurants und Biergärten sind nur 100 m entfernt, auch das Zentrum von Osterode ist bequem zu Fuß zu erreichen!

(055) WOMO-Stellplatz: Ostróda (Osterode)

GPS: N 53° 42' 24.3"; E 19° 57' 25.1"; Mickiewicza a.
max. WOMOs: 1-2.
Ausstattung/Lage: Wiese unter Bäumen am See / im Ort.
Zufahrt: B16 in Osterode immer an den Bahnschienen entlang, weiter der Uferlinie folgen, hinter Hotel links zum See auf den rechten Parkpl.

Sollte hier alles belegt sein oder Sie möchten noch eine große **Schiffstour** durch den **Oberländer Kanal** nach Elbląg unternehmen und das Fahrzeug nicht die 11 Stunden alleine lassen: fahren Sie einfach die Straße noch ein Stück weiter durch, dann die nächste links, nach ca. 500 m kommt links ein großes Hotel, welches auf seinem Parkplatz in Ufernähe auch Wohnmobile willkommen heißt!

Uferpromenade in Ostróda

Hier in Osterode starten die Ausflugsdampfer über den Oberländer Kanal, der einige Seen miteinander verbindet, so dass sich eine Wasserstraße bis nach Elbląg am Frischen Haff ergibt. Der Kanal wurde 1860 gebaut, und das Besondere daran sind die fünf schiefen Ebenen, auf denen die Schiffe den Höhenunterschied von fast 100 Meter zum Meer hinab überwinden! Wir empfehlen Ihnen diese 11-stündige Tour, die auch einen sehr schönen Eindruck über die Seenlandschaft bietet. Diese Tour können Sie aber auch von **Elbląg** aus starten (Tour 9). Sollten Sie sich nur die schiefen Ebenen anschauen wollen, verpassen Sie nichts - in einer der späteren Touren werden wir Sie auch dorthin führen!

Schiffe an Land

Ostróda selbst hat natürlich auch noch einiges zu bieten, unter anderem (fast würde man in dieser Region sagen: natürlich) eine **Deutsch-Ordensburg**, in der sich auch Napoleon für einige Tage während seines Russland-Feldzuges aufhielt. Diese ehemalige Burg ist allerdings nur von außen zu besichtigen. Des-

Deutsch-Ordensburg in Ostróda

Stadtpanorama von Ostróda

weiteren gibt es zwei durchaus sehenswerte Kirchen im Ort, die Orientierung anhand der Türme ist kein Problem. Auch der dreieckige Marktplatz (einzigartig in Polen) verdient Erwähnung. Die Innenstadt ist sehr schön herausgeputzt, die meisten Häuser und die Geschäfte erstrahlen in frischen Farben und die Gehwege sind neu gepflastert, alles macht einen sehr gepflegten und sauberen Eindruck. Auch die gesamte Uferpromenade am See ist neu angelegt worden. Den Abend verbringen wir in einem der Restaurants am Ufer, von hier aus sind es ja nur ein paar Meter bis zu unserem Stellplatz.

Wir setzen unsere Fahrt, diesmal Richtung Süden, fort, und verlassen unseren Stellplatz. An der Straße biegen wir rechts ab und überqueren die Eisenbahngleise, bleiben geradeaus und richten uns dann nach der Beschilderung Warszawa. Wir gelangen schließlich auf die B7. Hinter dem Ortsausgang von Ostróda befindet sich auf der rechten Seite ein schöner See mit einer ansprechenden Badestelle. Wegen der Nähe zur sehr stark befahrenen B7 möchten wir Ihnen diese aber nicht unbedingt empfehlen. Nach gut 14 km gelangen wir nach **Rychnowo**, hier biegen wir rechts auf die B542, auch ein weißes Hinweisschild zu unserem nächsten Ziel, Grunwald (Grünfelde), steht an der Abzweigung. Achtung! Auf der anderen Straßenseite ein paar Meter weiter finden wir bei [**056**: N 53° 35' 06.2" E 20° 05' 19.1"] etwas versteckt zwischen Bäumen auf der Kuppe ein richtiges Kleinod:

Holzkirche von Rychnowo

Nun geht es weiter nach **Grunwald**, DEM Schlachtfeld Polens - eines der Denkmäler, welches man in diesem Land be-

Der Siegeshügel von Grunwald

sucht haben muss. Nach knapp 9 km, in Frygnowo, biegen wir links ab auf die 537, nach weiteren 3,7 km, in Stebark, rechts - immer den Hinweisschildern *GRUNWALD* folgend. Bald sehen wir auf der linken Seite schon den Siegeshügel. Auch der große Parkplatz (gebührenpflichtig) mit den Andenkenläden und Imbissbuden ist nicht zu übersehen.

(057) WOMO-Stellplatz: Grunwald (Grünfelde)

GPS: N 53° 29' 25.4"; E 20° 07' 09.6" **WOMOs:** >5.
Ausstattung/Lage: Asphaltiert / geschottert, Großparkplatz, gebührenpflichtig / außerorts.
Zufahrt: von der B7 Osterode nach Warschau in Rychnowo rechts abbiegen, ab dort der Beschilderung folgen.

Welche bedeutende Schlacht wurde nun hier wann und von wem geschlagen? Am 15. Juli 1410 standen sich insgesamt 60.000 Mann der Armee des Deutschen Ordens der vereinigten Armeen von Polen, Litauen, Russland, der Tataren und Böhmen gegenüber, und nach dieser Schlacht war die Macht des Deutschen Ordens gebrochen. Natürlich gibt es hier nicht nur den Siegeshügel mit seinen imposanten Masten sondern auch noch ein neues Denkmal aus Granit sowie das Erste Grunwald-Denkmal, welches ursprünglich in Krakau stand, im zweiten Weltkrieg zerstört und dann hier wiederaufgebaut wurde. Auch ein Museum mit Waffen aus der Zeit der Schlacht sowie Schautafeln und Modellen zum Ablauf ergänzen die Gedenkstätte.

Wir machen uns nun, nach der ausgiebigen Besichtigung, auf eine Tour durch die tiefste Provinz. Vom Denkmal aus fahren wir einfach die Straße, die wir gekommen sind, weiter Richtung Samin. Dort biegen wir links auf die 542 nach Dąbrówno ab, wo wir nach 5 km ankommen. Es sieht in den Dörfen teilweise

Ein ganz normales Transportmittel hier!

so aus, als ob die Zeit stehen geblieben ist! Sowohl links als auch rechts der Straße ist ein See, vielleicht gibt es ja hier irgendwo eine gute Bademöglichkeit? Die Erste kommt sogleich! Am Ende von DABRÓWNO zweigt rechts ein Sträßchen ab Richtung See - und dort finden wir den:

(058) WOMO-Badeplatz: Agroturystyczne OSTOJA

GPS: N 53° 25' 38.5"; E 20° 02' 10.9"; Dabrowno **max. WOMOs:** 1-2.

Ausstattung/Lage: Wiesenstrand, Tisch & Bank, Grillstelle, WC, Frischwasser, Steg, Volleyballfeld / Ortsrand.

Zufahrt: von der B7 aus Osterode kommend in Rychnowo rechts auf die 542 abbiegen, nach 19 km in DABRÓWNO rechts Richtung WADZYN abbiegen, 50 m weiter rechts auf das Wiesengelände.

Ein idealer Ort, um ein, zwei Tage richtig auszuspannen! DABRÓWNO ist Ihnen noch zu belebt? Dann fahren Sie die 50 m zurück auf die 542 und noch 3 km weiter Richtung Süden. Dort biegen wir links Richtung RACZKI ab und entdecken 300 m weiter links einen kleinen Waldweg am See. Sie können sich links auf ein kleines Wiesenstück stellen (bitte den Weg für Angler freihalten) oder aber (mit einem nicht zu großen Fahrzeug) noch 50 Meter den Weg hineinfahren und dort einen kleinen „Privatstrand" finden.

Privatstrand am Jez. Wielka Dąbrowa

(059) WOMO-Badeplatz: Jez.Dąbrowa Wielka

GPS: N 53° 24' 40.0"; E 20° 04' 05.7"; Kalbornia **max. WOMOs:** 1.
Ausstattung/Lage: Sand- / Wiesenstrand, sanft abfallend / außerorts.
Zufahrt: von der 542 aus Norden kommend 3 km hinter Dąbrówno links Richtung Raczki abbiegen, nach 300 m links.

Hier finden Sie Ruhe, soviel Sie möchten. Der Strand fällt ganz sanft in den See ab. Wir packen unser Schlauchboot aus und genießen die Ruhe vom Wasser aus- auch wenn das Wetter noch nicht ganz wieder unseren Wünsche entspricht. Daher ziehen wir nach einer Weile noch ein Stück gen Osten auf der Suche nach neuen Stellplätzen. Wir fahren das Sträßchen einfach weiter, nach 1 km in Leszcz kommt ein scharfer Rechtsknick und nach 13,5 km - wir sind am Ortsausgang von KOWNATKI - fahren wir links ein Sträßchen entlang des Jez. Kownatki. Nach wenigen Metern wechselt der Belag auf Schotter, rechts kommt ein kleiner Campingplatz (auf dem Sie auch willkommen sind!). Wir fahren noch einige hundert Meter weiter und finden einen schönen Platz direkt am Ufer.

(060) WOMO-Badeplatz: Jez.Kownatki

GPS: N 53° 25' 11.2"; E 20° 16' 16.0" **max. WOMOs:** 1-2.
Ausstattung/Lage: Sandstrand, sanft abfallend / außerorts.
Zufahrt: von der 542 aus Norden kommend 3 km hinter DABRÓWNO links Richtung RACZKI abbiegen, nach 13,5 km am Ortsende von KOWNATKI links abbiegen, dann nach 700 m Stellplätze am Ufer.

Wir fahren zurück zur Straße und biegen links ab. Nach 1,5 km, in Szkotowo, halten wir uns links und können Ihnen nach

250 m links nach wenigen Metern Schotterweg schon den nächsten Badeplatz zeigen:

(061) WOMO-Badeplatz: Szkotowo

GPS: N 53° 24' 20.4"; E 20° 17' 01.1"
max. WOMOs: 1-2.
Ausstattung/Lage: Wiesenstrand, sanft abfallend / außerorts.
Zufahrt: von der 542 aus Norden kommend 3 km hinter Dąbrówno links Richtung Raczki, nach 15 km am Ortseingang von Szkotowo links halten, nach 200 m links in Schotterweg

Bald wird es Zeit, dass wir uns wieder ein wenig der Kultur zuwenden! Wir fahren zurück zur Straße, biegen links Richtung Rączki ab. Dort treffen wir wieder auf die B7, es geht rechts Richtung Nidzica (Neidenburg) beziehungsweise Warszawa ab. Nach 5 km, in Litwinki, können wir schon links nach **Nidzica** abbiegen. Nach 3 km hinter dem Bahnübergang (Achtung! Wie oft im ganzen Land sind die Übergänge wegen extremen Unebenheiten sehr mit Vorsicht zu genießen!) wieder links, dann

Die Deutschordensburg in Nidzica

sehen wir die **Burg**, die dem Ort den Namen gibt, in 700 m schon liegen. Dort finden wir auch einen gebührenpflichtigen, bewachten Parkplatz, den wir natürlich aufsuchen. Von hier aus sind es nur ein paar Schritte bis zum Weg zur ehemaligen Deutschordensburg aus dem 13. Jahrhundert. Heute findet man hier im Gebäude neben einem kleinen Museum die Stadtbibliothek, ein Kunstatelier mit Sammlung, ein Restaurant und ein Hotel. Der Gesamteindruck des Bauwerkes ist aber, obwohl man nicht in alle Teile hineinkommt, sehenswert.

Im Innenhof der Burg

Viel mehr als die Burg hat die Stadt nicht zu bieten. Wir nehmen den gleichen Weg zurück zur B7, den wir auch hierher gekommen sind und fahren nördlich Richtung Danzig. 25 km später sind wir bereits in **Olsztynek** (Hohenstein), wo wir rechts auf die 51 Richtung **Olsztyn** (Allenstein) abbiegen. Nach 1 km folgen wir links dem Hinweisschild zum „**Skansen Park**" und erreichen nach einigen hundert Metern links den großen Parkplatz.

(062) WOMO-Stellplatz: Skansen Park Olsztynek (Freilichtmuseum Hohenstein)

GPS: N 53° 35' 25.6"; E 20° 17' 20.6". **WOMOs:** >5.
Ausstattung/Lage: Großparkplatz, gebührenpflichtig / im Ort.
Zufahrt: von der B7 aus Süden nach Warschau in Hohenstein rechts auf die 51 Richtung Olsztyn, nach 1 km links der Beschilderung folgen.

Hier im **Freilichtmuseum Ermland und Masuren** hat man auf einer Fläche von 39 ha vierzig Objekte aus der ganzen Re-

Windmühle im Skansen Park Olsztynek

gion zusammengetragen - sie wurden am Ursprungsort in die Einzelbestandteile zerlegt, akribisch nummeriert und hier wieder aufgebaut und restauriert. Bauernhäuser, Holzkirche, eine Ölmühle, Spritzenhaus, Schmiede, Gasthof - kein Gebäudetyp fehlt hier. Alle Objekte sind aus dem 17. bis 19. Jahrhundert

Vorläufer unserer WOMOs - ein Zigeunerwagen!

und der Zeit entsprechend eingerichtet und können natürlich auch von Innen besichtigt werden. Alte Webstühle und Schreinereien sind in Betrieb, die nach alten Methoden hergestellten Artikel werden auch verkauft. Ställe und Scheunen fehlen nicht und auch die passenden Tiere hierzu hat man nicht vergessen. Ziegen und Hühner laufen herum und geben einem das Gefühl, in einem wirklich bewohnten, alten Dorf umherzulaufen.

Das Rathaus von Olstzyn

Stundenlang halten wir uns hier auf, bis wir am Spätnachmittag wieder ins Womo zurückkehren. Man könnte natürlich auch auf dem großen Parkplatz vor dem Park übernachten - wenn die Besucherströme abreisen, wird es sehr ruhig hier. Wir beschließen trotzdem aufzubrechen. Entweder finden wir auf den 22 km bis **Olstzyn** noch am Wulping-See (Jezioro Wulpinskie) noch einen annehmbaren Stellplatz, ansonsten ist der Abend auch eine gute Zeit, in eine größere Stadt hineinzufahren!

Also die 500 m zurück bis zur 51, dann links Richtung Olstzyn! Nach 14 km taucht auf der linken Seite der Wulping-See auf. Wir fahren sowohl das südliche sowie das östliche und nördliche Ufer ab, können aber nirgendwo eine annehmbare Parkmöglichkeit entdecken. Ein großer Teil des Seeufers ist von Wochenend- und Ferienhaussiedlungen belegt, jedes mit eigenem Seezugang - da ist für uns kein Plätzchen übriggeblieben! Daher fahren wir einfach nach Olstzyn weiter. Wir bleiben,

Das Hohe Tor

auch in Olstzyn selber, immer weiter geradeaus. Dann führt die Straße den Berg hinauf und wir fahren geradewegs auf daswunderschöne **Rathaus** zu. Unmittelbar vor dem Rathaus biegen wir links ab und nach 140 m wieder rechts in eine Einbahnstraße. Hier haben wir ein Hinweisschild auf einen bewachten Parkplatz gesehen, welchen wir nun ansteuern. Es geht wieder etwas bergab und dann taucht nach 100 m auf der linken Seite der Platz auf, welcher zumindest für Fahrzeuge bis 6,5 m sehr gut geeignet ist. Die am Parkplatz vorbeiführende Straße ist keine stark befahrene Hauptverkehrsader, zur anderen Seite befindet sich ein kleiner Stadtpark. Es verspricht, nicht laut zu werden.

(063) WOMO-Stellplatz: Olstzyn (Allenstein) Zentrum

GPS: N 53° 46' 43.3"; E 20° 28' 35.5"; Nowowiejskiego F. **WOMOs:** 1-2.
Ausstattung/Lage: bewacht, gebührenpflichtig, Frischwasser / im Ort.
Zufahrt: von der B51 aus Süden kommend vor dem Rathaus links, nach 150m wieder rechts, dann nach 100 m auf der linken Seite.

Aber vor der Nacht kommt ja erst der Abend, und der ist noch nicht zu Ende. Wir befinden uns hier direkt unterhalb des **Hohen Tors**, einem Rest der Stadtbefestigung aus dem 14. Jahrhundert. Also gehen wir die paar Schritte hinauf und bewundern bald die hübsch restaurierten Bürgerhäuser der Alt-

Das Schloss zu Olstzyn

stadt, die hier als Fußgängerzone ausgewiesen ist. Ganze 175 m sind es bis zum Marktplatz - wir suchen uns das erste Restaurant auf der rechten Seite, das *Staromiejska*, und beenden hier den Abend mit einem hervorragenden und preiswerten Mahl.

Nikolaus Kopernikus

Der nächste Tag gilt natürlich der Besichtigung der schönen **Altstadt** von Allenstein. Ein unbedingtes Muss ist das **Schloss**, in dem auch von 1516 bis 1521 **Nikolaus Kopernikus** residierte und die Verteidigung gegen den Deutschen Orden organisierte. Im Turm machte er seine Himmelsbeobachtungen. Natürlich befindet sich hier auch ein Museum mit nachgebauten hölzernen astronomischen Instrumenten, wie Kopernikus sie benutzte. Ebenfalls in der Altstadt liegen die **St-Jacobi-Kathedrale**, das **alte Rathaus** und die

Altstadt von Olstzyn

evangelische Kirche direkt am Schloss. Unser Sohn nutzt die Gelegenheit, hier in Allenstein einen Friseur aufzusuchen und für umgerechnet 8 Euro einen erstklassigen Schnitt zu erhalten.

Wir möchten noch ein, zwei Tage richtig ausspannen und finden auf dem Stadtplan am nordwestlichen Ufer einen Hinweis auf einen Campingplatz - den wollen wir ausprobieren! Wir verlassen unseren Parkplatz die Straße hinunter, halten uns links und kommen auf die „ul. Grunwaldzka“, die, nachdem sie die Bahnlinie unterquert hat, „ul. Baltycka“ heißt. 4,8 km nach der Unterführung biegen wir links ab, dem Campingplatz-Hinweisschild folgend, und sind nach knapp 2 km am:

(064) WOMO-Campingplatz-Tipp: Ukiel in Olstzyn

GPS: N 53° 47' 11.2"; E 20° 23' 54.5"; Mlodziezowa
Öffnungszeiten: Ostern bis Herbst. **Ausstattung/Lage:** wenig Schatten; Wiesengelände oberhalb des Ukiel-Sees; einfache Sanitärausstattung; Hunde erlaubt; Ver- und Entsorgung; Allenstein: 6 km.
Zufahrt: Ab Ortsmitte ausgeschildert.

Wir werden sehr freundlich (in deutscher Sprache) empfangen, Platz ist in Hülle und Fülle. Es handelt sich um ein großes Wiesengelände, natürlich unparzelliert, man stellt sich einfach hin, wo und wie man Lust hat. Durch die Lage oberhalb des Sees gibt es relativ wenig Mücken, zum Badeplatz führen Stufen hinunter. Die Sanitärgebäude sind nicht unbedingt höchster Kategorie, aber wir haben ja alles im Womo! Hier ist genau der richtige Ort, um in der Natur ein wenig auszuspannen, bevor es weiter zu den Großen Masurischen Seen geht.

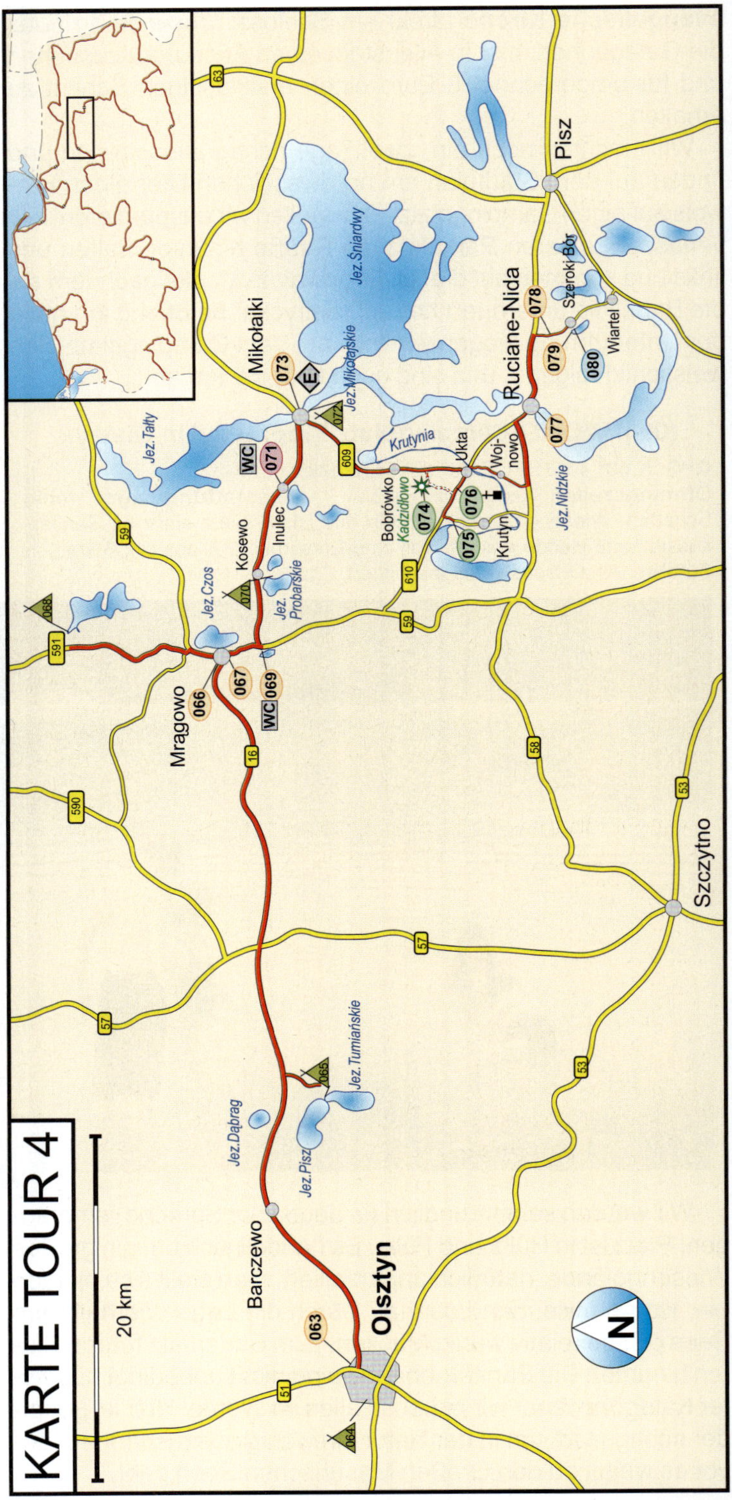
KARTE TOUR 4
20 km
Olsztyn
Barczewo
Mrągowo
Kosewo
Inulec
Mikołaiki
Bobrówko
Kadzidłowo
Ukta
Woj-
nowo
Krutyn
Krutynia
Ruciane-Nida
Szeroki Bór
Wiartel
Pisz
Szczytno
Jez. Tałty
Jez. Czos
Jez. Probarskie
Jez. Mikołajskie
Jez. Śniardwy
Jez. Nidzkie
Jez. Dąbrąg
Jez. Pisz
Jez. Tumiańskie
063
064
065
066
067
068
069
070
071
072
073
074
075
076
077
078
079
080
WC
51
57
53
58
59
16
63
590
591
609
610
N

TOUR 4 (ca. 147 km / 3-4 Tage)

Sensburg (Mrągowo) - Nikolaiken (Mikołajki) - Krutinnen (Krutyn) - Niedersee-Nieden (Ruciane-Nida) - Szeroki Bór

Freie Übernachtung:	Stadtparkplatz Mrągowo (Sensburg), Wohnmobil-Hafen Mikołajki (Nikolaiken), Tierpark Dzikich Zwierzat Kadzidłowo, Waldparkplatz bei Krutyn (Krutinnen), im Jachthafen von Ruciane-Nida (Niedersee-Nieden), in Szeroki Bór am Wald und am See
Campingplätze:	Camping am Jez. Tumiańskie; Camping „Seeblick" in Ruska Wies bei Mrągowo; Camping „Wagabundo" in Mikołajki.
Ver- und Entsorgung:	am Wohnmobil-Stellplatz in Mikołajki und auf den angegebenen Campingplätzen.
Baden:	im Jez. Tumiańskie; am Jez. Wierzbowskie bei Mrągowo; im Jez. Jaśkowo Duze bei Ruciane Nida
Besichtigen:	Stadtzentrum von Mrągowo mit Rathaus, Wichert-Museum; Zentrum von Mikołajki mit St.-Nikolauskirche, Kanutour bei Krutyn, Kloster der Raskolniki bei Wojnowo

Nach anderthalb Tagen der Entspannung auf dem Camping Ukiel - gerne denken wir an die gemütlichen Stunden am abendlichen Lagerfeuer zurück - brechen wir auf zur Weiterfahrt Richtung Osten. Mrągowo ist unser nächstes größeres Ziel. Vom Platz aus also zurück zur 527, dann rechts wieder nach Olsztyn Zentrum zurück. Wir unterqueren die Eisenbahn und in 800 m erreichen wir eine große Kreuzung, wo wir links abbiegen. Nach 600 m kommen wir am Rathaus vorbei, 300 m weiter biegen wir rechts ab und sind nach 750 m an einem großen Kreisverkehr und fahren rechts Richtung Mrągowo/Giżycko auf die B16. 17 km später passieren wir Barczewo, ca. 7,7 km weiter verlassen wir die 16 rechts Richtung **Tumiany** / **Bartolty Wielkie**. Eine genaue Entfernungsangabe oder die exakte Beschilderung zu nennen fällt schwer - bei unserer Nachrecherche 2011 wird die 16 gerade zu einer 4-spurigen Schnellstraße umgebaut und es ist noch nicht erkennbar, wie es nach Fertigstellung genau hier aussehen wird...

Auf jeden Fall ca. 2,2 km südlich der 16 biegen wir rechts Richtung **Tumiany** ab, es geht über einen gut befahrbare Schotterstraße. Nach gut 2 km liegt rechts direkt am See das Areal des Camping Tumiany:

(065) WOMO-Campingplatz-Tipp: Camping Tumiany

GPS: N 53° 48' 46.5"; E 20° 47' 39.1"; Tumiany
Öffnungszeiten: Ostern bis Herbst.
Ausstattung/Lage: teilweise Schatten; Parken auf Wiesengelände am Jez. Pisz, Campingplatz auf Halbinsel im See; einfache Sanitärausstattung; Kanuverleih, Restauration
Zufahrt: 2,2 km südlich der 16 rechts Richtung Tumiany

Zurück geht es wieder zur 16 und weiter Richtung Osten. Nach 36 km erreichen wir **Mrągowo**, und finden direkt an der Abzweigung der 59 einen Parkplatz:

(066) WOMO-Stellplatz: Mrągowo (Sensburg)

GPS: N 53° 51' 53.1"; E 21° 18' 17.2"; Miasto **max. WOMOs:** 2-3.
Ausstattung/Lage: kostenlos, unbewacht, recht laut / im Ort.
Zufahrt: Von der B16 aus Westen kommend in Sensburg.

Wir fahren die Straße bis zum Ende durch und halten uns dann links in Richtung Zentrum. Nach 750 m entdecken wir ein Schild „P 30 m“ - ein idealer Platz für kleine Womos, um ein wenig durch den Ort und am See entlangzuschlendern, zumal die Uferpromenade direkt vorbeiläuft - auch zum Übernachten geeignet!

(067) WOMO-Stellplatz: Mrągowo II

GPS: N 53° 52' 20.3"; E 21° 18' 18.0"; Krakowska **max. WOMOs:** 1-2.
Ausstattung/Lage: kostenlos, unbewacht, nur für kl. WOMO / im Ort.
Zufahrt: Von der B16 aus Westen kommend in Sensburg bis zum Ende fahren, dann links Richtung Zentrum, nach 750 m Hinweis „P 30 m“.

Ein Kinderspielplatz befindet sich in unmittelbarer Nähe. Wir machen einen Spaziergang an der **Uferpromenade** des Sees. Auch der örtliche **Badestrand** ist nahe am Parkplatz. Bis zu einer **Parkanlage**, die vom Ufer zum **Wiechert-Museum** führt, ist es nicht weit. Mrągowo ist wieder ein sehr

Raubtierfütterung am Ufer des Jez. Czos in Mrągowo

Wiechert - Museum in Sensburg

gepflegter Ort, Blumenrabatte, frisch gemähter Rasen und neu verlegtes Pflaster tragen zu diesem Eindruck bei. Vor dem Museum befindet sich eine Statue von Johannes-Paul II, der natürlich hier im ganzen Land verehrt wird.

Sie erinnern sich an den großen Platz hier im Ort, wo wir am Ende der B16 links Richtung Zentrum abgebogen sind? Auf diesem Platz findet täglich Markt statt, kurz davor ist das Rathaus mit der **Touristen-Information**. Wir hatten das Glück, bei unserem Besuch einem großen Volksfest mit Bühne beizuwohnen. Auch an das leibliche Wohl wurde hier gedacht.

Die Gegend hier gefällt Ihnen, sie möchten aber ausgiebig baden und noch ein wenig mehr Natur erleben? Dann fahren Sie von unserem Parkplatz aus rechts, halten sich wieder rechts und fahren in nördlicher Richtung durch den Ort, der Beschilderung KETRZYN/RHYN folgend. Sie kommen an eine Kreuzung and der die B59 nach RHYN rechts abzweigt. Wir fahren weiter geradeaus Richtung KETRZYN, biegen nach ca. 8 km rechts ab und erreichen 500m weiter den direkt am nördlichen Ufer des Salet-See gelegenen Campingplatz:

(068) WOMO-Campingplatz-Tipp: „Seeblick" bei Ruska Wies

GPS: N 53° 56' 34.2"; E 21° 19' 11.2"
Öffnungszeiten: ganzjährig
Ausstattung/Lage: terrassiert; am Wiesenstrand; Gaststätte; Terrasse; Ver- und Entsorgung; Bootsverleih; auch deutschsprachig
Zufahrt: B591ca. 8 km nördlich von Mrągowo am Ufer des Salet-See.

Von hier aus - oder aber von unserem Parkplatz in Sensburg aus - fahren wir südlich der Beschilderung „Suwałki“ folgend. Hinter dem Ortsausgang unterqueren wir erneut eine Eisenbahnstrecke. Unmittelbar hinter dieser Unterführung ist eine Abzweigung links nach Augustow/Mikołajki, und genau gegenüber befindet sich ein Picknickplatz direkt am Ufer des Jez. Sutapie Wlk. - auch eine kleine Bar hat sich hier breitgemacht. Nichts spricht dagegen, dass man hier stehen, sich etwas ausbreiten und auch baden kann!

(069) WOMO-Stellplatz: Jez.Sutapie Wlk. Mrągowo

GPS: N 53° 50' 30.0"; E 21° 18' 32.3" Wojska Polskiego **max. WOMOs:** 2.
Ausstattung/Lage: Bar, WC, Bänke, Feuerstelle / außerorts.
Zufahrt: An der B16 von Sensburg Richtung Nikolaiken am Ortsende hinter der Eisenbahnunterführung direkt rechts.

Zur Übernachtung würden wir diesen Platz nicht unbedingt empfehlen - sowohl die nahe Straße als auch die Eisenbahnlinie verheißen diesbezüglich nichts Gutes.

Wir setzen unsere Fahrt nun auf der B16 Richtung Mikołajki fort. Die Straße schlängelt sich recht kurvenreich durch das Hügelland. Nach ca. 5,6 km können wir Ihnen rechts direkt am Jez.Probarskie den:

(070) WOMO-Campingplatz-Tipp: Kosewo

GPS: N 53° 49' 49.4"; E 21° 22' 59.9"; Kosewo 90 **Öffnungszeiten:** 1.6. - 30.9.
Ausstattung/Lage: Schatten; Wiesenplatz; Laden; Gaststätte; Grill; Spielplatz; Ver- und Entsorgung.
Zufahrt: Von B16 aus Westen kommend am Ortseingang Kosewo rechts am See.

empfehlen. 8,5 km weiter finden wir rechts am Straßenrand einen netten Picknickplatz am Inulec-See.

(071) WOMO-Picknickplatz: Inulec-See vor Mikołajki

GPS: N 53° 48' 40.3"; E 21° 29' 24.7"; **max. WOMOs:** 1-2.
Ausstattung/Lage: Tisch & Bank, Mülleimer, WC / außerorts.
Zufahrt: Er liegt direkt an der B16 zwischen Sensburg und Nikolaiken.

Die Straße liegt etliche Meter zurück, hinter einer kleinen Kuppe - hier könnte man auch übernachten! Aber eigentlich besteht dazu keine Notwendigkeit, bis Mikołajki sind es ja nur noch 6 km! Die Bahnlinie kreuzt noch mehrmals, und durchaus öfter in diesem Land üblich auch ohne jede Schranke. Wenn Sie nach Mikołajki hereinkommen, sollten Sie entscheiden, ob sie hier auf einen ruhigen, gepflegten Campingplatz fahren möchten und dann 1,5 km vom Zentrum entfernt sind, oder ob Sie lieber mittendrin (aber auch ruhig) stehen wollen. Im ersten Fall biegen Sie 500 m nach dem Ortseingang rechts auf die 609 Richtung Ruciane-Nida, anschließend nach 500 m links zum:

(072) WOMO-Campingplatz-Tipp: „Wagabundo" in Mikołajki (Nikolaiken)

GPS: N 53° 47' 43.3"; E 21° 33' 54.4"; Lesna
Öffnungszeiten: 1.6.-30.9. **Ausstattung/Lage:** wenig Schatten; Wiesenplatz; Laden; Gaststätte; Terrasse; Grill; Ver- und Entsorgung;
Zufahrt: Von B16 aus Westen kommend 500 m nach Ortseingang rechts auf die 609 abbiegen, nach 500 m links, 200 m auf der rechten Seite.

Ansonsten fahren Sie einfach weiter geradeaus, überqueren die Brücke über die Verbindung von dem oberen *Jezioro Tałty* mit dem unteren *Jezioro Mikołajskie*, biegen dann den Schildern folgend nach 300 m rechts ab und stehen nach 150 m vor dem Eingang zum **offiziellen Wohnmobil-Stellpatz** von Mikołajki. Man hat einen Teil dieses Großraumparkplatzes mit Schotter versehen, abgetrennt und für Wohnmobile reserviert.

(073) WOMO-Stellplatz: Mikołajki

GPS: N 53° 48' 09.9"; E 21° 34' 23.9"; Szkolna **WOMOs:** >5.
Ausstattung/Lage: Strom, Dusche, WC, Mülleimer, Ver- Entsorgung, 24h bewacht / im Ort.
Zufahrt: Von der B16 aus Westen kommend immer geradeaus, 300 m nach der Brücke über den See rechts; ausgeschildert.

Hier steht man ideal, um den ganzen Ort zu Fuß abklappern zu können. Die Stadt bietet an eigentlichen klassischen Sehenswürdigkeiten außer der Kirche im nördlichen Teil nicht viel, aber es ist ein - milde ausgedrückt - touristisch sehr erschlossener Ort. Ein Restaurant ist

Abendstimmung an der belebten Uferpromenade

Stadtpanorama von Mikołajki

neben dem anderen, Geschäfte, Boutiquen, Juweliere, Straßenverkäufer, Imbissstände, dazu jede Menge Besucher. Wir machen uns am Abend auf, etwas passendes zu Essen zu finden. Die Auswahl, und damit auch die Konkurrenz ist groß, es ist überhaupt kein Problem, ein Restaurant zu finden, in dem wir zu 4 Personen für weniger als EUR 30,- einschließlich Getränke hervorragend speisen können. Die Nacht auf dem Stellplatz ist angenehm ruhig. Am nächsten Tag, nach einem guten Frühstück (ein Lebensmittelgeschäft mit Bäcker befindet sich direkt am Marktplatz mit dem großen Brunnen nur 300 m vom Stellplatz entfernt), möchten wir ein wenig mehr von der Landschaft um die großen Seen erkunden - und wie kann man das besser als auf dem Wasser selbst? Vom Hafen in Mikołajki fahren mehrere Ausflugsboote zu unterschiedlich langen Rundreisen über den Jez. Mikołajskie.

Schöne Aussichten auf dem Jez. Mikołajskie

Hier in Mikołajki können Sie alle Arten von Wassersport betreiben. Leihen Sie ein Segel- oder Motorboot, Sie können Wasserski laufen oder Tretboot fahren, sogar eine Tauchschule gibt es hier. Wir haben es genossen, auch einmal in dem „Touristenrummel" abzutauchen!

Aber wir möchten uns nun wieder ein wenig der Natur zuwenden. Wir verlassen den Stellplatz, fahren wieder links zurück über die Brücke und biegen nach 400 m links auf die 609 Richtung **Ukta** ab. Wir kommen am Abzweig zum *Camping Seeblick* vorbei, die Straße führt dann durch ein Waldgebiet.

Nach 12,5 km - wir haben das Örtchen BOBRÓWKO hinter uns gelassen - kommt ein Hinweis nach rechts in den Wald zum **Park Dzikich Zwierzat Kadzidłowo**. Wir lassen uns von dem sehr holprigen Waldweg nicht abschrecken. Nach 900 m kommen wir auf eine große Lichtung und haben schon die Tiergehege auf der rechen Seite erspäht. Wir biegen links ab, nach 100 m stehen wir auf einem geräumigen Schotterparkplatz direkt vor einem Freigehege.

(074) WOMO-Wanderparkplatz: Kadzidłowo

GPS: N 53° 42' 41.7"; E 21° 29' 19.0"; Kadzidlowo **max. WOMOs:** 2-3.
Ausstattung/Lage: Mülleimer, geführte Wanderung durch Gehege, Naturlehrpfad (40 min.) keine Übernachtung! / außerorts.
Zufahrt: Von Nikolaiken die 609 kommend n.12,5 km rechts in den Wald (Hinweis), nach 950 m links.

Es gibt große Tiergehege mit Hirschen und Rehen, sogar Elche sind hier zu finden, zusätzlich noch etliche Vogelvolieren mit einheimischen Arten. Natürlich fehlt auch Meister Adebar nicht - wir entdecken mehrere Storchennester, mit etwas Glück steht man solch einem Exemplar auch Auge in Auge gegenüber. Weiterhin hat man im Wald einen Naturlehrpfad angelegt, man benötigt ungefähr 40 Minuten für die Runde.

Zu guter Letzt hat noch eine rüh-

rige Kommune ein altes Bauernhaus liebevoll restauriert und mit alten Möbeln als Heimatmuseum ausgestattet. Alle Räume sind komplett eingerichtet, es sieht aus, als ob alles noch normal bewohnt ist. Unter anderem hat man ein komplettes Klassenzimmer eingerichtet, einschließlich deutschsprachigen Büchern, sogar mit anschließender Lehrerwohnung. Stundenlang kann man sich in diesem Reservat aufhalten, auch Kindern wird es hier bestimmt nicht langweilig.

So gemütlich war es

Der Parkplatz würde sich auch vortrefflich zum Übernachten eignen, was aber leider nicht gestattet ist. Aber wir haben noch eine weitere Attraktion in dieser Gegend zu bieten, und dafür müssen wir schon heute etwas vorplanen...

Falls Sie ein sehr kompaktes und auch niedriges Fahrzeug haben, können Sie prinzipiell auch den Waldweg, den wir hineingekommen sind, noch einen Kilometer weiterfahren, dann links abbiegen und kommen nach weiteren fürchterlichen anderthalb Kilometern auf die 610, wo Sie dann rechts abbiegen - wir haben uns das mit unserem CS nicht getraut und fahren zurück auf die 609 wie wir gekommen sind. Dort biegen wir rechts ab und treffen nach 2,8 km in **Ukta** auf die 610, wo wir rechts Richtung **Mrągowo** fahren. Nach 4,5 km biegen wir links die Straße nach **Krutyn** (Krutinnen) ab. 400 m weiter, in der Linkskurve, befindet sich an der rechten Seite ein Waldparkplatz, den wir auch aufsuchen.

(075) WOMO-Kanu-Wanderparkplatz: Krutyn I

GPS: N 53° 42' 08.4"; E 21° 26' 21.0". **max. WOMOs:** 2-3.
Ausstattung/Lage: nur reine Natur / außerorts.
Zufahrt: Von der 610 aus Ukta kommend nach 4,5 km links Richtung Krutyn, nach 400 m rechts. **Sonstiges:** Kanuverleih am Platz.

Und hier, am Ende des Parkplatzes, treffen wir auf das Objekt unserer Begierde: ein Kanuverleiher. Wir befinden uns jetzt unmittelbar an einem Fluss, der *Krutynia*, der zu den **schönsten Kanurevieren Polens** gehört. Wenn man will, kann man über 120 km dem Fluss sogar durch mehrere Seen folgen, aber auch kleinere Abschnitte sind möglich und genau so etwas wollen wir morgen machen. Wir buchen zwei Zweierkanus, die Strecke bis Ukta sind rund 18 Flusskilometer, und wenn man nicht sportlich, sondern landschaftsbetrachtend unterwegs ist, braucht man schon ca. 4 Stunden hierzu. Natürlich übernachten wir auf dem Parkplatz, sind uns aber bewusst, dass wir mitten in einem Naturschutzgebiet sind. Also liebe Leser, wenn Sie es uns gleichtun wollen: auf gar keinen Fall irgendwelchen Müll hinterlassen und auch kontrollieren, ob wirklich alle Abwasserhähne zu sind!

Am nächsten Morgen wird es ernst. Ein Kanu ist für die beste Ehefrau von allen und den bescheidenen Autor gedacht, das zweite Kanu für unseren Sohn und unseren Hund - in der Hoffnung, dass dieser zwar nicht unbedingt mitpaddeln wird, aber vielleicht doch Spaß an der ganzen Sache hat. Nun, unser reiseerfahrener Vierbeiner ist schon viel von uns gewohnt, auch hier fügt er sich dem Unausweichlichen und besteigt das schwankende Boot - das Abenteuer beginnt. Die Krutynia ist jedoch ein ganz sanft fließendes Gewässer. Es gibt keine Stromschnellen, Untiefen oder andere Gemeinheiten und ist auch ohne weiteres von absoluten Laien zu befahren. Lediglich die Koordinierung der Ruderschläge zwischen vorn- und hintensitzenden, speziell wenn es um Biegungen geht, kann den Zustand auch der besten Ehe an den Rand einer Krise bringen. Aber nach dem ersten Kilometer spielt sich Alles ein, und wir können den Flusslauf durch die nahezu unberührte Natur in vollen Zügen genießen. Erfreulicherweise läuft keine Straße auch nur in der Nähe vorbei, bis auf die Geräusche der eintauchenden Paddel und dem Schreien der Vögel ist nichts zu hören. Manche Strecke werden wir von Enten oder Schwänen begleitet, wenn Sie Glück haben, können Sie sogar Biber sehen! Der Flusslauf ist natürlich nicht kultiviert, also liegen auch oft umgestürzte (oder auch umgenagte) Bäume im Wasser, um die man seinen Weg suchen muss.

Noch kann sie lächeln ...

Fauler Hund

Flussidyll auf der Krutynia

Selbstverständlich gibt es auf der Strecke auch mehrere Möglichkeiten, eine Rast an einer Grillhütte bei frischem Fisch und anderen Köstlichkeiten einzulegen.

Nach nun insgesamt 5 Stunden kommen wir am Anlegepunkt in Ukta an. Wie vereinbart, rufen wir mit unserem Handy beim Verleiher an, nach kurzer Wartezeit kommt ein Kleinbus mit Anhänger, lädt die Kanus auf und uns ein und in wenigen Minuten sind wir wieder wohlbehalten zurück auf dem Parkplatz.

Natürlich ist dies nicht der einzige Kanuverleiher in Krutyn. Wenn Sie die Straße bis zum 1,5 km entfernten Ort weiterfahren, finden Sie z.B. direkt auf der rechten Seite den:

(076) WOMO-Kanu-Wanderparkplatz: Krutyn II

GPS: N 53° 41' 27.7"; E 21° 26' 08.3". **max. WOMOs:** 2-3.
Ausstattung/Lage: Wiesengelände / im Ort.
Zufahrt: Von der 610 aus Ukta kommend nach 4,5 km links Richtung Krutyn, nach Ortseingang rechts. **Sonstiges:** Kanuverleih am Platz.

Wir fahren zurück zur 610 und folgen den Schildern rechts nach Ukta. Dort biegen wir direkt hinter der Brücke über die Krutynia rechts Richtung **Wojnowo** ab. Dieses Dorf erreichen wir nach rund 3,5 km. Seit 1832 lebt hier eine Gruppe von Altgläubigen einer Sekte der russisch-orthodoxen Kirche, die damals in Russland gnadenlos verfolgt wurden. In diesem damals nahezu unbewohnten Landstrich in den Masuren erhielten sie von König Friedrich Wilhelm III günstig Land und man garantierte ihnen volle Religionsfreiheit. Im Jahr 1847 bauten sie südwestlich des Dorfes ein **Kloster mit Kirche**, in der vor allem wertvolle **Ikonen** und Kreuze zu bewundern sind. Der Großteil der Einwohner verließ das Dorf nach Ende des zweiten Weltkrieges. Jetzt leben hier immer noch etwa zehn Familien in dem kleinen Dorf und versuchen erfolgreich die alten Sitten und Bräuche der Altgläubigen und vor allem ihre Religion weiter bestehen zu lassen.

Kloster Raskolniki in Wojnowo

Wir folgen der Straße und kommen nach 1,5 km auf die 58, wo wir links Richtung **Pisz** (Johannisburg) abbiegen. Nach

Am Jachthafen von Niedersee-Nieden

5 km gelangen wir nach **Ruciane-Nida** (Niedersee-Nieden), einem weiteren (kleineren) Zentrum des Wassersports in Masuren. Wir halten uns rechts, fahren die Hauptstraße entlang finden links am Jachthafen einen Stellpatz:

(077) WOMO-Stellplatz: Ruciane-Nida

GPS: N 53° 38' 48.5"; E 21° 34' 05.6"; Nadbrzezna **max. WOMOs:** 2-3.
Ausstattung/Lage: bewacht, gebührenpflichtig / im Ort.
Zufahrt: Von der 58 aus Nordwest kommend durch den Ort, dann links am Jachthafen.

Kanal zw. Jez.Guzianka Wielka und Jez.Nidzkie

Von hier aus fahren auch wieder Ausflugsschiffe bis nach Nikolaiken und sogar nach Johannisburg - von dort kann man dann mit der Bahn zurück. Die Seen in diesem Teil Masurens sind nicht so großflächig wie in Nikolaiken, man hat viel mehr das Gefühl, sich an großen, breiten Flüssen zu befinden. Niedersee-Nieden bietet natürlich alles, was ein touristisch erschlossener Ort braucht: viele Restaurants, Einkaufsmöglichkeiten, einen Markt, Schnellimbiss. Auch Kanus kann man hier leihen, um die Seenlandschaft ein wenig auf eigene Faust zu erkunden.

Wir verlassen den Ort in östliche Richtung auf der 58. Nach 500 m hinter dem Ortsausgangsschild kommt links ein Hinweis auf einen Seecamping-Platz.

Nach weiteren 3,5 km biegen wir rechts von der 58 ab, SZEROKI BÓR ist ausgeschildert. Wir überqueren die Eisenbahnschienen, die Straße ähnelt einem asphaltierten Waldweg. Nach 1,5 km finden wir links einen schönen Parkplatz:

(078) WOMO-Stellplatz: Wald bei Szeroki Bór

GPS: N 53° 37' 31.7"; E 21° 38' 51.3".
max. WOMOs: 1-2.
Ausstattung/Lage: Mülleimer, Blaubeeren und Pilze / außerorts.
Zufahrt: Von der 58 aus Nordwest kommend rechts Richtung Szeroki Bór, nach 1,5 km links im Wald.

Wir nutzen die Gelegenheit und sammeln eine Schüssel Blaubeeren - für das heutige Abendessen! Weiter geht es nach **Szeroki Bór**, wo wir nach 800 m ankommen und uns dort rechts am „P“ - Schild orientieren. Wir werden zu einem schönen, ruhigen Parkplatz am Rand des Dorfes zum Wald geleitet.

(079) WOMO-Stellplatz: Szeroki Bór

GPS: N 53° 36' 55.7"; E 21° 38' 30.2".
max. WOMOs: 1-2.
Ausstattung/Lage: Mülleimer, Pilze, Badesee 200 m / im Ort
Zufahrt: Von der 58 aus Nordwest kommend rechts nach Szeroki Bór abbiegen, im Ort rechts der Beschilderung zum „P“ folgen.

Von hier führt ein Weg zum See und einer kleinen Badestelle, die wir natürlich auch gerne nutzen.

Badesee in Szeroki Bór

Zum Abendessen gibt es dann Pfannkuchen mit den vorhin gesammelten Blaubeeren - köstlich!

Wir verbringen eine sehr ruhige Nacht auf dem Stellplatz, nur das Kläffen der Hunde, die wohl der Mond stört, ist zu vernehmen. Einen Laden gibt es in Szeroki Bór, welches vielleicht aus 10 Häusern besteht, nicht - wir müssen also auf frische

Brötchen verzichten. Beim Frühstück beobachten wir, wie viele Einheimische in den Wald spazieren und nach einer guten Stun-

So kommt man zu einem guten Essen!

de mit Plastiktüten voller Pilze wieder herauskommen. Dies weckt unseren Ehrgeiz, denn wir haben in Vorbereitung unseres Urlaubes auch ein Fachbuch zur Bestimmung von Pilzen eingepackt. Mit dessen Hilfe wollen wir uns nun auch unser Mittagessen heranschaffen!

Ein Teil der Beute...

Dem Buch entsprechend sollte es in diesem lichten Mischwald mit vielen Kiefern vor allem Steinpilze geben. Nach anderthalb Stunden war unsere Ausbeute schon so reichlich, dass wir von der Idee einer Pilzsauce Abstand nehmen und schon an eine reichhaltige Suppe denken konnten. Und wenn die Dame des Hauses schon so fleißig beim Sammeln gewesen ist, obliegt

... Das Ergebnis!

es dem Hausherrn, daraus etwas Schmackhaftes zuzubereiten! Also werden die Pilze geputzt und zerkleinert, anschließend zwei Zwiebeln geschält und kleingehackt, dann alles in einer Pfanne angebraten, in einen Topf damit, mit etwas Rotwein ablöschen, Milch hinzugeben, dann abbinden - fertig ist ein köstliche Steinpilzsuppe! Sie ist allen sehr gut bekommen, also war unser Buch mit seinen Abbildungen doch nicht verkehrt!

Wir verlassen unseren Parkplatz, fahren zurück zur „Hauptstraße" und biegen rechts in Richtung WIARTEL ab. Unmittelbar hinter dem Ortsende findet man auf der rechten Seite noch einen wunderschönen Parkplatz direkt am See mit Picknickbänken, Mülleimer, Liegewiese und Strand - also wird die Weiterfahrt noch eine Nacht verschoben!

(080) WOMO-Badeplatz: Jez. Jaśkowo Duże

GPS: N 53° 36' 39.8"; E 21° 39' 07.1".
max. WOMOs: 1-2.
Ausstattung/Lage: Wiesenstrand, Bänke, Mülleimer / außerorts, viele Pilze im Wald!
Zufahrt: Von Szeroki Bór Richtung Wiartel, direkt hinter dem Ort Szeroki Bór rechts.

KARTE TOUR 5

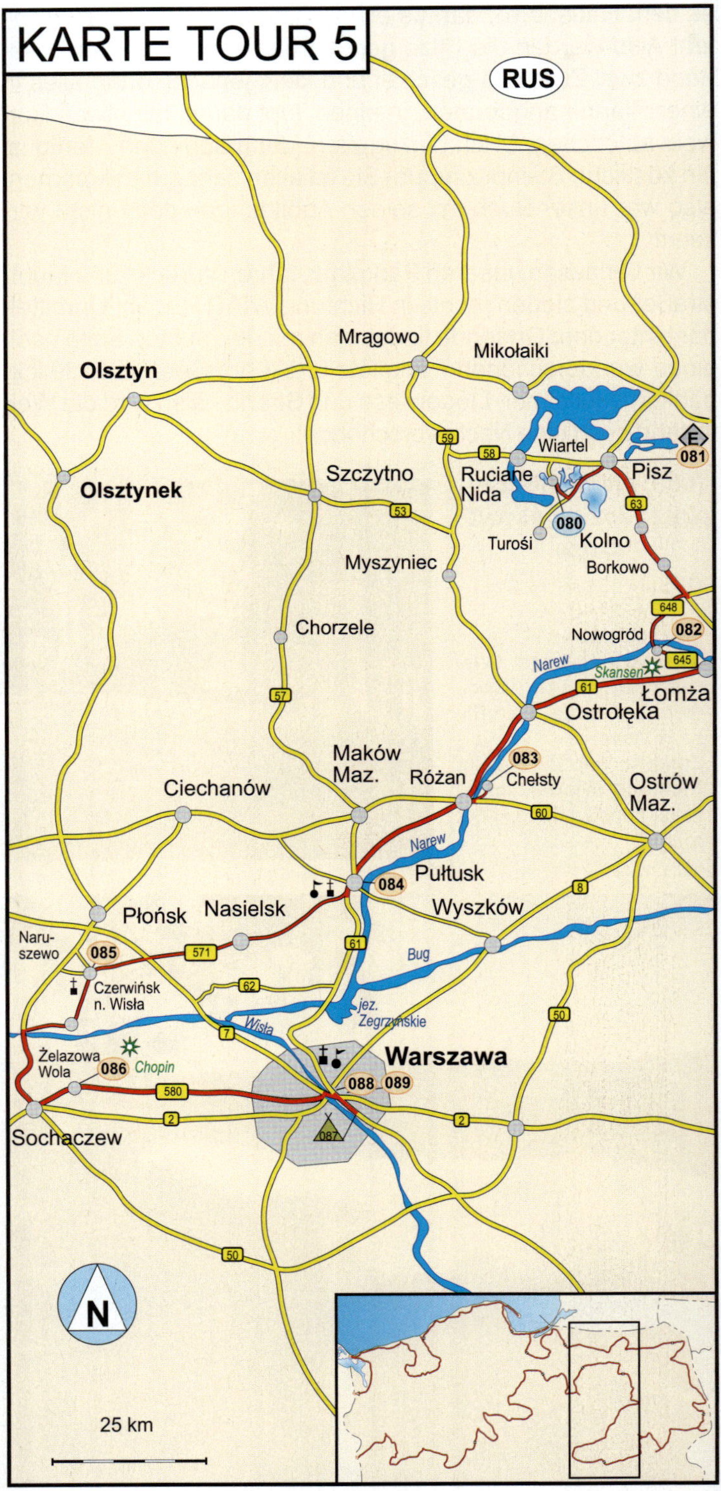
RUS
Mrągowo
Mikołaiki
Olsztyn
Olsztynek
Szczytno
Ruciane Nida
Wiartel
Pisz
081
59
58
53
63
080
Turośi
Kolno
Borkowo
Myszyniec
648
Nowogród
082
645
Chorzele
Narew
Skansen
61
Łomża
Ostrołęka
57
083
Chełsty
Maków Maz.
Różan
Ostrów Maz.
Ciechanów
60
Narew
084
Pułtusk
Płońsk
Nasielsk
Wyszków
8
Naru-szewo
085
571
61
Bug
Czerwińsk n. Wisła
62
jez. Zegrzyńskie
50
Wisła
7
Warszawa
Żelazowa Wola
086
Chopin
088
089
580
Sochaczew
2
087
2
50
N
25 km

TOUR 5 (ca. 357 km / 4-5 Tage)

Pisz (Johannisburg) - Nowogród - Łomża - Różan - Pułtusk - Czerwińsk Nad Wisła - Żelazowa Wola - Warszawa (Warschau)

Freie Übernachtung:	Stadtparkplatz Pisz, Freilichtmuseum Nowogród, in den Auen der Narew bei Różan, Stadtparkplatz in Pułtusk, an der Klosterkirche in Czerwińsk Nad Wisła, Stadtparkplatz in Warszawa
Campingplätze:	Camping „Wok“ in Warszawa
Ver- und Entsorgung:	Orlen-Tankstelle in Johannisburg und Campingplatz in Warszawa.
Baden:	am Jez. Brzozolasek vor Pisz
Besichtigen:	Zentrum von Pisz, Freilichtmuseum Nowogród, Kathedrale in Łomża, Schloss und Basilika in Pułtusk, Klosterkirche Czerwińsk, Chopin-Geburtshaus Żelazowo Wola, Warschau

Wir machen uns nach einer nicht ganz so ruhigen Nacht - die Straße ist hier doch näher und das ist dementsprechend lauter als auf dem Parkplatz am anderen Ufer des Sees - wieder auf, die Provinz etwas hinter uns zu lassen und uns Schritt für Schritt der sehr reizvollen Hauptstadt Polens zuzuwenden. Wir verlassen den Parkplatz am See, biegen rechts Richtung Wiartel ab, durchqueren den Ort und halten uns in etwa 4 km links Richtung Pisz. Nach weiteren 4 km liegt links von uns der *Jez. Brzozolasek.*

Nach wenigen Kilometern erreichen wir Pisz. Wir fahren weiter, bis wir an die 58 gelangen, wo wir rechts Richtung Augustów beziehungsweise Białystok abbiegen. Nach 350 m fahren wir noch vor der Brücke über die *Pisa* rechts, am Rathaus vorbei und biegen dahinter links ab, um direkt die nächste Möglichkeit wieder rechts zu fahren.

(081) WOMO-Stellplatz: Pisz (Johannisburg)

GPS: N 53° 37' 37.2"; E 21° 48' 30.1"; Jozefa Pilsudskiego
max. WOMOs: 2.
Ausstattung/Lage: am Flussufer, gebührenpflichtig / im Ort.
Zufahrt: B58 von Westen kommend in Pisz letzte Straße vor Brücke rechts, hinter Rathaus links.

Hier gelangen wir auf einen großen Parkplatz direkt am Flussufer, schön ruhig gelegen.

Das Rathaus von Pisz

Pisz ist ein richtig nettes Städtchen. Vor dem **alten Rathaus** befindet sich der **Daszyńskiplatz** mit seinem kleinen Park, umsäumt von Linden und den umgebenden **Häusern aus dem 19. Jahrhundert**. Hier können wir auch in kleineren Geschäften unsere Lebensmittelvorräte auffrischen. Gegenüber, auf der anderen Seite der 58, befindet sich die **Johanniskirche**, in die wir auch einen Blick hineinwerfen und uns den goldenen Altar ansehen. Nun geht es wieder zurück zum Wohnmobil, es sind noch einige Kilometer bis zum nächsten Ziel unserer Route. Wir fahren zurück zur 58, halten uns rechts und überqueren die Pisa und biegen 100 m weiter am Kreisverkehr rechts auf die 63 Richtung ŁOMŻA. Nur 950 m weiter entdecken wir auf der linken Seite eine ORLEN-Tankstelle [**GPS:** N 53° 37' 14.5" E 21° 48' 58.9"], die eine für Polen ganz seltene Einrichtung hat: eine **Ver- und Entsorgungsstelle**! Sie ist zwar eigentlich für Reisebusse gedacht, aber Wohn-

Johanniskirche

mobile haben schliesslich die gleichen Bedürfnisse! Da wir sowieso tanken müssen, frage ich beim Bezahlen, ob wir die Station auch benutzen dürfen, was uns auch gerne gestattet wird. Mit frisch geleerten beziehungsweise gefüllten Tanks geht es nun weiter Richtung Süden. Nach rund 30 km erreichen wir **Kolno**, anschließend fahren wir durch **Borkowo** und biegen rechts auf die 648 Richtung **Nowogród**. Die Straße ist, wegen einer später zu überquerenden Holzbrücke über die Pisa, nur für Fahrzeuge bis 3,5 t zugelassen. Kurz darauf stößt die Straße auf die 645, wir biegen links Richtung ŁOMŻA ab. Nach 750 m, wir haben gerade auf einer Brücke die *Narew* passiert, entdecken wir rechts einen großen Parkplatz. Eine Bunkeranlage und ein Kriegerdenkmal mit einem darunter platzierten Panzer erinnern an die Kämpfe des zweiten Weltkrieges. Von der Brücke aus hat man einen schönen Blick auf die Häuser des **Freilichtmuseums von Nowogród**:

Skansen-Park Nowogród

850 m weiter, in dem kleinen Ort NOWOGRÓD, biegen wir links ab und folgen der Beschilderung Skansen. Es geht links an der Kirche vorbei, dann wieder links und nach 250 m entdecken wir auf der rechten Seite den kleinen Parkplatz des Freilichtmuseums. Gegenüber befindet sich der Eingang zum weit über die Region hinaus bekannten Skansen-Park, welcher

(082) WOMO-Stellplatz: Skansen-Park Nowogród

GPS: N 53° 13' 40.1"; E 21° 52' 34.7"'; Nowogród **max. WOMOs:** 1-2.
Ausstattung/Lage: Asphalt, kostenlos, unbewacht / im Ort.
Zufahrt: Von der 645 aus Nordwesten kommend in Nowogród 1. Kreuzung links fahren, links an der Kirche vorbei, dann links, nach 250 m „P"

Typische Volkskunst

bereits seit 1920 besteht. Die wunderschöne Lage der 18 Häuser und vieler weiterer kleinerer Objekte, die alle aus dieser Kurpie-Region stammen, ist genauso bemerkenswert wie die in den Häusern gezeigte Volkskunst. Sehr farbenfrohe Trachten und die zahlreichen Scherenschnitte an den Deckenbalken und Wänden der Häuser sind typisch für diese Region.

Baukunst aus Holz

Wundern Sie sich nicht über die vielen ausgestellten, kunstvoll geschnitzten Bienenstöcke, die sogenannte Zeidlerei. Die Waldbienenzucht war eine Besonderheit der Kurpier - eine weitere können Sie am Ende des Rundganges im kleinen Restaurant des Museums genießen. Es handelt sich um das fast alkoholfreie Wacholderbier, welches neben anderen typischen

Ausblick auf die Narew

Spezialitäten hier verköstigt wird. Vom Museum aus steuern wir wieder zurück auf die 645 und dort links Richtung ŁOMŻA, wo wir nach 11 km ankommen. Wir fahren die Straße bis zur Einmündung auf die 61 durch, dort links und kommen nach 100 m an einen großen Kreisverkehr, wo wir die erste Möglichkeit rechts abfahren und uns dann nach 100 m wieder links halten. Wir befinden uns nun auf der ul. Dwornaund und stehen nach 400 m vor der gotischen **Kathedrale** von **Łomża.**

Die sehenswerte Kathdrale (ohne Turm) von Łomża

250 m weiter die ul. Dworna entlang liegt noch das **Kapuzinerkloster** mit der eher schlichten Kirche. Sehenswert ist auch das klassizistische Rathaus. Viel mehr hat die Stadt nicht zu bieten, auch die Hauptgeschäftstraße reizt uns nicht besonders. Wir verzichten darauf, hier im Ort einen Stellplatz für den Abend zu suchen und fahren lieber weiter Richtung Warschau. Bis dorthin haben wir noch einige Kilometer vor uns und vertrauen darauf, unterwegs bestimmt noch eine schöne Übernachtungsmöglichkeit zu finden! Wir fahren zurück zu dem großen Kreisverkehr und sehen zu, dass wir dort auf die 61 Richtung Warschau (Warszawa) kommen.

Kapuzinerklosterkirche Łomża

Nun liegen etliche recht ereignislose Kilometer auf der recht gut ausgebauten 61 vor uns. Nach 35 km kommen wir durch OSTROŁĘKA, die hier ansässige Petrochemie veranlasst uns, schnell alle Fenster zu schließen und auf Umluftbetrieb umzustellen - es stinkt fürchterlich. Nach weiteren 25 km haben wir die nächste größere Ortschaft erreicht: RÓŻAN. So langsam geht es auf den Abend zu, große Lust weiterzufahren haben wir nicht. Die Stadt sieht nicht sehr reizvoll aus, aber auf unserer Landkarte ist der nahe, breite Flusslauf der *Narew* sehr gut zu sehen - vielleicht ergibt sich hier eine Möglichkeit! Wir biegen also in RÓŻAN links auf die 60 Richtung OSTRÓW MAZ. und überqueren auf einer langen Brücke die Narew-Auen, es sieht hier recht vielversprechend aus. Die nächste Straße biegen wir links ab, der Ort CHEŁSTY ist ausgeschildert, und schon entdecken wir nach 500 m auf der linken Seite einen Feldweg, der in die Flusslandschaft führt. Wir fahren 150 m hinein und finden eine lauschige Ecke, wo wir hinter den Sträuchern von der Straße aus nicht mehr zu sehen sind.

(083) WOMO-Stellplatz: Narew-Auen bei Różan

GPS: N 52° 53' 33.1"; E 21° 25' 16.6".
max. WOMOs: 1-2.
Ausstattung/Lage: Wiese in der Flusslandschaft / außerorts.
Zufahrt: In Różan auf die 60 nach Ostrów, nach 2 km links Richtung Chełsty, 500 m links in die Auen.

Unser Hund freut sich über einen ausgiebigen Spaziergang durch die sumpfige Auenlandschaft. Die Narew hat sich hier richtig breitgemacht und verläuft durch ein Netz von Nebenar-

men. Wir verbringen hier eine ruhige Nacht, bis auf die Geräusche der Natur ist nichts zu hören.

Am nächsten Morgen fahren wir die 2,5 km zurück, bis wir in Różan wieder links auf die 61 Richtung WARSCHAU abbiegen. Nach knapp 30 km erreichen wir PUŁTUSK, und diese Stadt lohnt wirklich einen Zwischenstopp. Wir fahren die 61 bis zum Ende, biegen dort links Richtung Zentrum ab und kommen nach gut 300 m auf den großen Rathausplatz. Dort wenden wir uns nach rechts und finden auf dem großen Parkplatz zwischen Rathaus und Schloss einen Platz.

(084) WOMO-Stellplatz: Pułtusk

GPS: N 52° 42' 16.7"; E 21° 05' 34.1"'.
max. WOMOs: 4-5
Ausstattung/Lage: gepflasterter Marktplatz / im Ort.
Zufahrt: In Pułtusk von der 61 links abbiegen, nach 300 m rechts, dann 200 m weiter links Parkplatz zwischen Rathaus und Schloss.

Zunächst gehen wir in nordwestliche Richtung zurück, am wunderschön restaurierten barocken Rathaus mit seinem gotischen Wehrturm (hier befindet sich ein Regionalmuseum) vorbei und schlendern über den täglich stattfindenden Markt. In Pułtusk ist übrigens der mit 400 m längste Marktplatz Polens! Neben Kleidung, Stoffen und vielem Anderen werden hauptsächlich die regional angebauten Produkte frisch verkauft. Auch wir versorgen uns hier mit Obst und Gemüse.

Der sehr usrprüngliche Markt in Pułtusk

An der Nordseite des Markplatzes befindet sich die zunächst gotische, dann von dem Italiener Giovanni Battista Veneziano im Renaissance-Stil umgebaute heutige **Pfarrkirche St. Matthäus** aus dem 15. Jahrhundert, die Sie sich unbedingt ansehen sollten. Der **Innenraum** wirkt trotz des vielen verwendeten Blattgoldes eher schlicht als überladen. Wir schlendern wieder zurück Richtung Womo, schließlich haben wir vor dem **Schloss** geparkt - der ursprünglichen Burg der Bischöfe von Plock, mit seinem stilvoll angelegten **Garten**, heute teilweise als Hotel, aber auch als „Haus der Auslandspolen", dem Treffpunkt für Polen aus aller Welt, genutzt.

Die Pfarrkirche St. Matthäus

Gold mal in Renaisance statt Barock

Bevor wir Sie nun zur reizvollen Hauptstadt Polens leiten, möchten wir vorher noch zwei Ziele westlich davon anfahren. Zunächst folgen wir von Pułtusk aus der 61 Richtung **Warszawa**, biegen aber kurze Zeit später links auf die 571, **Pryzborowice** ist ausgeschildert. Nach ca. 55 km, vor **Naruszewo**, geht es links auf die 570 Richtung **Czerwińsk Nad Wisła**, welches wir nach 14,5 km erreichen. Vor der großen Klosterkirche finden wir einen großen und ruhigen Parkplatz:

(085) WOMO-Stellplatz: Czerwińsk Nad Wisła

GPS: N 52° 23' 45.5"; E 20° 18' 32.9".
max. WOMOs: 2-3
Ausstattung/Lage: geschotterter, ebener Parkplatz / im Ort.
Zufahrt: In Czerwińsk Nad Wisła von Norden kommend im Ort der Beschilderung zur Klosterkirche folgen.

Czerwińsk wurde bereits im 11. Jahrhundert erwähnt, 1155 wurde die Regularkanonikerabtei gegründet. Die kunsthistorisch sehr bedeutsame romanische Klosterkirche mit ihren originalen Wandmalereien wurde im zweiten Viertel des 12. Jahrhunderts errichtet. Bedeutung erlangte der Ort auch im Jahr 1410, als sich hier das polnisch-litauische Heer zur Schlacht bei

Die Klosterkirche von Czerwińsk Nad Wisła

Grunawald (siehe auchTour 3 - Sie erinnern sich?) versammelte.

Wenn es hier eine Brücke über die Wisła gäbe, wären es nur ca. 15 km bis zu unserem nächsten Ziel - so müssen wir den Bogen zunächst weiter Richtung Westen schlagen, genauer zunächst auf die 62 Richtung Płock, dann nach 9 km links auf die 50 Richtung Sochaczew und dort nach 23 km links auf die 580. Nach weiteren 9 km sehen wir links einen Großparkplatz:

(086) WOMO-Stellplatz: Żelazowa Wola

GPS: N 52° 15' 30.9"; E 20° 18' 39.7". **max. WOMOs:** 2-3
Ausstattung/Lage: ebener Großparkplatz, gebührenpflichtig / im Ort.
Zufahrt: In Żelazola Wola direkt an der 580 auf der linken Seite.

Frédéric Chopin

Es gibt zwei große Polen, die überall im Land grenzenlos verehrt werden: der eine ist **Karol Wojtyla**, der andere ist **Frédéric Chopin**. Während wir ersterem in unserem Buch „Mit dem Wohnmobil nach Polen - der Süden" näher begegnen, sind wir hier am Geburtsort des großen Komponisten, der hier 1810 das Licht der Welt erblickte. Gegenüber des großen Parkplatzes befindet sich der Eingang zum modernen **Museum**. Von dort gelangt man in den großzügigen, wunderschön angelegten **Park**. Aus verdeckt angebrachten Lautsprechern erklingt seine Musik und zaubert eine eigenartige, beeindruckende Atmosphäre. Mitten im Park steht das Geburtshaus des größten polnischen Komponisten, welches nun ein Museum mit vielen Originalen seiner Werke beherbergt.

Nun geht die Reise aber endgültig zur reizvollen Hauptstadt Polen! Entweder zurück Richtung Stochaczew und dort auf die (gebührenpflichtige) E30 oder einfach die 580 der Beschilderung **Warszawa** folgend. Nach rund 40 km erreichen wir die Hautpstadt. Nun, liebe Leser, müssen Sie sich entscheiden, ob sie auf einen weiter außerhalb gelegenen Stadtcampingplatz (natürlich mit Busanbindung an die City) fahren möchten oder auf einen nicht ganz billigen, bewachten Parkplatz unmittelbar unterhalb der Altstadt. Im ersten Fall überqueren sie die Wisła und fahren über die 61 am östlichen Ufer Richtung Süden bis zum Ende der Straße. Machen Sie nun eine Volldrehung und fahren 600 m zurück, biegen rechts in die *ul. Odrebna* ein und schon stehen Sie nach 260 m rechts vor der Einfahrt zum:

(087) WOMO-Campingplatz-Tipp:
WOK in Warszawa (Warschau)

GPS: N 52° 10' 41.2"; E 21° 08' 49.4"; Odrebna **Offen:** Mai bis Sept.
Ausstattung/Lage: schön schattig; Gaststätte; Grill; Internet-Zugang; Ver- und Entsorgung; Busverbindung in die City.
Zufahrt: In Warschau das östliche Weichselufer in südlicher Richtung, bis zum Ende der 61, drehen, 600 m zurück, dann rechts abbiegen in die ul. Odrebna, nach 260 m auf der rechten Seite.

Wenn Sie lieber auf dem 24 h bewachten, ganz zentralen Parkplatz stehen wollen, fahren Sie die E67 bis vor der Wisła, biegen rechts auf die westliche Ufertraße ab und fahren in südlicher Richtung weiter. Nach 4 km kommt der erste, 500 m danach der zweite rund um die Uhr bewachte und eingezäunte Parkplatz:

(088) WOMO-Stellplatz:
Warszawa Zentrum

GPS: N 52° 15' 03.4"; E 21° 00' 54.2"; Wodna
max. WOMOs: 4-5.
Ausstattung/Lage: bewacht, gebührenpflichtig, Mülleimer, Toilette / im Ort.
Zufahrt: Am linken Weichselufer aus Norden kommend, direkt unterhalb der historischen Altstadt an der Uferstraße.

Hier stehen wir so zentral, dass wir zunächst die historische Altstadt komplett zu Fuß erkunden können. Unbesorgt lassen wir unser Womo stehen und steigen die Treppe zur **Altstadt** hinauf. Wir halten uns rechts und gehen die zweite Gasse links, wo wir nach wenigen Metern auf dem großen **Marktplatz** mit seinen sehr geschmackvoll wiederaufgebauten Häusern stehen. Der zweite Weltkrieg hat hier große Spuren hinterlassen (wir

Der Marktplatz der Altstadt von Warszawa

kommen an anderer Stelle noch darauf zurück) und Warschau war fast vollständig zerstört. Die Altstadt wurde aber schon zu kommunistischen Zeiten sorgfältig wieder rekonstruiert und wiederaufgebaut. Seit 1980 gehört sie, zusammen mit dem angrenzenden **Königsschloss**, zum Weltkulturerbe der UNESCO.

Angenehme Art der Besichtigung

An dieser Stelle zunächst aber noch ein Hinweis in eigener Sache: als WOMO-Reiseführer können und wollen wir kein kompletter Stadtführer sein. Wir möchten Ihnen nur unseren eigenen, ganz subjektiven Weg zu den Hauptsehenswürdigkeiten aufzeigen und Ihnen anhand der Bilder die Schönheit und den Reiz dieser Stadt näherbringen. Wir empfehlen Ihnen dringend, sich an der **Touristeninformation** gegenüber des Königsschlosses Ihr Material zusammenzustellen und selber Schwerpunkte Ihrer Besichtigung zu suchen!

Wir verlassen den Marktplatz an der Nordwestecke, durch eine enge malerische Gasse, werfen schon einmal in Vorfreude auf den Abend einen Blick auf die Restaurants und die überall aufgestellten Speisekarten und kommen zum **Stadttor.** Dahinter gelangen wir auf der linken Seite zum **Raczyñski-Palais**, heute Staatsarchiv. Ein Stückchen weiter auf der rechten Seite kommt zunächst das **Dominikanerkloster** und daneben

Lädt zum Verweilen ein

das **Geburtshaus** der berühmten Physikerin **Marie Curie**. In

diesem Haus befindet sich auch ein Museum über ihr Lebenswerk. Wir gehen nun zunächst zurück Richtung Altstadt, biegen aber vor dem **Raczyñski-Palast** rechts in die ul. Dluga ein. Nach ungefähr 300 m stehen wir dann vor dem **Denkmal des Warschauer Aufstandes**. Hier wird man in eindrucksvoller Weise über die grausame Geschichte des 63 - tägigen letzten Kampfes des Krieges mit mehr als 200.000 Toten informiert.

Wir wenden uns von hier aus wieder zur historischen Altstadt, durch malerischen Gassen hin zum Königsschloß, nicht ohne vorher mindestens einen Blick in die Johanneskathedrale zu werfen. Im Schloß, 1971 prachtvoll wiederaufgebaut, welches auch besichtigt werden kann, befindet sich ein Museum.

Auf dem großen **Schloss-**

Der Schlossplatz

platz steht noch das älteste Monument Polens: die 22 m hohe **Sigismundsäule** von 1644. Von hier aus geht es weiter südlich auf den so genannten **Königsweg** - der Achse, die von sage und schreibe drei Warschauer Schlössern gebildet wird, wovon wir das erste ja vorhin schon besichtigt haben. Die Straße **Krakowske Przedmieście** führt uns natürlich noch an vielen anderen Sehenswürdigkeiten vorbei - zum Beispiel am Kloster und **Kirche der Visitantinnen**, an dem **Hotel Bristol** mit seiner prunkvollen Fassade, an der **Heiligkreuzkirche**, wo in einer Urne das Herz von Frédéric Chopin steht und kurz dahinter das **Staszic-Palais** (heute Abteilungen der Polnischen Akademie der Wissenschaften) mit dem davor

Visitantinnen-Kirche

Der Łazienki-Palast

aufgestellten **Kopernikus-Denkmal**. Auch die runde **Alexanderkirche** sollte man gesehen haben. Schließlich kommen wir zum großen Garten des **Łazienki-Palastes**, einer der wertvollsten Anlagen Europas. Alleine der Park mit dem **Observatorium**, der **Alten Orangerie**, dem **Weißen Haus**, dem **Am-**

phitheater auf der Insel und natürlich der Palast selber sprengen jede nähere Beschreibung im Rahmen dieses Führers. Im Park steht ein **Denkmal** Frédéric Chopins, wo im Sommer Freilichtkonzerte mit seiner Klaviermusik stattfinden.

.. norma es Verkehrsmittel!

Sind wir bis hierher noch zu Fuß gegangen, sollte man für die Strecke zum letzten der drei Königsschlösser, dem **Wilanów**, auf öffentliche Verkehrsmittel zurückgreifen. Immerhin liegt eine Strecke von nahezu 7 km vor uns! Vielleicht haben Sie Glück und kommen in den Genuss einer Oldtimer-Fahrt!

Schloß Wilanów

Der Palast heißt nicht umsonst „polnisches Versailles" mit den Repräsentationsräumen im Erdgeschoss und der strengen Architektur des **italienischen Gartens** aus dem 17. Jahrhundert. Auch dieses Schloß kann besichtigt werden. Hinweisen möchten wir auch noch auf das sehenswerte **Plakat-Museum** in der ehemaligen Manege.

Für den Rückweg von hier bis zur Altstadt nehmen wir natürlich auch wieder den Bus. Zunächst kehren wir zurück zum Womo, um den müden Füßen nach der recht langen Tour etwas Erholung zu gönnen und dann geht es zum Abendessen wieder hinauf in die Altstadt, die bei Dunkelheit nochmal so schön wirkt wie im Sonnenschein!

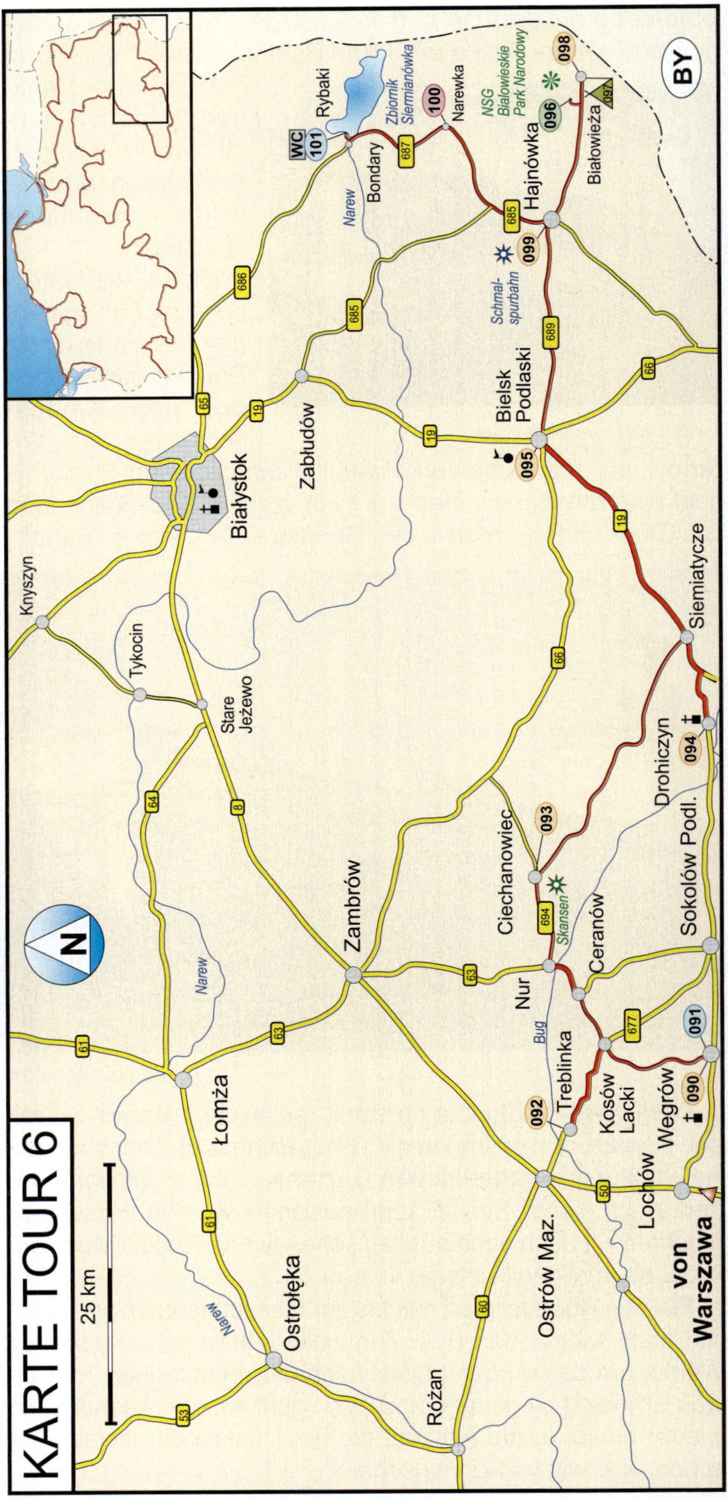
KARTE TOUR 6
25 km
N
BY
Rybaki
Zbiornik Siemianówka
Narewka
Bondary
Narew
Hajnówka
NSG Białowieskie Park Narodowy
Białowieża
Schmalspurbahn
Bielsk Podlaski
Zabłudów
Białystok
Knyszyn
Tykocin
Stare Jeżewo
Siemiatycze
Drohiczyn
Ciechanowiec
Skansen
Zambrów
Nur
Ceranów
Sokołów Podl.
Bug
Treblinka
Kosów Lacki
Węgrów
Łomża
Lochów
von Warszawa
Ostrów Maz.
Ostrołęka
Różan
WC
090
091
092
093
094
095
096
097
098
099
100
101
8
19
50
53
60
61
63
64
65
66
677
685
686
687
689
694

TOUR 6 (ca. 354 km / 3-4 Tage)

Wegrow - Treblinka - Chiechanowiec - Drohizyn - Bielsk Podlaski - Hajnówka - Białowieża - Rybaki

Freie Übernachtung:	in Wegrow am Badesee, am Flussufer in Drohizyn, am Nationalparkzentrum oder am Informationszentrum in Białowieża, am Badeplatz in Rybaki.
Campingplätze:	Camping „U Michala" in Białowieża
Ver- und Entsorgung:	Camping „U Michala" in Białowieża
Baden:	am Badesee in Wegrow, am Jez. Brzozo Siemianówka bei Rybaki
Besichtigen:	Basilika in Wegrow, Vernichtungslager Treblinka, das Museum für Landwirtschaft in Ciechanowiek, orthodoxe Holzkirche in Bielsk Podlaski, Nationalpark Białowieża, Fahrt mit der Schmalspurbahn Hajnówka

Nach der wie erwartet nicht ganz ruhigen Nacht auf dem Stellplatz unterhalb der historischen Altstadt Warschaus beschließen wir am nächsten Morgen, einen großen „Satz" Richtung Osten zu machen und uns diesen Regionen Polens zuzuwenden. Leider können wir Ihnen nun für viele Kilometer kaum etwas bieten, aber seien Sie unbesorgt - das ändert sich wieder! Wir bezahlen (rund EUR 10,- / 24 h) und fahren in südlicher Richtung weiter - unsere grundsätzliche Route führt nun über Nebenstraßen nach Osten durch die Provinz. Bevor wir die Strecke in Angriff nehmen, möchten wir vorher aber noch eine Gedenkstätte aufsuchen: das „**Denkmal der Helden des Ghettos**", an dem 1970 Willy Brand mit seinem legendären Kniefall ein Zeichen für die Aussöhnung

Denkmal der Helden des Ghettos

zwischen Ost und West setzte. Rund 300 m unterhalb des Parkplatzes führt die Brücke „*Most Śląsko-Dąbrowski*" über die Weichsel. Wenn Sie nicht mit zum Denkmal kommen wollen, überqueren Sie die Brücke und werden automatisch auf die B8 geführt. Ansonsten biegen wir vor der Brücke rechts ab und fahren durch die Unterführung. Nach 1,3 km kreuzen wir die *ul. Andersa*, wo wir uns rechts halten. Nach 1 km führt unser Weg nach links in die *ul. Stawki*, hier direkt die nächste wieder links - wir passieren dabei ein Mahnmal mit einem Eisenbahnwaggon - 400 m später bei [**089**: N 52° 14' 59.8"; E 20° 59' 39.8"] sind wir an einem Park, mitten in einem Wohngebiet, in dem sich das Mahnmal befindet.

Der Einfachheit halber fahren wir von hier aus den gleichen Weg zurück zum linken Weichselufer und fahren noch 3,3 km in südlicher Richtung, überqueren auf der 2 die Weichsel der Beschilderung „Terespol" folgend und biegen später rechts auf die 637 nach **Wegorów** ab. Knapp 80 km sind es bis dorthin. Bei [**090**: N 52° 24' 10.5"; E 22° 01' 00.1"] befindet sich der Marktplatz mit der berühmten **Basilika**.

Basilika der Himmelfahrt der Jungfrau Maria und den Heiligen Petrus, Paulus und Katharina

Die nun **barocke**, usrprünglich im 15.Jarhundert gotisch gebaute **Kirche** ist bekannt für Ihre von Palloniego gemalten **Fresken** und den sagenumwobene **Twardowski-Spiegel**.

Bei unserem Besuch in Wegorów war der **Marktplatz** eine große Baustelle, so dass die endgültige Parkplatzsituation nocn nicht ersichtlich war. Aber übernachten würden wir hier mitten im Zentrum eher nicht, zumal sich hier eine noch viel bessere

Gelegenheit befindet. Wenn man, von der 637 aus Süden kommend kurz vor dem Marktplatz links in die Ul. Zeromskiego abbiegt, gelangt man nach 1 km auf der linken Seite zu einem Parkplatz an einem kleinen Stausee:

(091) WOMO-Badeplatz: Wegorów

GPS: N 52° 23' 51.4"; E 22° 00' 08.2"
max. WOMOs: 2-3.
Ausstattung/Lage: Sandstrand, Tretbootverleih, Spielplatz, Bierzelt / Ortsrand.
Zufahrt: Von der 637 aus Süden kommend vor dem Marktplatz links in die Ul. Zeromskiego abbiegen, nach 1 km links „P".

Als nächstes wollen wir uns dem dunklen Kapitel deutscher Vergangenheit widmen, das Museum zum **Vernichtungslager Treblinka** ist das Ziel. Wir fahren zurück zum Marktplatz, wo man schon die ersten Wegweiser findet. Die Strecke führt über Nebenstraßen via **Poszewka** und **Kosów Ruski** nach **Kosów Lacki**, wo wir links auf die 677 abbiegen. Nach 8,5 km von dort liegt links der Parkplatz zum ehemaligen Vernichtungslager:

(092) WOMO-Stellplatz: Treblinka

GPS: N 52° 38' 06.1"; E 22° 03' 09.1"
max. WOMOs: 2-3.
Ausstattung/Lage: Mülleimer, WC / außerorts.
Zufahrt: Von der 677 aus Süden kommend 8,5 km hinter Kosów Lacki links der Straße

Mahnmal im Vernichtungslager Treblinka

Treblinka war das zuletzt in Polen errichtete Vernichtungslager. Hier wurden mehr als 800.000 Menschen aus ganz Europa ermordet. Im Gegensatz zu anderen Konzentrations- und Vernichtungslagern, zum Beispiel Auschwitz (siehe Polen Süd), sind hier nicht die ursprünglichen Anlagen wie Baracken, Krematorien und Sicherungsanlagen (wieder-)aufgebaut, sondern es ist eine Gedenkstätte errichtet worden. Die Nazis hatten rechtzeitig fast alle Spuren vernichten können, alles wurde abgerissen, das Gelände umgegraben und ein Bauernhof darauf errichtet. Auf der weitläufigen Denkmalsanlage wurde 1964 zum Beispiel ein symbolisches Tor aus Stein errichtet, die ehemaligen Bahngleise durch Betonquader angedeutet, anstelle der Wachtürme und Stacheldraht stehen Steinblöcke. Ein äußerst beeindruckender Gedenkort!

Mahnmal des Bahnhofs

Wenden wir uns nun dem nächsten Ziel zu! Auch diese Gegend hier ist - wie viele in Polen - sehr stark landwirtschaftlich geprägt. Aus diesem Grund gibt es in ca. 35 km Entfernung in **Ciechanowiec** seit 1964 ein großes **Landwirtschaftsmuseum**. Von der Gedenkstätte Treblinka aus geht es zunächst die 8,5 km zurück nach **Kosów Lacki**, dort links auf die 695 über **Ceranów**, dort weiter auf der 63, in **Nur** hinter der Brücke über die Bug rechts auf die 694 nach **Ciechanowiec**.Direkt nach dem Ortseingang fahren wir schräg rechts und erreichen nach 400 m auf der linken Seite den Parkplatz des Museums:

(093) WOMO-Stellplatz: Ciechanowiec Landwirtschafsmuseum

GPS: N 52° 41' 00.5"; E 22° 29' 08.5" **max. WOMOs:** 2-3.
Ausstattung/Lage: ohne alles, kein Übernachten / im Ort.
Zufahrt: 694 aus Westen kommend nach dem Ortseingang Ciechanowiec schräg rechts abbiegen, nach 400 m „P" auf der linken Seite.

Das Landwirtschaftsmuseum „Krzystof Kluk" in Cichanowiec

Das Museum ist im Schloss und Park des ehemaligen Herrenhauses Starkeńskich untergebracht. Es geht hier um ländliche Bau- und Landtechnik, Pflanzenbau und Geschichte der Landwirtschaft und Viehzucht. Mehr als 300 landwirtschaftliche Maschinen und Geräte sind neben 27.000 Exponaten zu sehen, aufgeteilt in 39 ständige Ausstellungen. Der Skansen Park umfasst 44 historische Gebäude aus der Region Mazowiecko-Podlasie, alle komplett eingerichtet. Das Museum ist Wochentags von 08:00 bis 16:00 Uhr, Sonn-und Feiertags in der Saison von 09:00 bis 18:00 Uhr geöffnet.

Übernachten

Skansen Park des Museums

darf man auf diesem Parkplatz nicht, aber wir haben eine wunderschöne Möglichkeit dazu in 38 km Entfernung. Wir fahren weiter auf der 690 Richtung **Siemiatycze**, nach 21,5 km verlassen wir die Landstraße rechts Richtung **Drohiczyn**, dem Ziel dieser Etappe. Bevor wir auf den Ort selbst eingehen, möchten wir Sie zu einem wunderschönen Stellplatz am Ufer des Bugs führen.Wir kommen von Norden in den Ort hinein, überfahren die Kreuzung mit der 62 und biegen danach die zweite Straße links ab, es geht in einem Rechtsbogen hinab zum Bug, hier befindet sich ein großes Wiesengelände am Ufer:

(094) WOMO-Stellplatz: Drohiczyn am Bug

GPS: N 52° 23' 32.5"; E 22° 39' 39.5" **max. WOMOs:** 2-3.
Ausstattung/Lage: Wiesenplatz, Volleyballfeld, Kanuanleger, Mülleimer, Strandbar / Ortsrand.
Zufahrt: in Drohizyn aus Norden kommend 2. Straße nach Kreuzung mit der 62 links zum Flussufer abbiegen, noch 600 m

Dreifaltigkeitskirche und ehem. Jesuitenkloster

Der Ort selbst hat noch die sehenswerte Dreifaltigkeitskirche, sowie die Benediktinerkirche mit Kloster und angeschlossenem Diözesan- und Regionalmuseum zu bieten. Auf dem Schlosshügel sind noch wenige Teile der ehemaligen Festung zu besichtigen.

Weiter geht es über **Mietkowice** und **Siemiatycze** nach **Dziadkowice**, wo wir auf die gut ausgebaute 19 Richtung **Białystok** abbiegen. 30km von dort aus entfernt liegt **Bielsk Podlaski**, wo wir Sie bei [**095**: N 52° 46' 04.1"; E 23° 11' 26.6"] auf die mittelalterliche, orthodoxe Holzkirche aufmerksam machen möchten:

Orthodoxe Holzkirche in Bielsk Podlaski

Einen Stellplatz können wir Ihnen hier nicht anbieten, aber wir habe zur Besichtigung problemlos direkt am Straßenrand geparkt. 100 m nach der Kirche biegen wir rechts ab und kommen nach 1,3 km auf die 689 Richtung Białowieza. Die **Urwälder des Białowieża-Nationalparks** sind unser Ziel.

In der landwirtschaftlich geprägten Gegend kommen wir durch einige Dörfer mit den im Osten Polens so typischen Holzhäusern. Man hat das Gefühl, dass die Zeit stehengeblieben oder zumindest viel langsamer vergangen ist. 26 km sind es, bis zum Ortseingang von Hajnowka - eine halbe Stunde sollten Sie für diese Strecke schon einkalkulieren. Dort richten wir uns

Schmucke Holzhäuser

nach der Beschilderung **Białowieża** und wechseln auf die 689. Direkt am Ortsausgang beginnt der dichte Urwald, durch den die Straße führt. 14 km weiter weist ein Schild nach links in den Wald zum Nationalpark-Zentrum. Wir fahren knapp 1 km Waldweg und suchen uns einen schönen Platz zwischen den Bäumen.

(096) WOMO-Wanderparkplatz: Białowieża

GPS: N 52° 42' 12.2"; E 23° 47' 44.4".
max. WOMOs: 2-3.
Ausstattung/Lage: Wanderwege im Urwald, kleiner Zoo / außerorts.
Zufahrt: Landstraße 689 von Hajnówka nach Białowieża, nach 14 km links in den Wald - Hinweis Nationalpark-Zentrum, dann noch ca. 1 km Schotterweg.

Im **Nationalpark-Zentrum** kommen wir zunächst an den unvermeidlichen Verkaufsständen vorbei. Hier bekommen Sie, neben einigem Ramsch, auch durchaus preiswerte und gute handwerkliche Arbeiten wie Korbwaren oder Holzschnitzereien aus der Region. Und natürlich Wisente in allen Variationen und Größen - sie sind das Symbol dieses streng geschützten Parks und kommen inzwischen auch wieder frei lebend vor, ebenso wie Wölfe, Luchse und Biber. Der Park besteht aus drei Zonen - dem streng geschützten Bereich, den man ausschließlich in kleinen Gruppen mit einem autorisierten Führer betreten darf (es gibt dort einen 4 km Wanderweg), den geschützten Bereich Hwożna, wo man sich nur auf den beiden Wegen von 6,5 bzw. 11,5 km Länge bewegen darf und dem normalen Bereich. In der streng geschützten Zone sind seit 1921 keinerlei Forstarbeiten mehr durchgeführt worden, es gibt über 50 m hohe Fichten und mehr als 400 Jahre alte Eichen. In die-

Produkte der Region

sem Zentrum befindet sich ein kleiner Zoo, wo man die typischen Tiere des Parks betrachten und beobachten kann. Der gesamte Park gehört gemeinsam mit dem angrenzenden weissrussischen Nationalpark „Belowesher Wald“ zum UNESCO Biosphärenreservat und ist als Weltkulturerbe eingetragen.

Der Eingang zum Reservat

Der Urwald Podlasiens

Wir fahren zurück zur 689 und halten uns links Richtung Białowieża. Nach 2 km endet der Wald am Ortseingang, 250 m weiter auf der rechten Seite befindet sich der:

(097) WOMO-Campingplatz-Tipp:
Białowieża „U. Michala“

GPS: N 52° 41’ 38.6”; E 23° 49’ 50.6” **Öffnungszeiten:** 01.05. - 30.09.
Ausstattung/Lage: wenig Schatten; Hunde erlaubt; Ver- und Entsorgung; Fahrräder zu mieten
Zufahrt: An der B689 von Hajnówka nach Białowiża, 250 m nach Ortseingang auf der rechten Seite.

Wir biegen nach 150 m links ab, fahren noch 1km und kommen zum großen Parkplatz des **Informationszentrums Białowieża-Nationalpark**. Hier kann man auch eine geführte Wandertour durch den streng geschützten Teil des Parks buchen oder mit Pferdekutschen die Sehenswürdigkeiten der Umgebung Białowieżas erkunden.

(098) WOMO-Stellplatz: Białowieża

GPS: N 52° 42' 02.2"; E 23° 50' 33.5"; Zastawa **max. WOMOs:** 2-3.
Ausstattung/Lage: gepflasterter Parkplatz; Mülleimer; gebührenpflichtig / im Ort.
Zufahrt: An der B689 von Hajnówka nach Białowieża, 400 m nach Ortseingang links halten, nach ca. 1km am Informationszentrum.

Mit Vorfreude sehen wir am Parkplatz gegenüber des Informationszentrums ein kleines Restaurant - wir wissen schon, das heute Abend im Womo die Küche kalt bleibt. Die Besichtigung des Nationalparks sollte mit dem Schlosspark aus dem Ende des 19. Jahrhunderts begonnen werden. Früher stand oberhalb des Parks natürlich noch das zugehörige Gebäude - der ehemals gewaltige Palast des russischen Zaren aus dem 18. Jahrhundert mit seinen 134 Zimmern in zwei Etagen. Im ersten Weltkrieg wurde das Gebäude schwer beschädigt. Nach der polnischen Unabhängigkeit wiederaufgebaut, diente er der Distriktverwaltung, als Museum und später auch als repräsentative Unterkunft für hochgestellte Persönlichkeiten zu Jagden in den umliegenden Wäldern. Im zweiten Weltkrieg besetzte die Deutsche Armee das Gebäude, welches während der Kämpfe 1944 komplett ausbrannte. In den 60er Jahren wurden die Steine der Ruine zum Häuserbau verwendet, heute sind nur noch ein Hotel und das Naturkundemuseum in Teilen des ehemaligen Palastes übrig. Andere Gebäude, wie das Marschall-Haus, das Chauffeurhaus, Badehaus und auch die sehr schöne hölzerne Jagdhütte stehen noch und beherbergen Institutionen der Nationalparkverwaltung. Weiter ins Auge fällt noch der große Obe-

Restaurant am Parkplatz

Die Jagdhütte des Zaren

lisk am Rande des Weges zwischen den beiden Seen - er ist das älteste Denkmal im Wald von Białowieża. 1752 wurde er zum Ruhme der Jagden von König August von Sachsen errichtet - und ist zweisprachig, in deutsch und polnisch, beschriftet.

Nach so viel Kultur haben wir uns unser Abendessen redlich verdient. Auch zwei, drei Biere genießen wir noch auf den Bänken vor dem Restaurant. Am nächsten Morgen nach einer sehr, sehr ruhigen Nacht auf dem Parkplatz, machen wir uns auf den Weg zurück über die 689 nach **Hajnówka**. Direkt hinter dem Ortseingang biegen wir die erste Straße rechts ab, fahren am Friedhof vorbei, nehmen den nächsten Abzweig links und stehen am Tor eines, wie es auf den ersten Blick aussieht, verrottenden Industriegeländes. Hier befindet sich aber der Startpunkt eines **Schmalspureisenbahnnetzes durch den Nationalpark**, und an bestimmten Tagen (Auskunft erteilt das Nationalparkzentrum in Białowieża) fährt ein liebevoll restaurierter Zug eine insgesamt dreistündige Strecke durch die Urwälder - mit einem Zwischenstop. Der kleine Bahnhof ist inzwischen sehr nett hergerichtet. Das ganze Schmalspurnetz

Funktioniert noch!

(099) WOMO-Stellplatz: Hajnówka Schmalspurbahn

GPS: N 52° 44' 08.7"; E 23° 36' 20.9"; Celna **max. WOMOs:** 4-5.
Ausstattung/Lage: eben, relativ ruhig / im Ort.
Zufahrt: B689 von Białowieża kommend in Hajnówka erste Straße rechts, am Friedhof vorbei, erste Möglichkeit links; Parkplätze vor und innerhalb der Umzäunung des Geländes.

Mit 100 Diesel-PS durch die Urwälder

wurde 1916 unter deutscher Besatzung als Transportmöglichkeit gebaut, um das für industrielle Nutzung geschlagene Holz aus den Wäldern zu holen. 360 km lang war dieses Netz, 24 Dampfzüge versahen ihren Dienst. 1974 begann hier

See am Ziel bei Topilo

die Zeit der Dieselloks und seit 1991 wird das Schienennetz für Touristenzüge genutzt - es gibt keine schönere Methode, als mit ca. 20 km/h vor sich hintuckernd, in den teils offenen Waggons, die Urwaldlandschaft an sich vorbeiziehen zu lassen! Am Zielort in Topilo wird Ihnen in einer grandiosen Freiluftkü-

che ein hervorragendes, einfaches Essen geboten! Wir können Ihnen diese Tour nur wirklich ans Herz legen.

Nach der Rückkehr fahren wir nach Hajnówka herein, richten uns nach der Beschilderung BIAŁYSTOK und kommen auf die 685. In NOWOSADY, 4 km hinter Hajnówka, folgen wir nicht links der Strecke, sondern wechseln geradeaus auf die 687 nach NAREWKA. 8,9 km von dieser Abzweigung entfernt finden wir einen sehr schönen Picknickplatz:

(100) WOMO-Picknickplatz: bei Narewka

GPS: N 52° 49' 29.6"; E 23° 44' 04.3"; Swinoroje **max. WOMOs:** 2-3.
Ausstattung/Lage: Tisch & Bank, Grillhütte, Mülleimer / ortsnah.
Zufahrt: B687 von Nowosady, nach 8,9 km rechts kurz vor Narewka.

Eigentlich könnte man ja hier bleiben, aber der Siemianówka-See ist doch recht nahe, die Sonne brennt... also weiter der 687 folgen, nach 14 km biegen wir in BONDARY rechts ab und finden 1,5 km weiter ein richtiges Paradies: Sand-Badestrand, Volleyballplatz und viele Polen, die hier Wohnwagen oder Zelt unmittelbar am See aufgestellt haben (wir sind an einem Samstag hier). Unbesorgt packen wir, wie die anderen auch, Tisch und Stühle aus. Später werden Lagerfeuer oder Grill angezündet, wir erleben hier einen sehr schönen langen Abend und eine ruhige Nacht.

(101) WOMO-Badeplatz: Rybaki

GPS: N 52° 56' 57.9"; E 23° 46' 09.2".
max. WOMOs: 4-5.
Ausstattung/Lage: Wiesenplatz; Sandstrand; Dixi-Klo / außerorts.
Zufahrt: An der B687 von Narewka Richtung Bondary; dort rechts zum See abbiegen, nach 1,5 km am Ende rechts zum Parkplatz.

KARTE TOUR 7

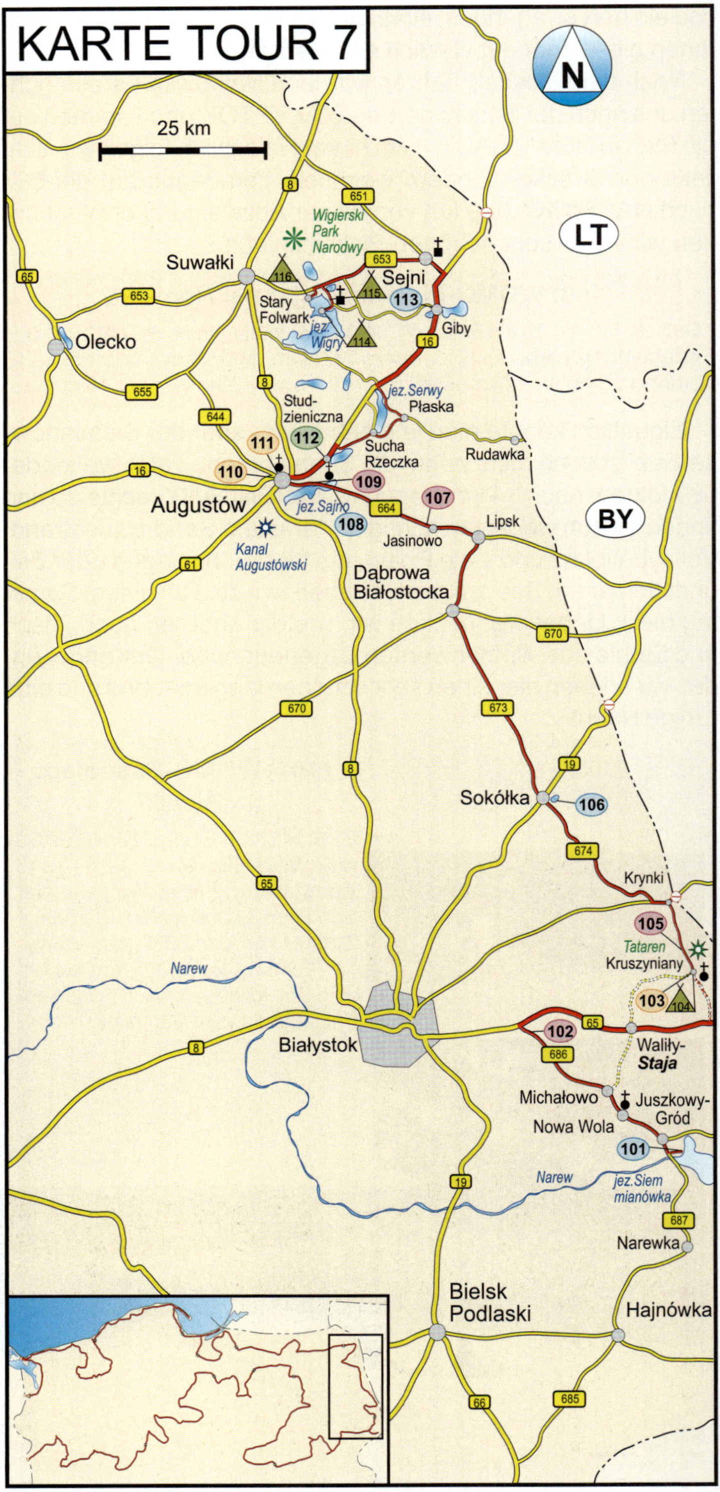

N
25 km
LT
BY
Suwałki
Olecko
Sejni
Giby
Stary Folwark
jez. Wigry
Wigierski Park Narodwy
Stud-zieniczna
jez. Serwy
Płaska
Sucha Rzeczka
Rudawka
Augustów
jez. Sajno
Kanal Augustówski
Jasinowo
Lipsk
Dąbrowa Białostocka
Sokółka
Krynki
Tataren
Kruszyniany
Narew
Białystok
Waliły-Staja
Michałowo
Juszkowy-Gród
Nowa Wola
jez. Siemianówka
Narewka
Bielsk Podlaski
Hajnówka
101
102
103
104
105
106
107
108
109
110
111
112
113
114
115
116
8
16
19
61
65
66
644
651
653
655
664
670
673
674
685
686
687

TOUR 7 (ca. 268 km / 3-4 Tage)

Rybaki - Kruszyniani - Sokółka - Augustów - Studzieniczna - Augustów-Kanal - Sejny - Wigry - Stary Folwark

Freie Übernachtung:	Waldparkplatz an der 686, Picknickplatz in Krynki, Waldparkplatz Jasinowo, Badeplatz Jez. Sajno, Stadtparkplatz Augustów, Ablasskirche Studzieniczna, am Badeplatz Jez. Servy, am Badeplatz in Giby
Campingplätze:	„Dowrek Pod Lipami“ in Kruszyniani, Agroturystika „ U Haliny“ in Wigry, Agroturystika „Grzegorz“ in Magdalenowo, Camping“Stary Folwark“ in „Stary Folwark“ am Wigry-See
Baden:	in Sokółka, am Jez.Sajno, am Jez. Servy, in Giby, in Stary Folwark
Besichtigen:	Tatarendorf Kruzyniany mit hölzerner Moschee, Zentrum Augustów, Ablasskirche in Studzienicz-na, Dominikanerkloster und Synagoge in Sejny, Kamadulenserkloster Wigry

Am nächsten Morgen können wir uns noch nicht so schnell von dem wunderschönen Badeplatz trennen, bis zum Mittag gehen wir noch einige Male in das angenehm warme Wasser. Aber wir möchten ja noch mehr schöne Plätze erkunden, so fahren wir die 1,5 km zurück zur 687 und biegen dort rechts ab. Nach 4 km, in Juskowy-Gród, wechseln wir auf die 686 Rich-

Russisch-orthodoxe Holzkirche in Nowa Wola

tung Białystok. In NOWA WOLA, wir sind weitere 7,5 km gefahren, macht die Straße einen Rechtsknick - und gegenüber steht eine wunderschöne, **russisch-orthodoxe Holzkirche**! Leider ist sie verschlossen, so müssen wir uns mit einigen Außenansichten zufrieden geben. Die Fahrt geht nun in Richtung Norden. Unser nächstes Ziel ist Kruszyniani, ein kleines Tatarendorf unweit der weissrussischen Grenze oberhalb der B65. Laut Karte zweigt in Michałowo schräg rechts eine Straße ab, die uns eigentlich in genau die richtige Richtung führen würde - aber der erbärmliche Zustand dieser Schotterstraße hält uns ab, wir bleiben auf der 686. Noch 16 km, dann treffen wir auf die von Białystok kommende B65. Rund 200 m vorher ist auf der rechten Seite ein schöner **Picknickplatz** im Wald, wo man sich gleich auf die Suche nach frischen Pilzen machen kann:

(102) WOMO-Picknickplatz: bei Zajma vor der B65

GPS: N 53° 07' 15.0"; E 23° 25' 19.0". **max. WOMOs:** 2-3.
Ausstattung/Lage: Tisch & Bank, Mülleimer / außerorts.
Zufahrt: B686 aus Michałowo Richtung Norden kommend, ca. 200 m vor der B65 rechts in den Wald.

Weiter geht es zur B65, wir biegen rechts Richtung Osten nach BOBROWNIKI, dem Grenzort nach Weissrussland, ab. Nach ca. 17 km kommt das Dorf Waliły-Stacja. Nun können wir Ihnen für die letzten Kilometer nach KRUSZYNIANI die Wahl zwischen Pest und Cholera überlassen: hier links ist der erste Wegweiser dorthin - es erwarten Sie, wie wir später erfahren, rund 15 km sehr schlechte Schotterstraße. Als ob wir dies ahnen, bleiben wir noch weiter auf der B65 und hoffen auf den Abzweig links in 15 km Entfernung, der sich nur wenige hundert Meter vor der Grenze befindet - von dort aus sind es nur 8,5 km bis **Kruszyniani**, selbstverständlich auch auf Schotter. Was wir aber nicht wussten und Ihnen nicht verschweigen möchten: die letzten Kilometer der B65 vor der Grenze sind aus Kopfsteinpflaster... Wir haben aber feststellen können, dass unser Kastenwagenausbau ohne allzu schlimme Geräuschkulisse bis 80 km/h mitspielt. Die Waschbrettschotterstrecke nach Kruszyniani kann allerdings nur mit 40 bis 50 km/h befahren werden, dementsprechend sollte man für diese Etappe etwas Zeit (und Nerven) einplanen. Das kleine, beschauliche Dorf entschädigt aber vollkommen für die Strapazen für Mensch und Maschine. Hier leben die Nachkommen der vor über 300 Jahren angesiedelten, **moslemischen Tataren** - die Kriegereinheiten erhielten in Podlasien von König Jan III. Sobieski als Entschädigung für noch ausstehenden Sold Land. In diesem äußersten Osten Polens ist damit durchaus ein Hauch

Die hölzerne Moschee in Kruszyniani aus der Wende vom 17. zu 18. Jhd.

des Orients zu verspüren. Auf der „Kirchturmspitze“ ist der Halbmond zu sehen, es handelt sich also um eine Moschee, und zwar um eine **Holzmoschee**! Den Innenraum betritt man, wie üblich, OHNE Schuhe. Er ist dreigeteilt: der Hauptgebetsraum für die Männer, ein abgetrennter Raum für die Frauen und eine Art Balkon für die Kinder. Der Boden ist mit Teppichen ausgelegt, an der Wand, die Richtung Mekka weist, die Mihrab-Nische und die Mimbar, eine Art Kanzel. An den Wänden hängen Bilder und Muhire - mit Zierrahmen versehene arabische In-

Der Gebetsraum der Moschee

schriften, Zitate aus dem Koran. Zweihundert Meter von der Moschee entfernt den Hügel hinauf ist der **Tatarenfriedhof**, mit dem ältesten Grabstein aus dem Jahre 1704.

Wenn man die Hauptstraße von der Moschee aus ein paar Meter Richtung Süden fährt, steht auf der rechten Seite ein gelbes Schild „HISTORIA TRADYCJA TATARSKIE JADLO" - fahren Sie [**103**: N 53° 10' 38.6"; E 23° 48' 41.7"] hinein und seien Sie Gast bei der tatarischen Familie Bogdanowicz! Sie unterhalten einen **Agroturystika**. Hier wird original tatarisch

Zu Gast bei Familie Bogdanowicz

gekocht, und das sollten Sie sich wirklich nicht entgehen lassen, zumal es sehr, sehr preiswert ist. 170 m weiter nördlich lädt der Camping „Dowrek Pod Lipami" bei [**104**: N 53° 10' 44.4"; E 23° 48' 46.6"] zum Übernachten ein.

Wir verlassen Kruszyniany Richtung Krynki, die Straße ist wieder asphaltiert. Genießen Sie wie wir die Fahrt durch das dünn besiedelte Hügelland, fernab jeglicher Hektik. 1,5 km hinter Kruszyniany finden wir rechts der Straße einen:

(105) WOMO-Picknickplatz: nördlich von Kruszyniany

GPS: N 53° 12' 19.2"; E 23° 47' 50.3". **max. WOMOs:** 1-2.
Ausstattung/Lage: Tisch & Bank, Feuerstelle, Mülleimer / außerorts.
Zufahrt: Von Kruszyniany aus Richtung Krynki, 1,5 km nach Ortsende.

8,5 km sind es bis Krynki, wo wir für 2 km links auf die 676 Richtung Białystok fahren, um dann rechts zur 674 nach SOKÓŁKA abzubiegen. Dieser Ort ist auch eng mit der tatarischen Kultur verbunden, die meisten Tataren aus den umliegenden Dörfern sind hierher gezogen. Im **städtischen Kulturzentrum** ist ein **Museum** mit einer Abteilung, die ganz der Tatarentradition und dem Islam gewidmet ist. Wertvolle Manuskripte, eine alte Koran-Ausgabe, liturgische Gegenstände und Gewänder gehören zu den Exponaten. Aber Sokółka hat nicht nur Tatarenkultur, sondern auch Badefreuden zu bieten. Ein kleiner See befindet sich mitten im Ort, und 1,5 km nach dem Ortseingang ist auf der rechten Seite ein Betonplateau, auf dem wir unser Womo abstellen können. Entweder legt man sich direkt auf die Wiese und genießt das schöne Wetter und ein Bad im See oder man geht von hier aus die 200 m nach links am Ufer entlang zu einem Strandbad mit Sandstrand, Badesteg und Sprungturm.

Badesee in Sokółka

(106) WOMO-Badeplatz: Sokółka

GPS: N 53° 23' 58.3"; E 23° 31' 11.1". **max. WOMOs:** 1-2.
Ausstattung/Lage: Wiesenstrand , ca. 200 entfernt Strandbad mit Sandstrand, Badesteg und Sprungtrum / im Ort.
Zufahrt: 674 von Süden nach Sokółka, 1,5 km hinter dem Ortseingang rechts der Straße.

Weiter geht die Fahrt auf der 673 Richtung Norden, rechts von uns die Eisenbahnschienen. Wir passieren nach 33 km DABROWA BIAŁOSTOCKA, nach weiteren 11 km, hinter LIPSK, biegen wir links Richtung AUGUSTÓW ab - unserem nächste Etappenziel. Die Straße ist reichlich mit Schlaglöchern versehen - also vorsichtig fahren! Nach ca. 7,5 km zweigt rechts ein Sträßchen nach JASINOWO zu einem Kriegerdenkmal ab, etwa 1 km weiter befindet sich rechts ein schöner Picknickplatz mitten im Wald:

(107) WOMO-Picknickplatz: bei Jasinowo

GPS: N 53° 46' 23.3"; E 23° 17' 20.2".
max. WOMOs: 1-2.
Ausstattung/Lage: Tisch & Bank, Mülleimer, Pilze und Blaubeeren anbei / außerorts.
Zufahrt: Von Lipsk aus auf die 664 links Richtung Augustów, 1 km hinter Abzweig Jasinowo rechts.

Die 664 führt die nächsten 14 km schnurstracks geradeaus durch den Wald, rechterhand kommen noch drei weitere Picknickplätze. Die Straße macht einen Linksknick, wir kreuzen die Bahnlinie, dann geht es rechts weiter und nach 400 m ist auf der linken Seite ein wunderschöner Badeplatz!

(108) WOMO-Badeplatz: Jez. Sajno

GPS: N 53° 49' 45.3"; E 23° 05' 17.6".
max. WOMOs: 2-3.
Ausstattung/Lage: Wiesenstrand, Mülleimer, Kanuverleih / außerorts; nahe Bahnlinie, dadurch etwas laut
Zufahrt: 664 von Osten kommend Richtung Augustów, 15 km hinter Jasinowo 400 m nach dem Kreuzen der Eisenbahn links am Jez. Sajno.

Wir nehmen diese 1a Einladung gerne an und kühlen uns im Wasser ab. Der Stellplatz wäre absolut perfekt, wenn nicht in 50 m Entfernung die Bahnlinie nach Augustów vorbeiführen würde! In den nächsten Stunden fahren schon einige Züge vorbei,

Badeplatz am Jezioro Sajno

und die dabei entstehende Geräuschkulisse veranlasst uns dann doch zur Weiterfahrt. Nach 2,5 km können wir Ihnen rechts im Wald noch einen Picknickplatz bieten:

(109) WOMO-Picknickplatz: östlich von Augustów

GPS: N 53° 50' 06.0"; E 23° 03' 10.4". **max. WOMOs:** 2-3.
Ausstattung/Lage: Tisch & Bank, Mülleimer / außerorts.
Zufahrt: Von Osten auf der 664 Richtung Augustów, 2,6 km hinter dem Badeplatz Jez. Sajno.

Herz-Jesu-Kirche Augustów

3 km weiter sind wir endgültig in AUGUSTÓW angekommen und richten uns nun zunächst nach der Beschilderung Suwaóki. Nach 500 m, an einem Kreisverkehr, biegen wir links ab Richtung Zentrum und stehen nach ein paar hundert Metern vor der **Herz-Jesu-Kirche** - Besichtigung lohnt! Ein Stück die Straße entlang kommt das Zentrum mit dem schön angelegten **Park** und einigen **Straßenrestaurants** - hier lassen wir uns erst mal nieder, unser Womo stellen wir an einer der Parktaschen direkt am Park ab. Anschließend suchen wir uns noch einen passenden Übernachtungsplatz. Wir biegen, bezogen auf die bisherige Fahrtrichtung zum Platz hin, rechts in die *ul. Wierzbna* ab, dann sofort wieder rechts in die *ul. Młyńska*. Die nächste Möglichkeit nach links abzubiegen ist die *ul. Mostowa*, die als Geschäftsstraße schön gepflastert ist. Wir überqueren auf einer Brücke die Nette und biegen danach die erste Straße links ab. Nun kommt man am Friedhof vorbei und am Ende der Straße, nach 700 m, finden wir auf der linken Seite einen ruhigen gepflasterten Parkplatz direkt an der Uferpromenade, der aber leider nur für kurze Wohnmobile geeignet ist.

Das Zentrum mit Fußgängerzone

(110) WOMO-Stellplatz: Augustów am Jez. Necko

GPS: N 53° 51' 13.6"; E 22° 58' 59.3"; Zarzscze **max. WOMOs:** 1-2.
Ausstattung/Lage: gepflasterter Parkplatz; Strand anbei / im Ort.
Zufahrt: von Osten nach Augustów kommend dort Richtung Suwałki, nach Überquerung der Netta links, Straße bis Ende durch.

Für größere WOMOS bietet sich - 380 m vor obigem Stellplatz - bei [**111**: N 53° 51' 06.6"; E 22° 59' 11.4"] ein weiterer, größerer Parkplatz.

Der Strand von Augustow

Dort befindet sich auch der viele hundert Meter lange Sandstrand, am Ende gibt es sogar eine **Wasserskianlage** - eine elektrisch betriebene „Seilbahn", an der sich die mutigen Läufer anhängen können und wo auch u.a. einmal im Jahr Meisterschaften im Weitsprung über eine Rampe stattfinden. Direkt am Parkplatz befindet sich noch eine **Parkanlage**, und wenn auf der 300 m entfernten **Freilichtbühne** kein Konzert stattfindet, hat man auch durchaus eine ruhige Nacht.

Am nächsten Morgen geht es die Straße zurück, wir biegen schräg links ab. Nach 750 m am Ende wieder links und sofort rechts auf die B16 Richtung Studzieniczna und SEJNY. Nach 6,3 km sind wir bei STUDZIENICZNA und halten uns rechts. 30 m weiter befindet sich auf der rechten Seite ein großer Parkplatz, sogar mit einer Grillhütte:

(112) WOMO-Wanderparkplatz: Studzieniczna

GPS: N 53° 51' 37.2"; E 23° 05' 30.7"
max. WOMOs: 4-5.
Ausstattung/Lage: Tisch & Bank, Grillhütte, Lehrpfad / im Ort.
Zufahrt: B16 von Augustów kommend Richtung Sejny, nach 6,3 km rechts abbiegen, nach weiteren 200 m rechts am Waldrand.

Hier beginnt ein Lehrpfad, auf dem man sich über den **Urwald von Augustów**, dem größten zusammenhängenden Waldgebiet Polens, informieren kann. Zunächst geht es über Bohlen durch ein Sumpfgebiet, dann führt der Weg zu einem **Aussichtsturm** mit Blick über den Jez. Studzienicz-

Hier geht's zum Urwald!

Der naturbelassene Jezioro Studzieniczne

ne. Im weiteren Verlauf kommt noch ein **Picknickplatz** im Wald sowie ein **Kriegerdenkmal** - und nach 20 Minuten ist man wieder zurück am Wohnmobil.

Ablasskirche

Wem dies nicht genug ist: es führt ein markierter Weg rund um den See von Studzieniczne, die Strecke ist ca. 8 km lang. 100 m nach dem Parkplatz finden wir die aus dem Jahre 1847 stammende **Ablasskirche**. Hinter der Kirche auf einer großen Wiese ist ein **Pavillon**, wo bei gutem Wetter auch Messen unter freiem Himmel gefeiert werden können. Noch ein Stück weiter, direkt am See, kommen wir zur **Andachtskapelle** und erkennen den Grund, warum sich dieses Ensemble überhaupt hier befindet: Es ist eine **Quelle**, aus der **wunderwirkendes Wasser** strömt, und über diese Quelle ist ein Brunnen gebaut. Viele Pilger kommen hierher, ein **Denkmal** weist darauf hin, dass **Papst Johannes Paul II** im Jahre 1999 diese Stätte besuchte. Wir beenden unseren

Besuch und fahren zurück zur B16, wo wir zunächst rechts Richtung SEJNY abbiegen. Nach ca. 500 m führt die Straße über einen Kanal mit einer **handbetriebenen Schleusenanlage**. Wir befinden uns hier am **Augustów-Kanal**, der in den Jahren 1824 bis 1839 gebaut wurde. Er ist 100 km lang und verbindet die beiden Flüsse *Biebrza* und *Niemen* miteinander, wobei insgesamt 18 handbetriebene, historische Schleusen den Höhenunterschied von 54 m ausgleichen. Auch heute noch dient dieser Kanal, von dem 80 km auf polnischem, die restlichen auf weissrussischem Gebiet liegen, dem Holztransport. Er ist aber auch touristisch hochinteressant - für **Kanufahrer**, denn er führt auch an und durch mehrere Seen und vor allem durch eine intakte Natur abseits jeder Straße.

Eine der 18 Schleusen des Augustów-Kanals

Wir nehmen hinter der Schleuse die nächste Straße rechts, PŁASKA ist ausgeschildert. Die Straße führt durch den **Augustówer Urwald**. Nach 7 km, in SUCHA RZECZKA, streifen wir das südliche Ufer des Jez. Serwy. Hier gibt es einen schönen Badeplatz, allerdings ist die Zufahrt auf die Wiese für ein Wohnmobil nahezu unmöglich.

Auf der anderen Seite der (nur wenig befahrenen) Straße breitet sich malerisch der Jezioro Serwy, mit einem kleinen

Idyll am Ufer des Jezioro Serwy

Sandstrand, aus. Wir nutzen die Gelegenheit zu einer Abkühlung, bevor wir uns in 4 km Entfernung noch die nächste Schleuse des Augustów-Kanals in Płaska ansehen. Dieser Ort mit seinen **strohgedeckten Holzhäusern** ist der letzte „größere" Ort vor der Grenze zu Weissrussland. Immer ruhiger und einsamer wird das Land. Grundsätzlich kann man die Straße bis RUDAWKA, dem Grenzort, weiterfahren, wir kehren jedoch über die Straße, die am östlichen Ufer des Jez. Serwy vorbeiführt, in nördlicher Richtung zur B16 zurück, wo wir rechts Richtung Sejny abbiegen. Nach 14 km, die größtenteils immer noch durch die ausgedehnten Urwälder des Nationalparks führen, kommen wir an den Ortseingang von Giby und können Ihnen den nächsten schönen **Badeplatz** empfehlen:

(113) WOMO-Badeplatz: Giby

GPS: N 54° 02' 12.0"; E 23° 21' 22.6"; Giby **max. WOMOs:** 1-2.
Ausstattung/Lage: Wiesenstrand, Mülleimer, Steg / im Ort.
Zufahrt: An der B16 von Augustów Richtung Sejny, nach ca. 25 km, direkt hinter dem Ortseingang von Giby auf der linken Seite.

Auch wir lassen uns hier nieder und verbringen den Rest des Tages mit Baden und Faulenzen. Der Strand verläuft sehr flach ins Wasser, wodurch die Temperatur sehr angenehm ist. Die Nacht ist nicht ganz so leise, die B16 ist doch relativ nahe und am frühen Morgen fährt mancher Traktor und Holztransporter hier vorbei. 200 Meter weiter im Ort befindet sich ein Lebensmittelladen, so dass die Versorgung mit Frischwaren am nächsten Morgen gesichert ist. Nur noch 6,5 km sind es bis Sejny, wo wir uns dann nach der Beschilderung SUWAŁKI richten, um vor der **ehemaligen Dominikanerkirche** mit der Madonnenfigur aus dem 14. Jahrhundert zu gelangen. Sejny ist auch einer der Orte, die in den letzten Jahren viel getan haben, um das Stadtbild zu verschönen. Ein kleiner Park mit Brunnen, viele der schmucken Holzhäuser frisch gestrichen, ergeben einen angenehmen Gesamteindruck.

Wallfahrtskirche in Sejny

Wir folgen weiter der Beschilderung über die 653 Richtung SUWAŁKI. Nach 16 km, wir befinden uns im Dorf RYŻÓWKA und biegen links nach WIGRY ab, nach 750 m geht es rechts und nach weiteren 2 km sind wir am Fuße des ehemaligen **Kamadulenserkloster** auf der Halbinsel Wigry am gleichnamigen See angelangt. Die Anlage wurde im 2. Weltkrieg zerstört, danach aber wieder aufgebaut. Die Klostergebäude sowie die kleinen Häuschen der Mönche dienen heute als Hotel und Kongresszentrum, die ganze Anlage kann aber besichtigt werden und lassen die Ruhe und Erhabenheit dieses Ortes erahnen. Die zugehörige Kirche ist ebenfalls sehr sehenswert. Vom Uhrenturm aus hat man einen herrlichen Blick auf die Landschaft des Wigry-See im gleichnamigen Nationalpark. Unterhalb des Klosters empfehlen wir:

Die Klosteranlage

(114) WOMO-Tipp: Agro-Turystyka „U Haliny“, Wigry

GPS: N 54° 04' 13.7"; E 23° 05' 07.9"; Wigry
Öffnungszeiten: Mai-September **Ausstattung/Lage:** wenig Schatten; Wiesenstrand, Strom, Wasser, Ver- und Entsorgung.

Vom Uhrenturm aus haben wir am nördlichen Ufer einen schönen Sandstrand erspäht - dies weckt natürlich unsere Neugierde und wir fahren wieder zurück auf die 653 Richtung SUWAĻKI. Nach 1,4 km entdecken wir auf der linken Seite hinter dem aus nur wenigen Häusern bestehenden kleinen Örtchen Magdalenowo direkt am See den Agroturystika „Grzegorz“:

(115) WOMO-Tipp: Agroturystika „Grzegorz"

GPS: N 54° 04' 24.6"; E 23° 06' 10.9"; Magdalenowo
Öffnungszeiten: Mai-September
Ausstattung/Lage: wenig Schatten; Wiesenstrand, Strom, Wasser, Kanuverleih, Ver- und Entsorgung.

Nach 2,6 km, in STARY FOLWARK, biegen wir links ab (Beschilderung: „1 Schr. PTTK") , nach 500 m geht es wieder links und 500 m weiter können wir links auf den gebührenpflichtigen Parkplatz oder rechts auf den Campingplatz fahren:

(116) WOMO-Campingplatz-Tipp: Stary Folwark am Wigry-See

GPS: N 54° 04' 36.5"; E 23° 05' 00.7"
Öffnungszeiten: 1.6. - 31.8.
Ausstattung/Lage: schattig; ruhig; Sandstrand nahe; Bootsanleger; Hunde erlaubt;einfachste Ausstattung.
Zufahrt: B653 von Sejny Richtung Suwałki, nach 18,5 km in Stary Folwark links dem Schild „1 Schr.PTTK" folgen.

Wir entscheiden uns für den Campingplatz - der Preis ist äußerst gering, und wir können die Gelegenheit nutzen, die Akkus richtig aufzuladen und vernünftig zu Ver- und Entsorgen. Die Sanitäranlagen sind zwar nur sehr einfach (z.B. kein warmes Wasser), der Platz ist jedoch sehr schön angelegt und fernab vom Straßenverkehr. Direkt hinter dem Campingplatz befindet sich ein schöner, bewachter Badestrand.

Badestrand „Stary Folwark"

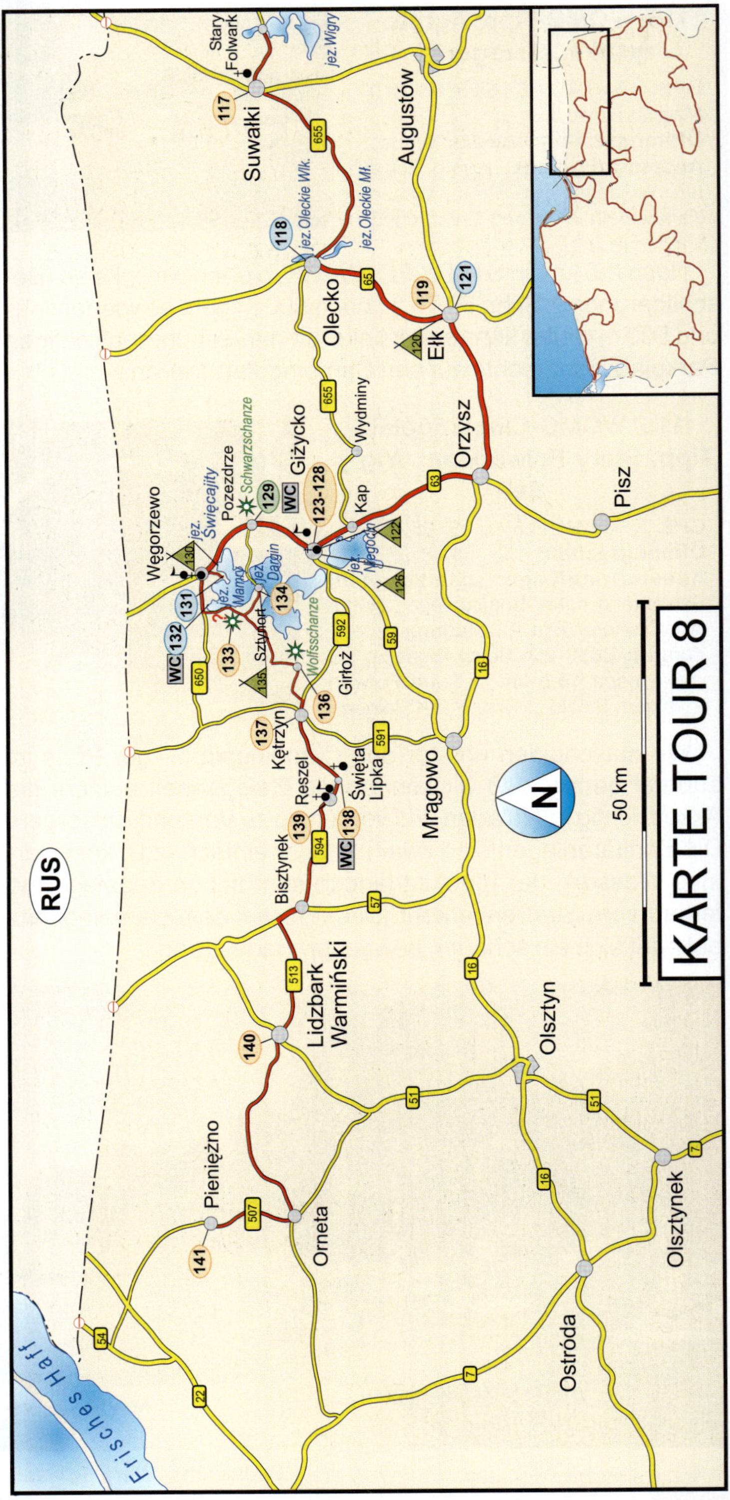
KARTE TOUR 8
50 km
N
RUS
Frisches Haff
Suwałki
Stary Folwark
jez. Wigry
Augustów
jez. Oleckie Wlk.
jez. Oleckie Mł.
Olecko
Ełk
Wydminy
Giżycko
Orzysz
Pisz
Kap
Pozezdrze
Schwarzschanze
Węgorzewo
jez. Święcajty
jez. Mamry
jez. Dargin
jez. Niegocin
Sztynort
Wolfsschanze
Giłoż
Kętrzyn
Reszel
Święta Lipka
Mrągowo
Bisztynek
Lidzbark Warmiński
Olsztyn
Olsztynek
Ostróda
Orneta
Pieniężno
117
118
119
120
121
122
123-128
126
129
130
131
132
133
134
135
136
137
138
139
140
141
WC
655
65
63
650
592
59
16
591
594
57
513
51
7
507
54
22

TOUR 8 (ca. 334 km / 3-4 Tage)

Suwałki - Ełk (Lyck) - Giżycko (Lötzen) - Węgorzewo (Angerburg) - Gierłoż (Görlitz) - Święta Lipka (Heiligelinde) - Reszel (Rössel) - Lidsbark-Warmiński (Heilsberg) - Pieniężno (Mehlsack)

Freie Übernachtung:	Seeparkplatz in Suwałki und in Olecko, Promenade uns Strand in Ełk, am Jachthafen und an der Festung Boyen in Giżycko, am Picknickplatz Pozezdrze, am Badeplatz auf der Halbinsel Kal, am Badeplatz Jez. Mamry, auf dem Busparkplatz in Święta Lipka,
Campingplätze:	Camping „Purzezko" in Ełk, Camping „Borowo" in Giżycko, Camping „Nr. 175" in Węgorzewo, Camp Park „Sonata" in Harsz, privater Womo-Stellplatz in Pieniężno
Baden:	Auf der Halbinsel Kal, am Jez. Mamry.
Besichtigen:	Zentrum von Suwałki mit Alexanderkirche, Festung Boyen in Giżycko, das Hauptquartier Himmlers und das Hauptquartier der deutschen Wehrmacht, Villa Lehndorf, Wolfsschanze in Görlitz, Barockkirche in Heiligelinde, Burg und gotische Brücke in Reszel, Hohes Tor und Burg in Lidsbark-Warmiński.

Nach einer absolut ruhigen Nacht auf dem Camping „Stary Folwark" nutzen wir noch die Entsorgungsmöglichkeit - via WC, denn eine andere Möglichkeit bietet der Platz leider nicht. Wir füllen unseren Frischwassertank und nehmen die nächsten Kilometer unter die Räder. Den östlichsten Punkt unserer Reise haben wir hinter uns gebracht, von nun an lautet die Großrichtung wieder „Westen". Zunächst sind die nördlichen Masuren unser Ziel. Aber erst mal zurück auf die 653 und dort links in Richtung **Suwałki** - 8,5 km sind es bis zum Ortseingang. Wir bleiben noch weitere 3,7 km auf dieser Straße, bis sie im Zentrum in eine kur-

Alexanderkirche in Suwałki

ze Fußgängerzone übergeht, dort biegen wir rechts ab, nach gut 500 m links und die nächste Möglichkeit wieder links. So gelangen wir anschließend auf den „**Park Konstytucji 3 Maja**", wo wir uns direkt an der **Alexanderkirche** eine von vielen freien Parktaschen aussuchen. In dem **klassizistischen Gotteshaus** ist vor allem ein **Gemälde** aus dem *17. Jahrhundert* mit der Kreuzigungsszene erwähnenswert. Die Parkanlage gegenüber ist, genau wie auf der östlichen Straßenseite die kleine Fußgängerzone, sehr gepflegt. Am südlichen Ende des Parks befindet sich das hübsch restaurierte **Rathaus**, auch auf der anschließenden ul. Kosciuszki sind noch viele liebevoll hergerichtete **klassizistische Bürgerhäuser** zu bewundern. Die **Touristeninformation** befindet sich auf der westlichen Straßenseite. Wir kehren zu unserem Wohnmobil zurück und fahren genau auf dieser Straße weiter in Richtung Süden (Olsztyn ist ausgeschildert). Unmittelbar hinter der kleinen Brücke über die „Czarna Hancza" biegen wir rechts in die ul. Zastawie ein und finden nach knapp 200 m rechts einen Parkplatz direkt am kleinen See mitten in der Stadt:

Klassizistische Bürgerhäuser

(117) WOMO-Stellplatz: Suwałki am See

GPS: N 54° 05' 29.1"; E 22° 55' 36.8"; Zastawie. **max. WOMOs:** 1-2.
Ausstattung/Lage: geschotterter, ebener Parkplatz; See / im Ort.
Zufahrt: Von Suwałki Zentrum aus die Hauptstraße Richtung Süden, 75 m vor dem Abzweig „Olstzyn" rechts, noch 200 m.

Weiter geht die Fahrt Richtung Westen. Wir biegen auf die 655 ab und kommen nach 36 km über das hauptsächlich landwirtschaftlich genutzte Hügelland in **Olecko** an. Diese Stadt liegt komplett entlang des „Jezioro Oleckie Wilkie". Unmittelbar nach dem Ortseingang rechts finden wir den:

(118) WOMO-Badeplatz: Jezioro Oleckie Wilkie in Olecko (Treuburg)

GPS: N 54° 01' 29.8"; E 22° 30' 58.3" **max. WOMOs:** 1-2.
Ausstattung/Lage: große Liegewiese, Sandstrand, Mülleimer / im Ort.
Zufahrt: 665 von Suwałki aus kommend unmittelbar nach dem Ortseingang rechts abbiegen, bis zur Absperrung, dort kleiner Parkplatz.

Da der Ort sonst kaum etwas interessantes zu bieten hat, setzen wir bald unsere Tour fort. Nach einem Kilometer, am ersten Kreisverkehr, halten wir uns „links“ auf die 65 Richtung Ełk, welches ca. 27 km entfernt ist. Wir fahren nach dem Orts-

Stadtpanorama von Ełk

eingang erneut links weiter Richtung Süden parallel zum See, biegen nach gut 1 km rerchts zur Promenade ab und finden dort bei [**119**: N 53° 49' 04.3"; E 22° 21' 01.2"] einen ruhigen Parkplatz für kompakte WOMOs.

Der Reiz von **Ełk** sind nicht die wenigen historischen Wohnhäuser aus dem 19. Jahrhundert oder St.-Adalbert-Kirche oder die Schlossinsel auf dem Jezioro Ełckie, sondern viel mehr die Lage an eben diesem See. Aber um länger hier zu verweilen, ist der Parkplatz an der Uferpromenade nicht unbedingt die erste Adresse. Wir fahren zurück auf die Hauptstraße, biegen rechts ab und nach 300 m wieder rechts in die ul. Parkowa zum See. dort liegt zunächst auf der linken Seite der:

(120) WOMO-Campingplatz-Tipp: Nr. 62 „Purzezko“, Ełk

GPS: N 53° 48' 58.3"; E 22° 21' 14.8" **Öffnungszeiten:** 1.6. - 31.8.
Ausstattung/Lage: teils schattig; ruhig; Ver- und Entsorgung; Hunde erlaubt; Sandstrand nahe; einfache Ausstattung.
Zufahrt: B65 von Norden kommend in Ełk schräg links abbiegen, nach 1,7 km rechts in die ul. Parkowa abbiegen.

Wir können noch ca. 250 m die Straße weiter bis zum Ende durchfahren und kommen an einen Parkplatz direkt am Badestrand. Sie finden hier eine Liegewiese, Sandstand, Badesteg und ein Volleyballfeld. Der Parkplatz liegt in unmittelbarer Nachbarschft zum Camping 62, so dass Sie zum Übernachten besser auf diesen ausweichen!

(121) WOMO-Badeplatz: Jezioro Ełckie in Ełk

GPS: N 53° 48' 53.2"; E 22° 21' 07.4"; ul. Parkowa. **max. WOMOs:** 1-2.
Ausstattung/Lage: große Liegewiese, Sandstrand, Mülleimer / im Ort.
Zufahrt: B65 von Norden kommend in Ełk schräg links abbiegen, nach 1,7 km rechts in die ul. Parkowa abbiegen, bis Ende durchfahren.

Wir fahren zurück zur Hauptstraße, dort links und fahren über die 16 zunächst Richtung **Olsztyn**. Nach rund 31 km, in **Orzysz**, wechseln wir rechts auf die 63 nach **Giżycko**. Ca. 23 km weiter mündet von rechts die 655 ein und nach genau 3 km liegt linkerhand direkt am Ufer ders Jez. Niegocin der:

(122) WOMO-Campingplatz-Tipp: Camping „Borowo"

Position: N 54° 01' 16.4"; E 21° 48' 31.9"; Grajowo.
Öffnungszeiten: ganzjährig.**Ausstattung/Lage:** schön schattig; am Sandstrand; Gaststätte; Laden 400 m; Bushaltestelle 100 m; Lötzen Zentrum : 1.500 m.
Zufahrt: B63 von Süden kommend 3 km nach der Einmündung der 655 links am Ufer des Jez. Niegocin.

Wir fahren weiter und nach ein paar hundert Metern beginnt **Giżycko**. Wir überqueren die Bahnlinie und biegen nach 1,2 km links in die ul. Gdańska ab. Nach weiteren 900 m, wir sind dem Schild Richtung „Zentrum" gefolgt, biegen wir links über die Schienen zum „Port Zeglugi" ab und finden einen neu eingerichteten Womo-Stellplatz direkt am See:

(123) WOMO-Stellplatz: Giżycko Jachthafen

GPS: N 54° 01' 52.8"; E 21° 46' 29.4"; Zastawie. **max. WOMOs:** 10.
Ausstattung/Lage: ebener Wiesenplatz, Strom; Ver- und Entsorgung im WC-Haus; gebührenpflichtig; am See / im Ort.
Zufahrt: 63 aus Süden kommend in Giżycko Richtung Zentrum, hinter Bahnhof links zum „Port Zeglugi".

Sollte hier alles belegt sein fahren Sie zurück über die Schienen und dann links, nach 350 m finden Sie rechts eine große Schotterfläche bei [**124**: N 54° 02' 02.6"; E 21° 46' 09.3"]. Kleine Womos fahren noch 450 m weiter bis zum Ende, dort links unter die Unterführung (! 2,70 m Höhe) und direkt wieder links bei [**125**: N 54° 02' 00.4"; E 21° 45' 49.3"], dort ist ein netter Parkplatz, teilweise unter Bäumen. Auch für uns ist noch reichlich Platz vorhanden, wir stellen unser Womo ab und machen uns zunächst auf die Suche nach einer angenehmen Möglichkeit, unseren Hunger zu stillen. Nur wenige Meter vom Parkplatz entfernt werden wir fündig und können für - nach unseren Begriffen - wenig Geld ganz hervorragend essen. Gut gestärkt machen wir unseren Rundgang durch den **Jachthafen** und bewundern manches Schiff. Lötzen hat sich - nach Nikolaiken - zum zweiten Zentrum der Masuren gemausert. Wassersport wird hier sowohl auf dem **Löwentin**- als auch dem **Kissainsee**, die durch den Kanal miteinander verbunden sind, wird ganz groß geschrieben. In unmittelbarer Nähe zum Parkplatz befindet sich ein großes **Strandbad** mit Hüpfburg, Trampolins, Rutschen - alles, was ein Kinderherz begehrt! Segelboote, Kanus, Wasserräder - alles kann man hier mieten. Und am Abend ist in den Kneipen und Restaurants wirklich etwas los!

Restaurant am Jachthafen

Strandbad

Wir möchten Ihnen nun noch weitere Stellmöglichkeiten offerieren: dafür fahren wir vom letzten Parkplatz aus zunächst wieder zurück, durch die Eisenbahnunterführung hindurch, bis zur nächsten Querstraße. Eigentlich müssten wir hier nur

Die Evangelische Kirche in Lötzen

links, den Kanal überqueren und die nächste wieder links - aber dazwischen befindet sich eine Drehbrücke mit einer Gewichtsbeschränkung von 2,5 t! Entweder Sie ignorieren dies, wie etliche Kleinlaster, die wir bei der Anlieferung beobachtet haben oder Sie wenden sich als gesetztestreuer Bürger nach rechts, die zweite links, bis zum Ende auf die 59, dort links,am Kreisverkehr wieder links - und treffen von der anderen Seite kommend auf das westliche Kanalufer. Dort finden Sie zunächst:

(126) WOMO-Campingplatz-Tipp: Nr 1 „Zamek“ Giżycko

Position: N 54° 02' 05.9"; E 21° 45' 34.2"; ul. Moniuszki 1.
Öffnungszeiten: ganzjährig.**Ausstattung/Lage:** schön schattig; am Kanal; Gehört zu Hotelanlage; zentral gelegen.
Zufahrt: siehe Text.

Noch einige Meter weiter können Sie schräg links über einen mit handbetriebenen Bahnschranken abgesicherten Übergang auf ein großes Wiesengelände direkt am Ufer des Sees fahren. Der Platz ist gebührenpflichtig, auch Strom ist zu bekommen, Duschen stehen gegen Bezahlung zur Verfügung. [**127**: N 54° 01' 56.8"; E 21° 45' 36.2"].

Sie haben Fahrräder dabei und Sie trauen sich eine Tagestour von 75 km zu? Dann können Sie die ein oder andere Sehenswürdigkeit der nächsten Seiten von hier aus aufsuchen! Hier nun die Route, sie ist BLAU markiert und führt über Nebensträßchen sowie Wald- und Feldwegen:

Fahrradtour: rund durch die nördlichen Masuren (75 km)

Startpunkt ist in Lötzen das Sportzentrum „Centralny Osrodek Sportu“ in der ul. Moniuszki. Von hier aus geht es über Świdry, Pieczarki und Pozezdrze. Hier finden wir die Überreste von Himmlers Hauptquartier. Die nächste Station ist Harsz, weiter westlich gelangen wir dann nach Sztynort. Das Schloss der Familie Lehndorff, einst eines der imposantesten Ostpreussens, erlangte auch im zweiten Weltkrieg Berühmtheit - Heinrich Graf von Lehndorff war ebenfalls am Hitler-Attentat beteiligt und wurde hingerichtet. Hier war auch das Kriegsquartier von Aussenminister Ribbentropp untergebracht. Weiter geht es über Stawiska, Radzieje, Dłużec, Jankowo nach Parcz. Gierłoż, 1,5 km weiter, war 1940 bis 1945 Hitlers Hauptquartier („Wolfsschanze“), die zerstörten Bunkeranlagen können besichtigt werden. Über Doba, Dziwiszewo, Kamionki und Guty geht es nach Piękna Góra - ein beliebter Ferienort. Nach 1,5 km ist alles geschafft und man ist zurück in Lötzen!

Auf eine weitere Sehenswürdigkeit von Lötzen wollen wir Sie noch aufmerksam machen: die **Festung Boyen** im Südwesten der Stadt. Sie befindet sich auf der anderen Seite des Kanals. Im 19. Jahrhundert erbaut, im 1. Weltkrieg umkämpft, wird sie Stück für Stück wieder aufgebaut und ist nun Kunst- und Kulturzentrum. Auch die **Jugendherberge** befindet sich hier. Eine große **Freilichtbühne** ist im Park aufgebaut, auf der im Sommer viele Konzerte stattfinden. Ein **Besichtigungspfad** wurde von den „Freunden der Feste Boyen“ angelegt .

Wir fahren zurück zum Kreisverkehr auf die 59, dort rechts, und entdecken bei der Überführung über den Kanal noch den:

(128) WOMO-Stellplatz: Giżycko Kanal

GPS: N 54° 02' 29.6"; E 21° 45' 20.6"
max. WOMOs: 2-3.
Ausstattung/Lage: ebener Wiesenplatz am Kanal, Bänke, Mülleimer, gebührenfrei / im Ort.
Zufahrt: An der 59 in Giżycko an der Brücke über den Kanal zwischen Löwentin- und Kissainsee; Zufahrt östl. des Kanals / Schotterstraße.

Nun verlassen wir Lötzen in Richtung Angerburg (Węgorzewo) auf der 63 in nordöstlicher Richtung. Nach 12 km, hinter dem Dorf POZEZDRZE, befindet sich rechts der Straße ein kleiner Wanderparkplatz auf der Wiese.

(129) WOMO-Wanderparkplatz: Pozezdrze

GPS: N 54° 08' 40.6"; E 21° 51' 19.2"
max. WOMOs: 1-2.
Ausstattung/Lage: ebenes Wiesengelände, Mülleimer, Wandertafel / Ortsrand.
Zufahrt: B63 von Lötzen (Giżycko) Richtung Angerburg (Węgorzewo) hinter Pozedrze rechts.

Von hier aus starten wir die kleine Wanderung zu den Überresten von **Himmlers Kriegsquartier**, der **Schwarzschanze**. Wenn Sie einfach nur den roten Markierungen folgen gelangen Sie nach ca. 20 Minuten zu der Anlage. Man hatte hier 5 Bunker, 2 Tiefgaragen und 2 Wachhäuser gebaut. Beim Truppenabzug 1945 wurden die Gebäude gesprengt, wobei ein Bunker aber noch recht gut erhalten ist. Nehmen Sie eine Taschenlampe mit, denn grundsätzlich kann man ihn auch betreten! Nach der Rückkehr zum Womo set-

Einer der Bunker von Himmlers Hauptquartier

zen wir unsere Fahrt Richtung **Węgorzewo** fort. Nach 5,3 km überqueren wir den Kanal zwischen Schwentzait- und Groß-Strengelner See und nach weiteren 2,4 km, wir sind unmittelbar vor dem Ortseingang Węgorzewo, zweigt links ein Sträßchen zum „Camping 175" ab, der von der Lage her mit zu den schönsten in Masuren gehört. Der Weg führt in den Wald, 450 m weiter halten wir uns am Abzweig links und stehen nach 300 m vor den Toren des Campingplatzes 175 „Rusalka":

(130) WOMO-Campingplatz-Tipp: Camping 175 „Rusalka" Węgorzewo (Angerburg)

GPS: N 54° 11' 12.3"; E 21° 46' 16.9"; Kolonia Rybacka.
Öffnungszeiten: 1.5. - 30.9. **Ausstattung/Lage:** teilweise schattig; ruhig; Wiesenstrand; Bootsanleger; Sportgeräte- und Kanuverleih; Laden; Gaststätte; Zeitungskiosk; Feuerstellen; Hunde erlaubt; Ortszentrum: 1 km
Zufahrt: B63 von Giżycko kommend Richtung Angerburg, kurz vor dem Ortseingangsschild links, nach 450 m im Wald schräg links halten, dann noch 300 m.

Natürlich können wir Ihnen hier am Jezioro Swięcajty auch einen schönen „freien" Stellplatz anbieten, und zwar auf der gegenüberliegenden Halbinsel Kal. Darum fahren wir zurück zur 63 und biegen links nach Angerburg ab. Nach 2,5 km zweigt links die *ul. Jasna* ab, der Ferienpark „Wiking" ist ausgeschildert. 3 km später, noch vor der Ferienanlage, ist zur Linken eine wunderschöne Badebucht mit flachem Strand und warmem Wasser, Parkmöglichkeiten gibt es natürlich auch.

(131) WOMO-Badeplatz: Halbinsel Kal

GPS: N 54° 11' 30.4"; E 21° 44' 39.2"; Jasna.
max. WOMOs: 1-2.
Ausstattung/Lage: Wiesenstrand, Mülleimer, ruhig / ortsnah.
Zufahrt: B63 von Giżycko Richtung Węgorzewo, nach 2,5 km links in die ul. Jasna, (Schild: Ferienanlage „Wiking"), nach 3 km auf der linken Seite Badebucht. Auch am rechten Ende der Bucht weiterer „P".

Wir verbringen nach dem Baden eine schöne, ruhige Nacht und genießen es am nächsten Morgen, nur die Schiebetüre öffnen zu müssen um direkt ins wenige Meter entfernte Wasser springen zu können. Nach dem Frühstück fahren wir dann zurück nach Węgorzewo. Hier sind, direkt am **Plac Wolnosci** mit der schönen **Grünanlage** das wiederaufgebaute **Ordensschloss** (hier ist u.a. auch die **Touristeninformation** untergebracht) und die aus dem 17. Jahrhundert stammende **evangelische Kirche**, die 1946 dann katholisch **St. Peter u. Paul** geweiht wurde. Wir bewundern auch einige schön restaurierte Bürgerhäuser aus dem 19. Jahrhundert und setzen unsere Fahrt anschließend ein Stück Richtung Westen auf der 650 Richtung KORSZE fort. Knapp 5 km nach dem Ortsausgang können wir Ihnen auf der linken Seite an der nordwestlichen Spitze des Jezioro Mamry diesen Badeplatz anbieten.

(132) WOMO-Badeplatz: Jezioro Mamry

GPS: N 54° 12' 47.6"; E 21° 38' 59.5"
max. WOMOs: 2-3.
Ausstattung/Lage: Wiesenstrand, Bar, Toilette / außerorts.
Zufahrt: Landstraße 650 von Węgorzewo aus Richtung Korsze, ca. 2 km hinter Trygort auf der linken Seite.

Unmittelbar dahinter biegen wir links Richtung St. Różanka ab. Die Straße wird zunächst schlecht, dann katastrophal, danach kommt Kopfsteinpflaster - und nach 3,3 km stehen wir links auf dem (gebührenpflichtigen) Parkplatz vor den **Bunkeranlagen** des ehemaligen **Hauptquartiers der deutschen Wehrmacht** - einem Komplex von 34 unzerstörten Bunkern.

(133) WOMO-Stellplatz: Hauptquartier der deutschen Wehrmacht

GPS: N 54° 11' 07.5"; E 21° 39' 02.2" **max. WOMOs:** 3-4.
Ausstattung/Lage: geschotterter, ebener Parkplatz; Mülleimer vorhanden; Imbissstände / außerorts.
Zufahrt: 650 von Węgorzewo aus kommend Richtung Korsze, nach 5 km links Richtung St. Różanka, 3,3 km weiter links im Wald.

Wir nehmen unsere Taschenlampen mit, entrichten unseren Obulus und machen uns an die Erkundung der gesamten Anlage. Zuerst führt uns der Weg zu einem Bunker mit einem **Aussichtsturm**, wo wir uns einen Überblick über die Gesamtanlage verschaffen möchten - aber mitnichten! Die Gebäude sind durch Moosbewuchs derartig gut getarnt, dass man sie kaum zwischen den Baumwipfeln erkennen kann! Es ist hochinteressant, sich die gesamte Infrastruktur und die Versorgung dieses Komplexes vor Augen zu führen, aber auch bedrückend, in diese Welt abzutauchen und sich vorzustellen,

Einer der 34 unzerstörten Bunker

was sich in den 40er Jahren hier im Hauptquartier abgespielt haben muss. Nach diesem Erlebnis steuern wir den nächsten Punkt an, der mit dem 3. Reich eng zusammenhängt. Wir fahren das Sträßchen weiter und kommen nach 4 km in Kamionek Wielki an eine Kreuzung, an der wir links abbiegen. Nach 4,5 km sind wir in Sztynort. Wir empfehlen Ihnen zum Parken (und vielleicht auch zum Übernachten) den gebührenpflichtigen Parkplatz am Jachthafen.

(134) WOMO-Stellplatz: Jachthafen Sztynort Duży

GPS: N 54° 07' 51.8"; E 21° 40' 59.0"; Sztynort. **max. WOMOs:** 3-4.
Ausstattung/Lage: ebener Parkplatz; Mülleimer / im Ort.
Zufahrt: 650 von Węgorzewo aus kommend Richtung Korsze, nach 5 km links Richtung St. Różanka, 7,3 km später in Kamionek Wielki links, nach weiteren 4,5 km rechts am Jachthafen.

Von hier aus sind es zu Fuß nur ein paar hundert Meter bis zum leider etwas verfallenen **Schloss der Familie Lehndorff**. Seit 1422 gehörte dieser Ort, inmitten der masurischen Landschaft, der Adelsfamilie. Eine bedeutende Pferdezucht bestand hier und die Familie genoss hohes Ansehen in Preußen. Der letzte Besitzer, Heinrich Graf von Lehndorff, wurde wegen seiner Beteili-

Das ehemalige Schloss der Familie Lehndorff

gung am missglückten Attentat auf Hitler 1944 in Berlin hingerichtet. Es bleibt nur zu hoffen, dass diese Schlossanlage irgendwann einmal restauriert wird. Fährt man die Straße noch ca. 5 km weiter in östlicher Richtung, kommt man zum:

(135) WOMO-Campingplatz-Tipp: „Sonata" in Harsz

GPS: N 54° 08' 49.2"; E 21° 44' 52.5"; Harsz 40.
Öffnungszeiten: 15.04. - 15.10.
Ausstattung/Lage: teilweise schattig; ruhig; Wiesenstrand; Bootsanleger; Sportgeräte- und Kanuverleih; Laden; Gaststätte; Feuerstellen; Hunde erlaubt; deutschsprachig
Zufahrt: 650 von Węgorzewo aus Richtung Korsze, nach 5 km links Richtung St. Różanka, 7,3 km später in Kamionek Wielki links, nach 9,5 km rechts abbiegen

Wir fahren wieder zurück nach Kamionek Wielki und biegen links Richtung Parsz ab. Die nächsten 4 km verlaufen über Kopfsteinpflaster. Nach insgesamt 14,5 km, hinter Radzieje, biegen wir links Richtung Gierłoż ab. Die nächsten paar hundert Meter fahren wir über eine furchtbare Betonpiste, sie stammt wohl noch aus Hitlers Zeiten, dann geht der Belag in Asphalt über. Wir durqueren Parscz und sind 2 km weiter in **Gierłoż** (Görlitz), dem ehemaligen Hauptquartier Hitlers, angekommen. Es gibt einen großen, gebührenpflichtigen Parkplatz.

(136) WOMO-Stellplatz: Wolfschanze bei Gierłoż

GPS: N 54° 04' 46.7"; E 21° 29' 39.4"; Gierloz. **max. WOMOs:** 3-4.
Ausstattung/Lage: Großparkplatz; Mülleimer; Wasserhähne; Imbissstände / ortsfern.
Zufahrt: 650 von Angerburg aus Richtung Korsze, nach 5 km links St. Różanka, nach 17 km links Görlitz (Gierłoż), noch 6,5 km.

Vom hiesigen Besucherzentrum sind 3 unterschiedlich lange Besichtigungswege markiert, die entweder zu den wesentlichsten, den wichtigen oder eben allen Gebäuden der großräumigen Anlage führen. Hier befand sich also das Hauptquartier Hitlers mit Restaurant und Hotel, Bahnhof, Lagerbaracken, Vorratsräumen, Strom- und Wasserversorgung und Luftschutzbunker für alle führenden Positionen. Insgesamt 80 Gebäude bildeten diese aufs strengste mit Minengürtel und Drahthindernissen abgeschirmte Einrichtung. Beim Abzug der Wehrmacht im Januar 1945 wurden die meisten Bunker gesprengt. In mühevoller Kleinarbeit, bei der auch einige Arbeiter ums Leben kamen, wurde das Gelände weitestgehend entmint. Auch heute noch soll man sich nicht von den markierten Wegen entfernen

Gedenkstein an das Hitlerattentat

Lagerbaracke mit Modell der Gesamtanlage

Mehr als 20 t Sprengstoff haben den Bunker nicht vollständig zerstört!

- niemand kann garantieren, dass wirklich alle Minen beseitigt sind. Ebenso ist es verboten ,die teils eingestürzten Bunker zu betreten. Drei Orte möchte ich besonders hervorheben: zunächst die Überreste der Lagerbaracke, in der am 20. Juli 1944 das Attentat auf Hitler stattfand - hier hat man eine Gedenkstätte errichtet. Zum zweiten, schräg gegenüber, eine erhaltene Lagerbaracke: hier wurde ein Modell der Gesamtanlage aufgebaut. Zum letzten noch Hitlers Bunker - bezeichnenderweise die Nr. 13 im Plan.

Nach ca. 3 Stunden haben wir alle wichtigen Gebäude gesehen, weiter geht die Reise Richtung Westen. **Kętrzyn** (Rastenburg) ist unser nächstes Ziel. Nach 5,2 km treffen wir auf die 592. Hier biegen wir wieder rechts ab und sind nach 500 m am Ortseingang von Kętrzyn. Wir fahren die Straße weiter bis zum Ende, halten uns links und kommen danach an einen großen Kreisverkehr - unsere Richtung ist die 592 nach Reszel. Den Hinweisen zur Touristeninformation folgend, finden wir auch einen Parkplatz. Von hier aus können wir die Sehenswürdigkeiten des Ortes zu Fuß erkunden.

(137) WOMO-Stellplatz: Kętrzyn (Rastenburg)

GPS: N 54° 04' 33.9"; E 21° 22' 33.9"; Traugutta R. **max. WOMOs:** 1-2.
Ausstattung/Lage: asphaltierter Parkplatz / im Ort.
Zufahrt: 592 von Südosten kommend in Kętrzyn am Ende links, bis zum Kreisverkehr, dort rechts auf die 592 Richtung Reszel, nach 200 m links.

Auf dem Weg zum Rathaus ist uns schon auf der linken Seite der mächtige Turm einer Kirche aufgefallen. Es handelt sich um die **Pfarrkirche St. Georg,** deren Bau 1357 begon-

Rathaus mit Touristeninformation

St. Katharinenkirche

nen, aber erst 1515 vollendet wurde. Bemerkenswert sind das **Kristallgewölbe** im Chor, drei **Grabplatten** im rechten Kirchenschiff und Überreste der **Deckenmalereien**. Von der Kirche aus gehen wir noch etwas weiter, halten uns links und kommen zu einer **Burganlage**. Der Ursprung liegt - ja, wir sind nun wieder in dieser Region - im Deutschen Orden. Das Ursprüngliche Bauwerk von 1329 wurde im Laufe der Jahrhunderte mehrfach zerstört und immer wieder aufgebaut. Die heute zu sehenden Gebäude sind eine Rekonstruktion nach dem 2. Weltkrieg. Hier befindet sich ein **Museum** mit sehr sehenswerten Gemälden, Skulpturen und Kunsthandwerk aus dem 17. – 19. Jh. Beachtenswert ist eine Sammlung von Grabinschriften und Grabfahnen, unter anderem die in Europa einmalige Kindesgrabfahne des dreijährigen Botho zu Eulenburg aus dem Jahre 1667. Auch eine **Museumbibliothek** zur regional-historischen Themen ist hier untergebracht. In den Räumen der Burg befindet sich ebenfalls das Kulturzentrum. Wir setzen unsere Fahrt fort, nach wie vor ist Reszel unser Ziel. Vom **Rathaus** aus biegen wir nun links ab, nach 1 km zweigt links die 594 ab, auch „Sw. Lipka“ ist schon

Deutschordensburg

ausgeschildert, nach 13,5 km sind wir am Ziel - Heiligelinde, auf Polnisch **Święta Lipka**, dem bedeutendste Wallfahrtsort der Ermländer. Die Klosteranlage der Jesuiten gilt als herrlichstes Barockbauwerk Polens. Es ist Abend als wir ankommen; so stellen wir uns als einziges Fahrzeug auf den großen, von der Straße etwas zurückliegenden Busparkplatz.

(138) WOMO-Stellplatz: Święta Lipka (Heiligelinde)

GPS: N 54° 01' 39.4"; E 21° 13' 07.7" **max. WOMOs:** 2-3.
Ausstattung/Lage: asphaltierter Parkplatz, Toilettenhaus, Wasser, Mülleimer, gebührenpflichtig / im Ort.
Zufahrt: 594 von Kętrzyn kommend nach 13,5 km kurz vor der Wallfahrtskirche links, als Busparkplatz ausgeschildert.

„Einem im Gefängnis sitzenden Verbrecher erschien in der Nacht vor der Verhandlung die Mutter Gottes. Von ihr bekam er ein Stück Holz, aus dem er über Nacht ihr Abbild schnitzte - obwohl er noch nie im Leben vorher jemals geschnitzt hatte. Als er am nächsten Tag diese Figur den Richtern zeigte, sprachen sie ihn frei, da sie den Segen Marias sahen. Auf dem Weg nach Reszel ließ er das Holzstück an einer Linde stehen. An dieser Stelle ereigneten sich kurze Zeit später zahlreiche Wunder."

Diesem Verbrecher haben wir also zu verdanken, dass an diesem Ort - nach einer Kapelle - im Jahre 1687 der Grundstein für das heutige **barocke Gotteshaus** gelegt wurde - übrigens

Klosterkirche Heiligelinde

erstellt von dem Tiroler Baumeister Georg Ertly. Schon von außen kann man ahnen, was einen erwartet: Barock in der überschwänglichsten Form. Das **schmiedeeiserne Eingangstor**, hergestellt im Jahr 1735 im nahen Reszel (Rössel) durch die Schmiede Johannes und Christoph Schwarz mit dem großen, goldenen Wappen Christi - eine Linde mit Wurzel, Stamm und Laubwerk ist dargestellt. Überwältigt ist man, sobald man das Innere der **Basilika** betritt. Blattgold allenthalben, reichhaltige Fresken, ein grandioser Altar, 3 Etagen hoch - es erschlägt einen förmlich. An der linken Seite im Hauptschiff ist, der Sage entsprechend, die **Linde** mit einer **Holzschnitzerei** Mariens mit dem Jesuskind zu finden. Noch gewaltiger wird der Eindruck, wenn man zu den mehrmals täglich stattfindenden kleinen **Orgelkonzerten** (wochentags stündlich zwischen

Das „Grüne Tor" zum Eingang

Barock in Reinform - und alles dreht sich zur Orgel ...

9.30 und 11.30 Uhr sowie zwischen 13.30 und 17.30 Uhr; an Sonn- und Feiertagen um 10.30, 12.30, 15.30 und 16.30 Uhr) kommt und das gewaltige Instrument mit seinen **4.000 Orgel-**

Die prachtvolle Orgel

pfeifen und den vielen, beweglichen Figuren nicht nur sehen, sondern auch hören kann. Beeindruckt von der Vorführung kehren wir zum Womo zurück und machen uns auf den Weg nach **Reszel**. Nach 4,8 km auf der 954 sind wir am Ortseingang des 6.000 Einwohner zählenden Ortes aus dem 14. Jahrhundert, der sein mittelalterliches Stadtbild erhalten konnte. Wir folgen den Schildern „Centrum“ und müssen nach 1,2 km links Richtung **Burg** abbiegen - dies sollten Sie aber nur mit einem leichten Fahrzeug tun, die Gewichtsbeschränkung der historischen gotischen Brücke beträgt 2,5 t. Sonst fahren Sie rechts dem Verlauf der 590 folgend und 800 m später links zum Zentrum. Vor dem Schloss befinden sich gebührenpflichtige Parkplätze.

(139) WOMO-Stellplatz: Reszel (Rössel)

GPS: N 54° 02' 53.3"; E 21° 08' 47.4" **max. WOMOs:** 1-2.
Ausstattung/Lage: asphaltierter Parkplatz, gebührenpflichtig / im Ort.
Zufahrt: 594 von Święta Lipka kommend in Reszel der Beschilderung „Zentrum“ folgen.

Sehenswert ist das **bischöfliche Schloss** aus dem 14. Jahrhundert. Hier wurde im Mittelalter die letzte Hexe verbrannt. Im Schloss befindet sich ein Museum und ein Café. Das Rathaus geht ins 14. Jahrhundert zurück. Die monumentale **Peter- und Paulskirche** hat einen 65 m hohen Turm. Die Kirche ist

Schloß in Reszel

Gotische Brücke in Reszel

interessant wegen ihrer Ausstattung im Rokoko- und Empire-Stil. Die andere Kirche wurde im Barockstil erbaut. Heute ist dort eine **orthodoxe Kirche** untergebracht. Reszel hat zwei **Brücken** die auf das 14. Jahrhundert zurückgehen und auch als Wasserleitung dienten - eine davon ist besonders schön restauriert und damit sehr fotogen. Wir fahren von Rössel aus auf die 594 Richtung Bisztynek, nach 15,7 km erreichen wir den Ortseingang. Das einzig Sehenswerte hier ist die **Pfarrkirche St. Mathias**. Die Fahrt geht weiter, zunächst für 3,5 km Richtung Bartoszyce auf der 57, dann links auf die 513 Richtung **Lidzbark Warmiński**, wo wir nach 18,5 km ankommen. Auch hier richten wir uns nach der Beschilderung ins Zentrum und finden unterhalb der Burg einen kleinen, gebührenfreien Parkplatz. Nur wenige Schritte sind es hinauf bis zur **Marienburg**.

(140) WOMO-Stellplatz: Lidzbark Warmiński (Heilsberg)

GPS: N 54° 07' 35.9"; E 20° 34' 57.3"; Plac Mlynski. **max. WOMOs:** 1-2.
Ausstattung/Lage: geschotterter Parkplatz, laut / im Ort.
Zufahrt: 513 von Bistynek kommend in Lidzbark Warmiński der Beschilderung „Zentrum" folgen, unterhalb der Bischofsburg.

Nikolaus Kopernikus lebte hier von 1503 bis 1510 als Sekretär und Leibarzt seines Onkels, der hier Bischof war. Nebenbei betrieb er hier auch seine astronomischen Studien. Im **Burgmuseum** wird die Geschichte der Stadt und Burg dokumentiert. Wir gehen zu Fuß zum **Hohen Tor,** einem Überbleibsel der alten **Wehrmauer** aus dem 14. Jahrhundert. Unweit von hier steht noch die **hölzerne orthodoxe Kirche** von 1823 nach

Bischofsburg in Lidzbark Warmiński

Plänen von Karl Friedrich Schinkel. Zurück zum Womo, weiter geht die Tour! Zunächst fahren wir auf die 513 Richtung Elblag.

Hohes Tor

Nach ungefähr 35 km, in Orneta, wo wir Ihnen nichts besonderes bieten können, wechseln wir rechts auf die 507 Richtung Braniewo. Nach 13,5 km gelangen wir nach **Pieniężno**. Genau 2 km hinter dem Ortseingang, kurz bevor man die Brücke über einen Bach passiert, finden wir auf der rechten Seite die Einfahrt zu einem schönen privaten Wohnmobilstellplatz, wo wir auch übernachten.

(141) WOMO-Stellplatz: Pieniężno (Mehlsack)

GPS: N 54° 14' 07.1"; E 20° 08' 19.3"
max. WOMOs: 2-3.

Ausstattung/Lage: privates Wiesengelände am Bach, leise, Strom, Duschen, WC, Ver- und Entsorgung, auch deutschsprachig / im Ort.
Zufahrt: 507 von Wormditt (Orneta) Richtung Braunsberg (Braniewo) in Mehlsack kurz vor der Brücke über dem Fluss rechts ausgeschildert.

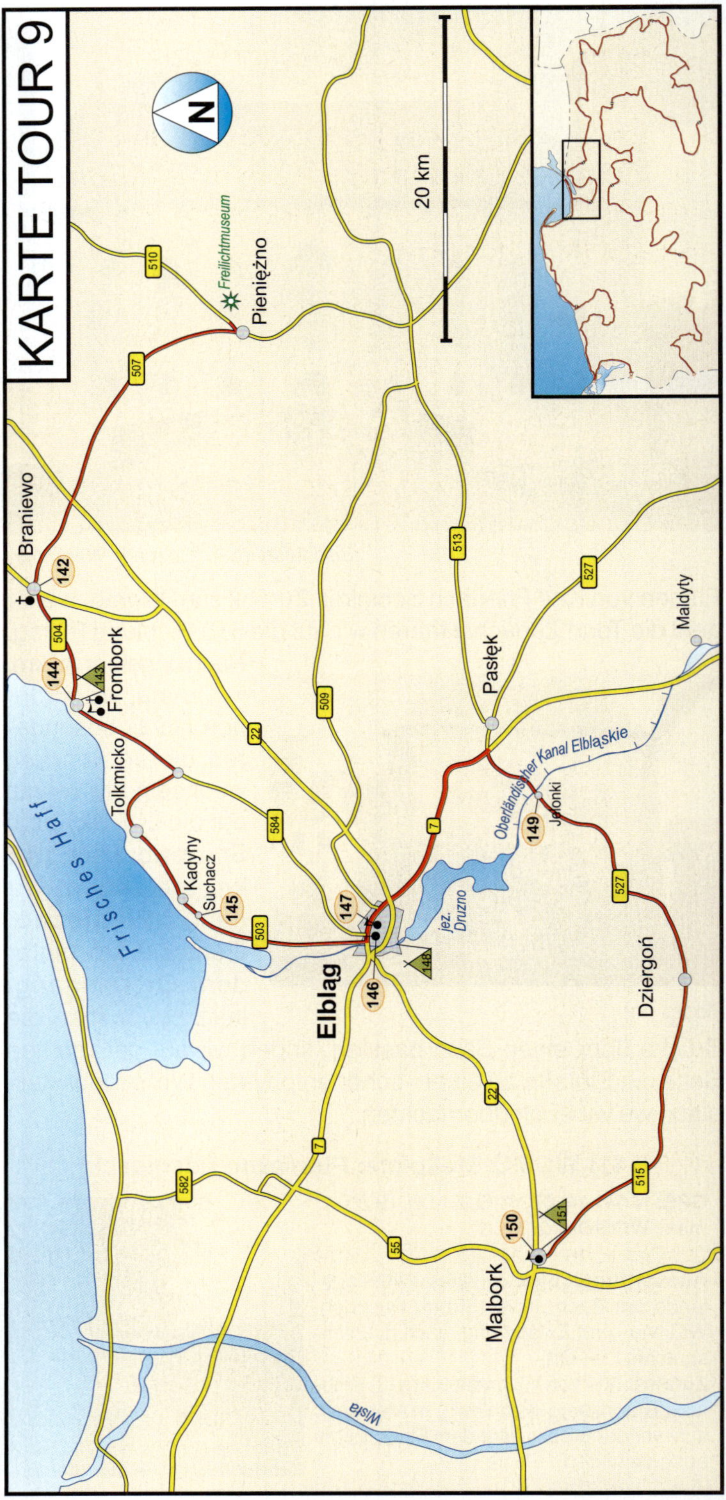
KARTE TOUR 9
N
20 km
Braniewo
142
504
144
143
Frombork
Tolkmicko
Frisches Haff
Kadyny
Suchacz
145
503
584
22
509
507
510
Freilichtmuseum
Pieniężno
513
527
Pasłęk
Maldyty
Oberländischer Kanal Elbląskie
Jelonki
149
7
147
jez. Druzno
148
Elbląg
146
Dzierzgoń
22
7
582
55
515
150
151
Malbork
Wisła

TOUR 9 (ca. 160 km / 2-3 Tage)

Braniewo (Braunsberg) - Frombork (Frauenburg) - Tolkmicko (Tolkenmit) - Kadyny (Cadinen) - Elbląg (Elbing) - Pasłęk (Preussisch-Holland) - Malbork (Marienburg)

Freie Übernachtung:	Stadtparkplatz an der Kirche in Braniewo, Kathedralenhügel oder Strandparkplatz in Frombork, Stadtparkplatz in Elbląg, an der schiefen Ebene bei Pasłęk, an der Deutsch-Ordensburg in Malbork
Campingplätze:	„Nr. 12" in Fromborg; „Nr.61" in Elbląg; „No. 197" in Malbork
Besichtigen:	St.Katharinen-Kirche Braniewo, Kathedralenhügel mit Kopernikus-Museum und Planetarium in Fromburg, Altstadt von Elbląg, Schiefe Ebene des Elbląg-Kanal bei Pasłęk, Deutsch-Ordensburg in Malborg.

Nach einer ruhigen Nacht auf dem kleinen privaten Womo-Stellplatz schauen wir uns noch ein wenig in Pieniężno (Mehlsack) um. Wenn man ein Stück die 510 Richtung Nordost hinausfährt, kommt man zum **Freilichtmuseum landwirtschaftlicher Maschinen**. "Vor dem Vergessen aufbewahren" wurde im Jahre 2000 vom Landtouristischen Verband der Region Pieniężno bei Mitfinanzierung des Fonds der deutsch-polnischen Zusammenarbeit errichtet. Auf der Fläche von 0.5 ha wurden landwirtschaftliche Maschinen und Geräte der Vorkriegszeit versammelt, wobei viele Exponate aus der Eisengießerei, die vor dem Krieg hier im Ort in Betrieb war, stammen. In der Hütte, die sich auf dem Gebiet des Freilichtmuseum befindet, werden Haushaltsgeräte sowie alte Fotos und Landkarten ausgestellt.

Freilichtmuseum landwirtsch. Maschinen

Wir setzen unsere Fahrt auf der 507 Richtung Braniewo fort, 27 km sind es bis dorthin. Nach dem Ortseingang bleiben wir auf der Straße bis zum Ende, dann richten wir uns nach der

Beschilderung Elbląg und biegen links ab. Wir kommen an der **St. Katharinen-Kirche** vorbei - hier gibt es einen großen Parkplatz, der etliche Meter von der Durchgangsstraße entfernt ist und den wir daher durchaus auch zur Übernachtung empfehlen können:

(142) WOMO-Stellplatz: Braniewo (Braunsberg)

GPS: N 54° 22' 53.1"; E 19° 49' 28.5". Katedralna **max. WOMOs:** 1-2.
Ausstattung/Lage: gepflasteter Parkplatz, recht ruhig / im Ort.
Zufahrt: Von der 507 von Pieniężno aus kommend in Braniewo am Ende links Richtung Elbląg abbiegen, nach 400 m links an der Kirche abbiegen.

Die Kirche sollten Sie sich auf jeden Fall ansehen, sie zählt zu den schönsten gotischen Ziegelkirchen des Ermlands. Sie wurde in den letzten Tagen des zweiten Weltkrieges gesprengt,

Die St. Katharinen-Kirche von Braniewo

um den angreifenden russischen Truppen einen wichtigen Orientierungspunkt zu nehmen. In mühevoller Arbeit baute man sie wieder auf und 1989 war das Bauwerk fertiggestellt. In der **Krypta** befindet sich die **Ruhestätte** der **Gründerin des Klosters St. Katharina**, der man in dem kleinen Park vor der Kirche auch ein **Denkmal** gesetzt hat. Sie wurde von Papst Johannes Paul II selig gesprochen. Rund um die Kirche hat man einige Häuser der Altstadt im ursprünglichen Stil wieder aufgebaut, so dass ein nettes Ensemble entstanden ist.

Nur noch 7,5 km sind es über die 504 bis **Frombork**. Direkt auf der rechten Seite nach dem Ortseingangsschild und einer Tankstelle befindet sich etwas zurückliegend der recht einfache Campingplatz von Frombork.

(143) WOMO-Campingplatz-Tipp: „Copernicus"

GPS: N 54° 21' 32.5"; E 19° 41' 43.7". **Öffnungszeiten:** 15.05 - 30.09.
Ausstattung/Lage: schön schattig; Feuerstellen; Haustiere erlaubt; Zentrum: 1 km
Zufahrt: 504 von Braniewo nach Frombork, sofort nach Ortseingang auf der rechten Seite.

Wir fahren noch 650 m weiter, biegen links auf den **Kathedralenhügel** ab und finden nicht weit von dem Ensemble entfernt einen Parkplatz. Hier befindet sich die Wehranlage, das Nikolaus-Kopernikus-Museum (von 1512 bis zu seinem Tod 1543 lebte er hier und entwickelte sein Hauptwerk über die Kreisbewegung der Himmelskörper). In der Kathedrale ist er an einer heutzutage

Der Eingang zur Anlage

Die Kathedrale und Wehranlage

Blick auf das Frische Haff

unbekannten Stelle beigesetzt. Wir besteigen den Glockenturm und genießen die herrliche Rundsicht auf das Frische Haff. Im Untergeschoss des Turms ist ein Planetarium eingerichtet. Auch wenn der Vortrag nur in polnischer Sprache ist, ist die Vorführung doch sehr interessant. Wir verlassen den Kathedralenhügel und fahren hinunter in die Stadt. Hier haben sich in den Straßen zwischen dem **Hügel** und dem **Hafen** einige **Restaurants** angesiedelt und wir suchen uns eines für das Abendessen aus. Später spazieren wir noch in dem kleinen Park am Fuß des Kathedralenhügels und entdecken einen **Gedenkstein**, der an eine Tragödie des zweiten Weltkrieges erinnert. Im Januar und Februar 1945 versuchten 450.000 Flüchtlinge, vor der anrückenden Roten Armee über das zugefrorene Haff zu entkommen. Unter der Last brach das Eis, zusätzlich flogen die Sowjet-Bomber Angriffe und viele Tausend Frauen und Kinder fanden ihr eisiges Grab. Anschließend suchen wir noch einen ruhigen Stellplatz für die Nacht. Wir überqueren die Eisenbahnschienen Richtung Hafen und finden links einen

Der Sandstrand von Fromburg

großen Busparkplatz, der unweit der **Mole** und dem sich links davon ausbreitenden **Sandstrand** liegt. Man sollte es sich jedoch gut überlegen, ob man sich unbedingt hier ins Wasser

(144) WOMO-Stellplatz: Frombork

GPS: N 54° 21' 27.9"; E 19° 40' 39.3". **max. WOMOs:** 2-3.
Ausstattung/Lage: ohne alles, recht ruhig, Strandnähe / im Ort.
Zufahrt: in Frauenburg Richtung Hafen, die Eisenbahnschienen überqueren, links Parkplatz ausgeschildert.

begeben möchte, denn das **Frische Haff** ist trotz seines Namens alles andere als frisch. Durch die **Frische Nehrung**, einem nur wenige hundert Meter breitem Landstreifen, ist es mit Ausnahme einer Enge bei Pillau (Russland), vom Meer abgeschlossen. Trotzdem ist das Wasser salzig, da der Zustrom aus den Flüssen recht gering ist. Die Tiefe beträgt lediglich drei bis fünf Meter. Die Wasserqualität ist schlecht, da vor allem der Pregel, der auf seinem Weg zum Meer westlich von Kaliningrad in das Haff fliest, sehr viele Schadstoffe einträgt, die auch schon zu manchem massivem Fischsterben im Haff geführt haben.

Wir fahren von Frauenburg aus Richtung Elbląg auf der 504, wobei die Straße wieder vom Haff wegführt. Nach 10 km, in Pogrodzie, biegen wir rechts auf die 503 - die Nebenstrecke nach Elbing der Küste entlang. In Tolkmicko treffen wir nach 7 km wieder auf die Küste des Haffs. Hier beginnt der **Landschaftspark Elbinger Höhen**, mit Sanddüne, seltenen Gräsern und Pflanzen ein Rückzugs- und Brutgebiet vieler vom Aussterben bedrohten Vogelarten. 3,5 km weiter, in **Kadyny** (Cadinen), treffen wir auf das weit über die Grenzen hinaus bekannte Gestüt.

Kaiser Friedrich Wilhelm II erwarb dieses Gut Ende des 19. Jahrhunderts, es wurde zu seinem **Sommersitz**. Das ehemalige **kaiserliche Schloss** soll in den nächsten Jahren restauriert werden und dann in seinem alten Glanz erstrahlen. Das **Gestüt**, in dem damals die weltberühmten Trakehner-Pferde gezüchtet wurden, ist nicht mehr in Betrieb. In dem Gebäude der alten Brennerei und Molkerei ist nun ein Luxushotel eingezogen, auch das alte Schulhaus ist schön hergerichtet und ist nun ebenfalls ein Hotel. Man versucht, vielleicht durchaus erfolgreich, diesen Ort zu einem Premium-Urlaubsziel umzugestalten.

3,7 km hinter Cadinen, die Straße führte kurvenreich durch die Elbinger Höhen, finden wir, nachdem wir aus dem Wald hinausgekommen sind, auf der rechten Seite einen Parkplatz, etwas zurückliegend von der Straße, mit einem herrlichen Ausblick auf das Frische Haff. Mit Unterlegkeilen, um den Wagen

Das Frische Haff bei Succase (Suchacz)

(145) WOMO-Stellplatz: Frisches Haff bei Suchacz

GPS: N 54° 17' 14.0"; E 19° 27' 34.2". **max. WOMOs:** 1-2.
Ausstattung/Lage: asphaltierter Parkplatz, leicht geneigt, Mülleimer / ortsnah.
Zufahrt: 503 von Tolkmicko kommend Richtung Elbląg 3,7 km hinter Kadyny auf der rechten Seite ausgeschildert.

geradezusetzen, kann man diesen Platz auch zur Übernachtung empfehlen. Einen Kilometer weiter kommt man nach Suchacz, nach weiteren 8,5 km sind wir am Ortseingang von **Elbląg**. Auch die nächsten 6,5 km bleiben wir auf dieser Straße und kommen auf einen Kreisverkehr, es sind nur noch 500 m Luftlinie bis zur **Altstadt**. Wir überqueren diesen Kreisverkehr geradeaus und können Ihnen bald drei Stellplatzmöglichkeiten bieten, aber nun der Reihe nach: Sie fahren noch 1 km weiter, biegen dann rechts auf die B500 Richtung Warschau bis zum Flussufer, dort rechts und nach 500 m sehen Sie rechts am **St. Nikolai-Dom** einen großer Parkplatz:

(146) WOMO-Stellplatz: Elbląg (Elbing) Dom

GPS: N 54° 09' 31.2"; E 19° 23' 39.6"; Mostowa **max. WOMOs:** 1-2.
Ausstattung/Lage: gepflasterter Parkplatz, eben, recht ruhig / im Ort
Zufahrt: 503 von Tolkmicko kommend Richtung Elbląg, 6,5 km bis Kreisverkehr, dort geradeaus, nach 400 m rechts in die ul.Kowalska, nach 300 m links hinter St.Nikolai-Dom auf den Parkplatz.

Zum nächsten Stellplatz gelangen Sie, wenn Sie vom Kreisverkehr aus ca. 500 m geradeaus fahren und dann rechts in die *ul. Wigilijna* einbiegen. Nach 200 m zweigt links die *ul. Zamkowa* ab, 50 m weiter auf der rechten Seite, vor den Überresten der im Jahre 1454 von den Elbingern zerstörten Kreuzritter-

Nikolaikirche von Elbing

burg, befindet sich der recht ruhige Parkplatz, auch zum Übernachten geeignet, ganz zentral mitten in der Altstadt.

(147) WOMO-Stellplatz: Elbląg Burgruine

GPS: N 54° 09' 25.4"; E 19° 23' 42.0"; Zamkowa 25 **max.WOMOs:** 1-2.
Ausstattung/Lage: gepflasterter Parkplatz, eben, recht ruhig / im Ort
Zufahrt: 503 von Tolkmicko kommend Richtung Elbląg, 6,5 km bis Kreisverkehr, dort geradeaus, nach 500 m rechts in die ul.Wigilijna abbiegen, nach 200 m links in die ul.Zamkowa, nach 50 m rechts auf den Parkplatz der Burgruine.

Zu guter Letzt möchten wir Ihnen noch den Weg zum ebenfalls recht zentral gelegenen **Campingplatz** zeigen. Auch hier ist wieder der Ausgangspunkt der große Kreisverkehr, Sie fahren die Straße weiter geradeaus, aber jetzt ca. 1 km bis zum Ende, noch über die kreuzende breite *ul.Tysiclecia* hinaus und biegen dort rechts in die *ul. Sopocka* ab. Die dritte Straße rechts ist bereits die *ul. Panienska*, wo wir nach wenigen Metern den Campingplatz „No.61" finden:

(148) WOMO-Campingplatz-Tipp: „No. 61" Elbląg

GPS: N 54° 09' 12.7"; E 19° 23' 42.7"; Panienska 14
Öffnungszeiten: 01.05 - 30.09. **Ausstattung/Lage:** schön schattig; am Elbing-Kanal mit Liegewiese; Laden; Haustiere erlaubt; Zentrum: 500 m
Zufahrt: 503 von Tolkmicko kommend Richtung Elbląg, 6,5 km bis Kreisverkehr, dort geradeaus, nach 850 m rechts, dann nach 250 m die 3.Straße rechts.

500 m sind es von hier aus zu Fuß entlang des Kanals und man ist auf Höhe des **St. Nikolai-Dom** mitten in der Altstadt. Die Anfänge des Doms gehen bis ins 13. Jahrhundert zurück.

Zu den bemerkenswerten Dingen gehört das **bronzene Taufbecken von 1387** und der große **Dreikönigen-Altar**. Nördlich

In der Altstadt von Elbing

des Doms, wenn man die „Stary Rynek“ entlang geht, kommt man zum **Markttor** - dem einzigen, das von der **mittelalterlichen Verteidigungsmauer** übrig geblieben ist. Als die Polen gegen die Kreuzritter kämpften, bemerkte ein Elbinger Bäcker-

Das Markttor, Fragment der Verteidigungsmauer

geselle rechtzeitig die herannahenden Angreifer und schnitt mit einem Spaten die Spannleine durch, die das Eingangsgitter des Tores hielt. Aus diesem Grund wird es auch bald ein Denkmal dieses Bäckergesellen hier am Tor geben. 120 m westlich, die ul. Wałowa entlang, in der umgebauten **ehemaligen Dominikanerkirche**, ist die **Galerie EL** untergebracht, die weit über Elbing hinaus mit vielen Ausstellungen und Initiativen bekannt ist. Wir gehen zurück Richtung Süden und kommen wieder in die Altstadtgegend, Orientierungspunkt ist immer wieder der Turm des Nikolai-Dom. In Folge der Wirrungen des 2. Weltkrieges war die Altstadt von Elbing, in ihrer Pracht seinerzeit durchaus vergleichbar mit Danzig, zu 70% zerstört. Hier macht man nun seit einigen Jahren das gelungene Experiment, die alten Häuser nicht 1:1 exakt nachzubauen, sondern nur Grundriss und Charakter der alten Bauweisen vorzuschreiben. Die so entstandenen Bürgerhäuser sind sehr gelungen. Bisher sind rund 1/3 der nahezu 500 ehemaligen Häuser der Altstadt entstanden, Jahr für Jahr kommen neue hinzu und die Baulücken werden kleiner. In dem Komplex der **ehemaligen Heiliggeistkirche**, **Spital**, und der **Ruine** der **Deutschordensburg** ist in dem Gebäude des **ehemaligen Elbinger Gymnasiums** das **Regionalmuseum** der Stadt untergebracht. Viele Gegenstände aus den immer noch stattfindenden **Ausgrabungen im Altstadtbereich** sind hier zu sehen. Nur wenige Schritte sind es zum Ufer der Elbląg. Hier starten die **Ausflugsschiffe** zur Fahrt über den **Oberlandkanal**, der hier in Elbing beginnt und bis nach Ostróda über fünf

Restaurants an der Sw. Ducha

Ehemalige Heiliggeistkirche und Spital

schiefe Ebenen führt (siehe auch Tour 3, S.61). Hier in Elbląg geht es früh morgens um 8:00 los, die Fahrt bis Osterode endet um 19:00. Wir empfehlen, in Maldyty (gegen 14:30) auszusteigen und von dort mit der Bahn um 15:26 nach Elbing zurückzukehren. Buchen und reservieren können Sie in der ul. Wiezowa 14, einer Querstraße der Stary Rynek, die zum Markttor führt.

Wir setzen nun unsere Fahrt fort - und zwar zu einer der Schiefen Ebenen des Oberländer Kanals. Von Elbląg aus fahren wir auf die B7, wo wir uns nach der Beschilderung Warszawa und Olztyn richten. Nach 16 km, bei Pasłęk, biegen wir rechts auf die 527 Richtung Dzierzgon, auch ein Hinweisschild zum Elbląg-Kanal ist bereits an der Abzweigung zu sehen. Wir kommen durch Krosno (hier links halten), der nächste Ort ist Nowe Kusy. Nach 1,5 km, noch vor der Brücke über den Kanal, biegen wir links auf den asphaltierten, kleinen Parkplatz am Kanal.

(149) WOMO-Stellplatz: Oberländer Kanal bei Jelonki

GPS: N 54° 02' 14.3"; E 19° 34' 28.6". **max. WOMOs:** 1-2.
Ausstattung/Lage: asphaltierter Parkplatz, eben, recht ruhig / außerorts.
Zufahrt: B7 von Elbląg kommend Richtung Warszawa fahrend bei Pasłęk rechts auf die 527 Richtung Dzierzgon, nach 5,2 km vor der Brücke über den Kanal links auf den Parkplatz.

Sofern Sie über ein kompakteres Wohnmobil verfügen und alleine sind, können Sie auch den Feldweg noch ein Stück entlang des Kanals fahren und finden nach einigen hundert Metern einen Platz neben dem Weg, wo Sie sich hinstellen können und einen Logenplatz mit Blick auf die vorbeiziehenden Schiffe haben. Vor allem gegen 15:30 herrscht reger Verkehr. Dies ist die Zeit, in der die Ausflugsschiffe, die früh am Morgen in Osterode abgelegt haben, diese Stelle passieren. Es ist ein wirklich sehenswertes Schauspiel, wenn die großen Ausflugsschiffe von den hölzernen Gestellen aufgenommen und in Schrittgeschwindigkeit die schiefe Ebene hinaufgezogen bzw. im Gegenzug hinabgelassen werden.

Traum-Stellplatz am Kanal

Schiffe über die Wiese

Der Kanal ist einzigartig in Europa. 1860 wurde das Gesamtbauwerk, die durchgehend befahrbare Strecke zwischen dem Oberland und Elbing nach einer Bauzeit von nur 16 Jahren übergeben. Kernstück sind die insgesamt 5 Schiefen Ebenen, die über eine Distanz von 10 km einen Höhenunterschied von ca. 100 m überbrücken. Die Schiffe werden von einem Tragegestell aufgenommen, das über Schienen, angetrieben über Seilzüge, die Ebene hinab- beziehungsweise hinaufgezogen werden. Der Antrieb erfolgt ausschließlich mittels Wasserkraft eines Schaufelrades, welches durch unterirdische Rohre mit Druckwasser bewegt wird. Die Kraft wird über die Seile von großen Umlenkrädern weitergeleitet. Faszinierend ist, dass die gesamte Mechanik, ausgenommen der Seile, noch im Originalzustand ist und

Auf das Gestell ...

... und an Land

selbst nach nahezu 150 Jahren noch keinerlei Verschleißerscheinungen zeigt. Die gesamte Anlage des Kanals steht unter Denkmalschutz.

Umlenkräder am unteren Ende

Wir kehren zurück auf die 527 und setzen die Fahrt Richtung Dzierzgoń fort, wobei die Straßenverhältnisse etwas zu wünschen übrig lassen. Nach 22,5 km erreichen wir diesen Ort, dort biegen wir rechts auf die 515 nach **Malbork** ab und erreichen die Stadtgrenze nach 23,5 km. Wir bleiben auf dieser Straße und kommen nach 2,5 km an eine große, beampelte Kreuzung. Hier biegen wir links auf die 22, die nächste Ampel 300 m später biegen wir rechts ab, die Marienburg (Zamek) ist bereits ausgeschildert. Nach knapp 1 km befinden wir uns am Ziel, rund um die wahrlich imposante Burg befinden sich mehrere (gebührenpflichtige) Parkplätze, auf denen Sie auch ohne Probleme übernachten können:

(150) WOMO-Stellplatz: Malbork (Marienburg)

GPS: N 54° 02' 33.8"; E 19° 01' 53.3"; Staroscinska **max. WOMOs:** 3-4.
Ausstattung/Lage: geschotterter Parkplatz, eben, gebührenpflichtig, nicht sehr ruhig (nahe Eisenbahnlinie) / im Ort.
Zufahrt: B22 in Malbork von Osten kommend an der Ampel (Tankstelle „Statoil" schräg gegenüber) rechts Richtung „Centrum" und „Zamek" abbiegen, dann im Kreisverkehr Richtung „Zamek", an der Burg rechts fahren, dort mehrere Parkplätze.

Malbork kann auch mit einem schönen Campingplatz aufwarten: wenn Sie am Kreisverkehr nicht Richtung „Zamek" abbiegen, sondern eine Ausfahrt vorher rechts abbiegen (Camping No.197 ist ausgeschildert)und die Eisenbahn unterqueren, liegt nach wenigen hundert Metern auf der rechten Seite der Campingplatz:

(151) WOMO-Campingplatz-Tipp: „No. 197" in Malbork

GPS: N 54° 02' 46.9"; E 19° 02' 15.0"; ul. Portowa
Öffnungszeiten: 01.04 - 30.10.
Ausstattung/Lage: teilweise schattig; Tennisplatz; Flussbadeplatz anbei; Restaurant; Laden; Burg: 500 m
Zufahrt: B22 in Malbork von Osten kommend an der Ampel (Tankstelle „Statoil" schräg gegenüber) rechts Richtung „Centrum" und „Zamek" abbiegen, im Kreisverkehr rechts in die ul. Portowa abbiegen, geradeaus unter der Eisenbahn, nach 500 m auf der rechten Seite.

Die Marienburg in voller Pracht

Es sind nur wenige hundert Meter bis zur Hauptattraktion der Stadt, eben der Marienburg, die 1997 von der UNESCO in das Weltkulturerbe aufgenommen wurde (Montags geschlossen!). Es ist der höchste Ziegelberg nördlich der Alpen, das weltweit größte Backsteinschloss, am Ufer des Nogat gelegen. Eigentlich sind es sogar 3 Schlösser, die durch ein komplettes Verteidigungssystem zu einer einzigen Wehranlage von nahezu 20 ha Größe zusammengefasst sind. Die Anfänge gehen bis ins 13. Jahrhundert zurück, als der Deutsche Orden mit dem Bau eines viereckigen Kastells begann. 1309 eroberte der Orden Pommern wodurch die Hauptstadt nach Marienburg verlagert wurde, und damit begann der große Ausbau. Mitte des 14. Jahrhunderts bestand die Wehranlage bereits aus den drei Teilen Hochschloss, Mittelschloss und der weitläufigen Vorburg. Während des ganzen 14. Jahrhunderts wurde weitergebaut. Die Marienburg war das Zentrum und der Hauptsitz des Deutschen Ordens - eine absolut uneinnehmbare Festung mit allen Verteidigungsanlagen, die die Zeit zu bieten hatte. Sie war Vorbild für viele in Europa entstehende Wehranlagen. 1410, in der Schlacht um Grunewald, verlor der Deutsche Orden endgültig gegen die Vereinigung aus Litauen und Polen. Damit war dessen Macht gebrochen, die Burg wurde Polnisch und war nun die nächsten drei Jahrhunderte Sitz von hohen Ämtern und Residenz der polnischen Könige. Oft wurden bauliche Veränderungen vorgenommen, trotzdem war sie immer noch Festung. Während der Schwedeneinfälle im 17. Jahrhudert wurde die Burg verwüstet, ein Brand 1644 tat sein Übriges. 1772 fiel sie an Preußen und wurde eine große Kaserne, später ein Armeelager - und dann begann man mit der Restaurierung der ehemaligen Ordensburg, die bis zum 2. Weltkrieg fortgesetzt wurde und bis heute an-

Die Hochmeister

im Innenhof des Hochschlosses

Mauer über Mauer über Mauer ...

Glockenturm der Marienkirche - gleichzeitig höchster Aussichtspunkt

dauert - die Burg wurde dann wieder zu 50% zerstört. Die heutige Burg ist also wieder fast in der großen Pracht des 14. Jahrhunderts zu sehen - und wir können Sie nur auffordern, dies zu tun und sich der mehrstündigen Führung anzuschließen, es gibt weltweit keine größere und schönere, echte Ritterburg zu sehen!

Hochschloss - von der Stadt aus gesehen

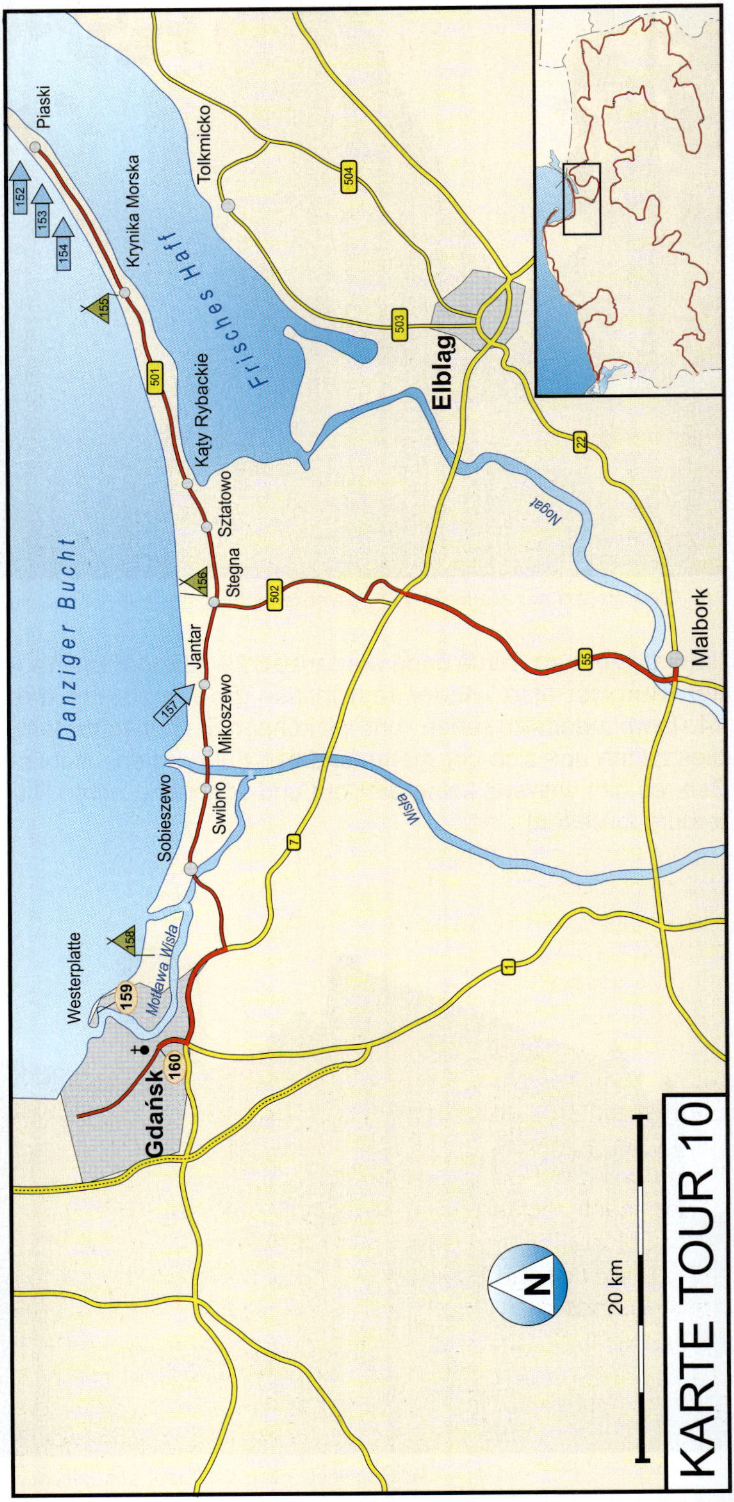
KARTE TOUR 10
Danziger Bucht
Frisches Haff
Gdańsk
Elbląg
Malbork
Westerplatte
Sobieszewo
Swibno
Mikoszewo
Jantar
Stegna
Sztatowo
Kąty Rybackie
Krynika Morska
Piaski
Tolkmicko
Motława
Wisła
Nogat
20 km
N
501
502
503
504
22
55
7
1
152
153
154
155
156
157
158
159
160

TOUR 10 (ca. 185 km / 3-4 Tage)

Piaski - Krynica Morska (Kahlberg-Liep) - Stegna (Steegen) - Jantar (Pasewark) - Sobieszewo (Bohnsack) - Gdańsk (Danzig)

Freie Übernachtung:	drei verschiedene Waldparkplätze direkt am Strand von Piaski; Strandparkplatz in Stegna; Strandparkplatz in Jantar; Strandparkplatz in Sobieszewo; bewachter Stadtparkplatz an der Altstadt von Gdańsk
Campingplätze:	„Gallus" in Krynica Morska; „Nr.180" in Stegna; „Stogi" in Gdańsk
Besichtigen:	Gdańsk: Westerplatte; Altstadt: Langgasse, Rathaus mit Turmbesteigung, Grünes Tor, Krantor; Kathedrale mit bemerkenswerter Orgel in Oliwa.

Nach der Besichtigung der schönsten „Ritterburg" Europas möchten wir uns nun in den verbleibenden Touren dem widmen, was viele in dieses Land zieht: der Küste. Knapp 530 km lang ist sie, typischerweise mit feinem weißen Sand, flachem Strand und einem Dünengürtel dahinter, der in der Regel mit Kiefern bewachsen ist.

Wir starten in Malbork, fahren von der Burg aus zurück auf die 22 und biegen zunächst rechts Richtung in Gorzów Wielkop. ein, um dann nach ungefähr 850 m rechts auf die 55 nach Nowy Dwór Gdański abzubiegen. Nach rund 22 km sind wir dort, kreuzen die B7 und fahren weiter geradeaus auf die 502 Richtung Stegna. Dort ist nach 16,5 km an der quer verlaufenden 501 die Straße zu Ende, links geht es nach Gdańsk, rechts nach Krynica Morska. Die Versuchung ist groß, hier in Steegen einfach den nächsten Strandplatz aufzusuchen, doch wir haben ja versprochen, die gesamte polnische Küste abzufahren und ganz im äußersten Osten damit zu beginnen. Also Blinker nach rechts und in Richtung Kahlberg! Nach 8 km, kurz vor Katy Rybackie verlassen wir das Festland und kommen auf die **Frische Nehrung**, jenen nur wenige hundert Meter breiten Landstreifen, der das Frische Haff von der Danziger Bucht trennt. Durch die Wechselwirkung der Meeresströmungen entstand dieser Dünenwall, durch die Aufforstung hauptsächlich mit Kiefern konnte die Versandung durch Wanderdünen gestoppt werden. Seit 1945 ist hier der **Landschaftspark Frische Nehrung** als Naturschutzgebiet ausgewiesen. 36 km nach Stegna, unser Weg führt uns über die nicht immer schlaglochfreie 501, sind wir ganz im Osten in Piaski angekommen. Es ist ein sehr ruhiger, kleiner Fischerort - fast vergessen, 4 km von der russischen Grenze entfernt, die hier die Nehrung teilt. Es gibt vor Ort keine größen Erholungsheime und keine reiche Gastronomie, aber auf uns warten lange Spaziergänge am verlassenen, breiten endlosen Sandstrand. Vom „Zentrum" Piaski aus - hier ist der kleine Hafen - fahren wir wieder in Richtung Westen zurück. Nach 1,8 km, wir befinden uns in einem schmalen Kiefernwaldstreifen, entdecken wir rechts den ersten, gebührenpflichtigen Parkplatz:

(152) WOMO-Badeplatz: Piaski (Neukrug) I

GPS: N 54° 25' 21.3"; E 19° 34' 36.5". **max. WOMOs:** 1-2.
Ausstattung/Lage: Parkplatz im Wald, nicht ganz eben, gebührenpflichtig, Strand ca. 500 m, Mülleimer / außerorts.
Zufahrt: 501 von Osten kommend Richtung Gdańsk 1,8 km hinter dem Hafen von Piaski rechts im Wald.

Nun, es sieht recht nett hier aus, allerdings ist der Platz sehr nah an der Straße, an der allerdings bestimmt nicht der große Durchgangsverkehr zu erwarten ist. Trotzdem fahren wir noch ein Stück weiter in der Hoffnung, noch einen schöneren Badeplatz zu finden, der etwas weiter von der Straße weg liegt und wo der Weg zum Strand vielleicht noch ein Stück kürzer ist. 2,3 km weiter Richtung Westen ist der nächste Parkplatz (Parking Lesny = Waldparkplatz), wo wir rund 250 m von der Straße entfernt einen schönen schattigen Platz zwischen den Bäumen finden und zudem mit zwei Unterlegkeilen auch

(153) WOMO-Badeplatz: Piaski II

GPS: N 54° 24' 48.7"; E 19° 32' 41.1".
max. WOMOs: 4-5.
Ausstattung/Lage: Parkplatz im Wald, speziele Camper-Zone eingerichtet, nicht ganz eben, sehr ruhig, gebührenpflichtig, Strand ca. 200 m, Mülleimer / außerorts.
Zufahrt: 501 von Osten kommend Richtung Gdańsk 4,1 km hinter dem Hafen von Piaski rechts im Wald.

noch eben stehen. Lediglich 200 m sind es bis zur Düne, dann stehen wir am nahezu endlosen Sandstrand der Frischen Nehrung. Obwohl das Wetter hervorragend ist, es August ist und wir mitten in der Hochsaison hier unterwegs sind - sind kaum ein Dutzend Menschen am Wasser, welches zudem noch sehr sauber ist. Es gefällt uns ganz ausgezeichnet hier, also eben zurück zum Womo und Badesachen geholt! Den ganzen Nachmittag verbringen wir am und im Wasser, später suchen (und finden) wir im Wald noch massenweise Blaubeeren, ein

Endloser Sandstrand bei Neukrug (Piaski)

Zeichen, dass der Boden hier sehr gesund ist. Damit ist uns ein köstliches Abendessen gesichert! Es wir immer leerer, gegen 20:00 Uhr sind wir ganz alleine, sammeln einiges an Treibholz und lassen den Abend gemütlich am Strand mit einem Lagerfeuer und einer Flasche Wein ausklingen. Wir verbringen dann eine absolut ruhige Nacht hier im Wald bei Piaski.

Am nächsten Morgen begeben wir uns dann auf die Suche

Abendliche Lagerfeuerromantik

nach dem Gold der Küste, dem **Bernstein**! Bernstein, das Harz aus so genannten Bernsteinkiefern, das nach vorheriger Verletzung der Rinde ausströmte, eintrocknete und erhärtete.

Die Kiefernwälder versanken vor ca. 40 bis 50 Millionen Jahren durch große Klima- und Standortveränderungen in Sümpfen. Bei ansteigendem Meeresspiegel lockerten dann Wellen und Strömungen den überfluteten Waldboden auf, spülten das alternde Harz heraus und lagerten es an unterschiedlichen neuen Stellen ab. Große Mengen Bernstein wurden durch eine besonders starke Strömung in eine Bucht transportiert, die sich von der Samlandküste bis westlich von Danzig erstreckt. Er setzte ab und wurde von tonigem Substrat, Sand und Gesteinsschichten bedeckt. Die Sedimente verdichteten sich später zur „Blauen Erde". Dabei entstand Braunkoh-

Bernsteinsammeln im Bereich der Brandung

le mit darin eingeschlossenem Harz, das sich unter dem Druck und Luftabschluss entwässerte. Mit der Zeit bildete sich aus dem Harz so der Bernstein. Auf diese ergiebige Lagerstätte im Ostbaltikum lassen sich letztlich alle Bernsteinfunde Nordeuropas zurückführen, insbesondere aber entlang der „Bernsteinküste" - also so auch hier. An den Stränden wird immer wieder der relativ leichte Bernstein angespült und, wenn man mit offenen Augen im Bereich der Brandung spaziert, kann man den einen oder anderen Stein entdecken. Wir setzen, nach einigen kleinen Funden, unsere Fahrt entlang der reizvollen Küste fort - vom Parkplatz aus rechts, weiter Richtung Danzig. Nach nur 4,5 km können wir Ihnen schon den nächsten schönen Waldparkplatz direkt in Strandnähe nennen:

(154) WOMO-Badeplatz: Piaski III

GPS: N 54° 23' 51.4"; E 19° 29' 13.2". **max. WOMOs:** 1-2.
Ausstattung/Lage: Parkplatz im Wald, nicht ganz eben, gebührenpflichtig, Strand ca. 200 m, Mülleimer / außerorts.
Zufahrt: 501 von Osten kommend Richtung Gdańsk 8,6 km hinter dem Hafen von Piaski rechts im Wald.

Der nächste Ort ist Krynica Morska. Dies ist ein bekannter, recht großer und belebter Erholungsort. Hier herrscht ein besonderes Klima, die Luft ist sauber und reich an Jod. Eine der Attraktionen dieses Gebietes sind die gewaltigen Dünen. Am höchsten sind drei Dünen neben Krynica Morska mit 49 m Höhe über dem Meeresspiegel. Außerdem gibt es einen alten Leuchtturm von dem man eine wunderschöne Aussicht hat. Aus Krynica Morska verkehren die Schiffe nach Elbląg, Frombork und sogar Kaliningrad. Direkt hinter der ORLEN-Tankstelle biegen wir die Straße rechts Richtung Strand ab, und nach 600 m stehen wir vor:

(155) WOMO-Campingplatz-Tipp: „Gallus" Krynica Morska (Kahlberg-Liep)

GPS: N 54° 22' 47.9"; E 19° 25' 29.0"; Marynarzy
Öffnungszeiten: 01.05 - 30.09.
Ausstattung/Lage: schön schattig; Reiten; Imbiss; Haustiere erlaubt; Laden; Strand: 150 m / im Ort.
Zufahrt: 501 von Osten kommend in Krynica Morska an der ORLEN-Tankstelle rechts in die ul. Marynarzy Richtung Strand abbiegen, nach 600 m rechts zum Campingplatz in 150 m.

Wenn Sie nicht auf den Campingplatz, sondern einfach so den Strand besuchen möchten, fahren Sie noch 150 m weiter und kommen dann auf den regulären Strandparkplatz, der allerdings nur von 8:00 bis 22:00 benutzt werden darf. Es sind nur wenige Schritte an den obligatorischen Verkaufsständen, Bier- und Imbissbuden vorbei bis zum Strand, wo einen zur Rechten ein ähnliches

Buntes Treiben vor dem Strand

Bild erwartet - eine schöne, große **Wasserrutschbahn**, ein **Spielplatz**, davor noch ein **Strandrestaurant** - um vieles belebter als 8 km weiter östlich im vergeblich dazu nahezu verschlafenen Piaski! Aber hier soll (und kann) glücklicherweise jeder für sich entscheiden, ob er die Einsamkeit sucht oder sich ein wenig in den Rummel stürzen möchte. Wir setzen unsere Reise fort,

Strandleben mit Rutschbahn

Auch im belebten Krynica Morska ist noch genug Platz für jeden!

fahren zurück zur 501 und rechts Richtung Danzig. Nach 21 km, die Frische Nehrung haben wir hinter uns gelassen, kommen wir wieder in **Stegna** an. Kurz vor der Kirche biegen wir rechts dem Schild „Plaża" (Strand) folgend ab. Nach 2 km, die Straße führt durch den Wald, links und rechts befinden sich Ferienhäuser und Campingplät-

Vor dem Strand in Stegna

ze, von denen wir Ihnen den Platz Nr. 180 besonders zum Bleiben empfehlen möchten:

(156) WOMO-Campingplatz-Tipp: Nr. 180 Stegna (Steegen)

GPS: N 54° 20' 44.6"; E 19° 06' 40.3"; Morska

Öffnungszeiten: 15.04 - 15.10.

Ausstattung/Lage: schön schattig; Reiten; Restaurant; Pool; Haustiere erlaubt; Laden; Strand: 150 m / im Ort

Zufahrt: 501 von Osten kommend in Stegna rechts dem Schild „Plaża" folgend, nach 2 km am Strand im Wendebereich westlich gelegen.

Aber auch die regulären, bewachten und gebührenpflichtige Parkplätze stehen Ihnen zur Verfügung. An diesem Strand gibt es ebenfalls eine **Wasserrutschbahn**, **Spielplatz** und **Strandrestaurants** - alles eine Nummer größer und auch gepflegter, aber auch etwas teuerer als in Krynica Morska. Der Badebetrieb im Meer wird sogar bewacht! Der Ort Steegen selbst geht auf das 15. Jahrhundert zurück. Die aus Holland angekommenen Mennoniten haben das Land entwässert und in fruchtbare Erde verwandelt. 1895 wurde unweit von hier an die Wisła (Weichsel) mittels Durchstich ein Kanal angeschlossen, der 2 Schleusen hat und nach 7 km in die Ostsee mündet. Es sind noch einige **alte Holzhäuser** aus dem 19. Jahrhundert erhalten geblieben, auch die **Fachwerkkirche** von 1683 ist sehr sehenswert. Abendlich finden hier Orgelkonzerte statt. Das Instrument ist über die Grenzen von Steegen hinaus bekannt. Eine weitere Attraktion dieser Gegend ist der **Jantar-Express**. Im Gegensatz zum Namen handelt es sich allerdings nicht um

Der Strand von Steegen

Fachwerkkirche von 1683 in Steegen

ein sonderlich schnelles Verkehrsmittel, sondern um eine Schmalspurbahn, die in der Hochsaison mehrmals täglich die Strecke Mikoszewo-Jantar-Stegna-Sztutowo bedient.

Der nächste Badeort Richtung Gdańsk ist in 6 km Entfernung der Ort **Jantar** (Pasewark). Auch hier biegen wir im Ort rechts von der 501 Richtung Strand ab und finden dort einen entsprechenden, gebührenpflichtigen Parkplatz, auf dem man

Fischernetze und -boote in Pasewark

durchaus auch übernachten kann. Vor dem Dünenübergang links und rechts Verkaufsstände, von Bernsteinschmuck über Spielwaren, Textilien bis zum Strandbedarf kann man alles kaufen, am Strand selbst die obligatorischen Imbiss- und Bierstände, auch hier ist der Strand riesig.

(157) WOMO-Badeplatz: Jantar (Pasewark)

GPS: N 54° 20' 29.6"; E 19° 02' 07.0"; Moeska **max. WOMOs:** 3-4.
Ausstattung/Lage: Parkplatz am Strand, gebührenpflichtig, Mülleimer / außerorts.
Zufahrt: 501 von Osten kommend in Jantar rechts dem Schild „Plaża" folgend, nach 1 km am Strand.

Wir setzen unsere Fahrt auf der 501 fort. Nach 6 km kommen wir an die Weichsel, und hier brauchen wir ein wenig Geduld, denn keine Brücke führt über den hier sehr breiten Fluss, sondern eine kleine Fähre pendelt hin und her. Die

Weichselfähre bei Mikoszewo

Wartezeit kann man sich zum Beispiel an einem kleinen Verkaufstand für Bernsteinschmuck vertreiben. Wir haben zwei Stücke hier gekauft, die Kosten sind nur 1/4 bis 1/3 der in Deutschland üblichen! 6,8 km weiter, in **Sobesziewo** (Bohnsack), können wir Ihnen den letzten Badestrand vor Gdańsk zeigen, der 1 km rechts von der 501 liegt. An Wochenenden ist hier einiges los, viele Städter kommen zum Baden! Aber jetzt, unter der Woche, ist es trotz der Saison ruhig. So schön es hier ist, zieht es uns doch weiter. Vom Strand aus fahren wir wieder zurück zur 501 und biegen nach rechts ab. Aber vorher raten wir Ihnen, das Geschirr im Schrank gut zu sichern!

Unendlicher Strand bei Sobesziewo

Denn nach 600 m kommen wir an die Brücke über den Nebenarm der Weichsel. Hierbei handelt es sich um eine Ponton-Schwimmbrücke, holzbeplankt, 350 m lang, an jedem Schwimmer eine kräftige Querfuge - Sie werden also ordentlich durchgerüttelt. Nach 5,7 km endet die 501, wir treffen auf die B7, der wir nach rechts folgen und kurze Zeit später erreichen wir die Stadtgrenze von **Gdańsk**. Nur 4,5 km später verlassen wir diese jedoch wieder und biegen rechts Richtung „Westerplatte" ab. Wir überqueren nun die Weichsel über die moderne Hängebrücke mit den roten Stahltrossen. Wenn Sie Gdańsk von einem Campingplatz aus erkunden möchten, biegen Sie nun direkt hinter dieser Brücke rechts auf die *W. Budzysza* ab und folgen dem Verlauf über die *ul. Nowotna* bis zur Küste (insgesamt sind es

Pontonbrücke über die Weichsel

ca. 3 km) bis zur *ul. Srodkowa*, und so kommen Sie zum schönen, am Meer mit Strand gelegenen:

(158) WOMO-Campingplatz-Tipp: Nr. 218 „Gdańsk Stogi"

GPS: N 54° 22' 10.0"; E 18° 43' 46.2"; Srodkowa
Öffnungszeiten: 25.04 - 05.10.
Ausstattung/Lage: schön schattig; Kiosk; Haustiere erlaubt; Strand anbei; Straßenbahnverbindung nach Gdańsk (Nr. 8 u. 13, ca. 20 min. Fahrt) vor dem Campingplatz / Ortsrand
Zufahrt: B7 von Südosten kommend Richtung Gdańsk, Abzweig rechts zur Westerplate, nach Brücke über die Weichsel rechts, noch 3 km (beschildert).

Wir werden Sie aber im weiteren Verlauf auch noch auf einen relativ ruhigen, rund um die Uhr bewachten Parkplatz in unmittelbarer Nähe zur Altstadt von Gdańsk führen.

Wir fahren die Straße weiter in Richtung Westerplatte. 5,3 km nach dem Abzweig zum Campingplatz überqueren wir die Bahnschienen. Nun können Sie sich entweder nach 450 m auf den gebührenpflichtigen Großparkplatz stellen, oder aber unmittelbar nach Überquerung der Gleise links auf einen gebührenfreien Parkplatz an der Hafenmole fahren. Von hier aus sind es noch 500 m zu Fuß zu der Gedenkstätte.

(159) WOMO-Stellplatz: Gdańsk (Danzig) Westerplatte

GPS: N 54° 24' 10.6"; E 18° 40' 54.5"; Mjr. H. Sucharsiego
max. WOMOs: 2-3. **Ausstattung/Lage:** asphaltierter Parkplatz, eben, recht ruhig, Gaststätten anbei / außerorts.
Zufahrt: B7 von Südosten kommend Richtung Gdańsk, Abzweig rechts zur Westerplatte, nach 6,5 km Überquerung der Bahnschienen, links.

Mahnmal an der Spitze der Westerplatte

Auf der **Westerplatte** begann am 1. September 1939 um 5:00 Uhr morgens der **zweite Weltkrieg** mit dem Beschuss des hiesigen Munitionsdepots durch den deutschen Panzerkreuzer Schleswig-Holstein. Die polnischen Soldaten hier in den Kasernen leisteten erbitterten Widerstand, aber nach 7 Tagen war Danzig gefallen. Die **Ruinen der Kaserne** werden als Mahnmal erhalten, auch **Gräber** der gefallenen polnischen Soldaten. 1966 wurde auf einem Hügel ein monumentales **Denkmal** errichtet. Wir fahren vom Parkplatz aus die 6,5 km zurück bis zur B7 und biegen dort rechts ab. Nach genau 2,5 km, es ist der erste Abzweig Richtung „Centrum", bevor die B7 als Viadukt über der Nebenarme der Weichsel führt, biegen wir rechts ab und stehen nach wenigen Metern am geräumigen, teils schattigen, rund um die Uhr bewachten Parkplatz der **historischen Altstadt**.

Überreste der Kaserne

(160) WOMO-Stellplatz: Gdańsk (Danzig) Altstadt

GPS: N 54° 20' 41.9"; E 18° 39' 48.5". Lakowa 54 **max. WOMOs:** 2-3.
Ausstattung/Lage: Stadtparkplatz, schattig, relativ ruhig, eben, eingezäunt, rund um die Uhr bewacht, Altstadt: 400 m / im Ort.
Zufahrt: B7 von Südosten kommend Richtung Danzig, 2,5 km hinter dem Abzweig zur Westerplatte am ersten Hinweisschild zum Centrum rechts abbiegen.

Hier können Sie ganz beruhigt Ihr Womo stehen lassen. Der Parkplatz ist eingezäunt, der einzige Zugang ist Tag und Nacht bewacht, nachts dreht zusätzlich ein stattlicher Hund seine Runden.

Vor mehr als 1.000 Jahren schipperte der Böhmische Bischof Adelbert über die Danziger Bucht, kam bei "Gyddanze" ans Land und wollte die Bewohner taufen. Nicht alle dankten es ihm! Jedenfalls wurde ihm einige Tage später der Kopf abgeschlagen. Sein Märtyrertod wurde später von einem Benediktinermönch beschrieben und dies Dokument gilt heute als "Geburtsurkunde" von Gdańsk. Seither hat die Stadt eine wechselvolle Entwicklung durchgemacht. Seit fast sieben Jahrhunderten leben hier Deutsche und Polen, Kaschuben und Einwanderer aus vielen Ländern zusammen, nicht immer konfliktfrei, aber immer stolz auf die gemeinsam geschaffene unvergleichliche Kulturlandschaft an der östlichen Ostsee.

Das Grüne Tor in Gdańsk

Wir machen uns nun an die Erkundung dieser Stadt, die mit zu den Schönsten in Polen zählt. Was man bedenken muss: kaum eines der Häuser der historischen Altstadt, oder eigentlich richtiger: **Rechtstadt** - hat den zweiten Weltkrieg überhaupt überstanden! Mehr als 700 Bauwerke wurden hier nach alten Plänen und Vorlagen in mühevoller Kleinarbeit akribisch wiederaufgebaut. 300 m sind es vom Parkplatz aus über die *ul. Lakowa* Richtung Norden, wir gehen links und sind nach 100 m am **Grünen Tor**, dem Eingang zur **Langgasse**. Zur rechten liegen malerisch entlang der Motława die Häuser der Altstadt, im Hin-

Häuserzeile an der Motława (Mottlau) mit dem weltberühmten Krantor

Die Langgasse mit Rathaus

tergrund das **Krantor** von 1442. Wir gehen durch das Grüne Tor hindurch und sind auf der Prachtstraße der Altstadt. Wunderschöne **Patrizierhäuser** mit ihren **Spätrenaissance-** und **Barockfassaden**. Galerien, Boutiquen und Schmuckhändler sind hier vertreten. Auch können wir auf die hervorragende und preiswerte Arbeit der **Bernsteinjuweliere** hinweisen! Kurz vor dem Rathaus fällt rechts der **Neptunbrunnen** vor dem Artushof ins Auge. Auf den **Rathausturm** kann man hinaufklettern, es ergibt sich eine phantastische Rundsicht über Danzig. Gegenüber befindet sich die **Touristeninformation,** deren Besuch wir Ihnen nur dringend raten können. Wenn man zwischen Rathaus und **Artushof** durchgeht, kommt man zur gewaltigen **Ma-**

Neptunbrunnen vor dem Artushof

Die Langgasse vom Rathausturm aus

rienkirche, in der bis zu 25.000 Menschen Platz finden. Die wertvolle Innenausstattung, nach dem 2. Weltkrieg von der Roten Armee verschleppt, ist teilweise inzwischen auch wieder zurück in der Kathedrale oder ins Museum nach Warschau gebracht worden. Bemerkenswert in der Kirche ist

eine voll funktionsfähige 14 Meter hohe **astronomische Uhr**, 1464 bis 1470 in Thorn gebaut. Der weitere Weg führt über die Frauengasse durch das **Frauentor** zum Ufer der Mottlau, wo Sie nicht nur ein leckeres Eis bekommen, sondern sich für den späteren Abend auch noch ein passendes Restaurant aussuchen können.

Die lancestypische Eisspezialität

Restaurants am Mottlau-Ufer

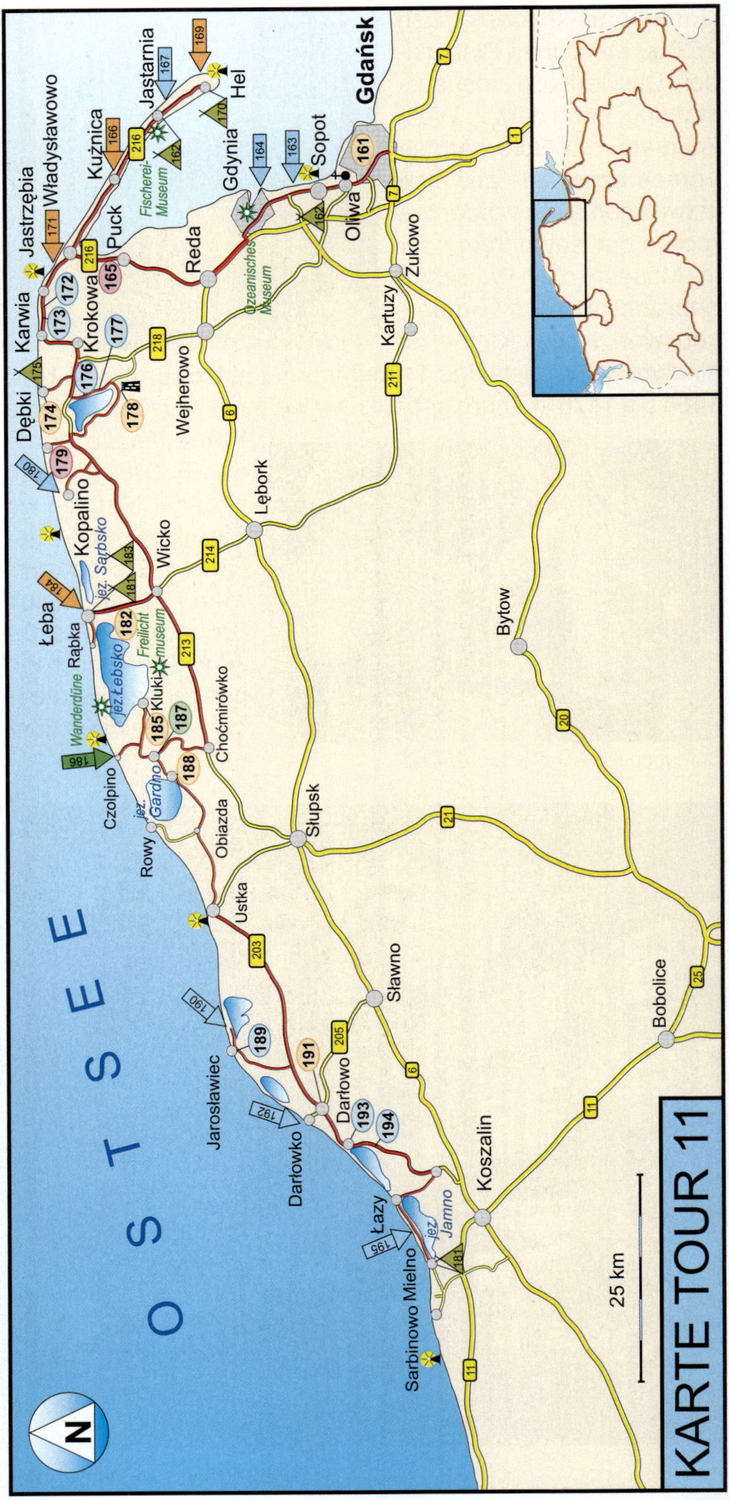
KARTE TOUR 11
OSTSEE
N
25 km
Gdańsk
Sopot
Gdynia
Oliwa
Hel
Jastarnia
Kuźnica
Władysławowo
Jastrzębia
Puck
Karwia
Krokowa
Reda
Dębki
Kopalino
Wejherowo
Lębork
Łeba
Rąbka
jez. Sarbsko
jez. Łebsko
Wicko
Kluki
Choćmirówko
Czolpino
jez. Gardno
Rowy
Obiazda
Ustka
Słupsk
Sławno
Jarosławiec
Darłowo
Darłówko
Łazy
jez. Jamno
Mielno
Sarbinowo
Koszalin
Bobolice
Bytow
Kartuzy
Zukowo
Fischerei-Museum
Ozeanisches Museum
Freilicht museum
Wanderdüne
161
162
163
164
165
166
167
169
170
171
172
173
174
175
176
177
178
179
180
181
182
183
184
185
186
187
188
189
190
191
192
193
194
195
1
6
7
11
20
21
25
203
205
211
213
214
216
218

TOUR 11 (ca. 370 km / 4-5 Tage)

Sopot (Zoppot) - Gdynia (Gdingen) - Hel (Hela) - Dębki (Dembeck) - Łeba - Kluki (Klucken) - Gardna Wilka (Groß-Garde) - Darłowo (Rügenwalde) - Sarbinowo

Freie Übernachtung: Strandparkplatz in Zoppot; Parkplatz mit Meerblick in Kuźnica auf der Halbinsel Hel; Picknickplatz Lubiatowo; Strandparkplatz in Łeba; am Freilichtmuseum Kluki; Wanderparkplatz in Smołdzino; am Badeplatz in Gardna Wilka; Strandparkplatz in Jarosławiec; Strandparkplatz in Darłowko; Innenstadt von Darłowo; am Jez. Jamno;

Campingplätze: „Nr. 67“ in Zoppot; „Nowa Maszoperia“; „Hel Kamp“ in Hel; „Pod Cyprysami“ in Jastarnia; am Strand von Lubiatowo; „No. 21 Morski“ und No. 145 Rafael“ in Łeba; „A.D.A.“ in Mielno-Unieście

Besichtigen: Solidarność-Denkmal in Gdańsk; Seebad Sopod mit über 500 m Mole; Ozeanografisches Museum und Museumsschiff „Zerstörer Błyscawica“ in Gdynia; Halbinsel Hel mit Fischereimuseen in arosławiec und Hel; Wanderdünen von Łeba; V2-Raketenzentrum in Rąbka; Freilichtmuseum Kluki; Aussichtsturm auf dem Reveken; Altstadt von Darłowo

Baden: Strand in Zoppot, Jarosławiec, Hel, Debki, Lubiatowo, Łeba, Mielno-Unieście; See in Groß-Garde; im Bukowo-See

Wir verbringen eine recht ruhige Nacht auf dem Parkplatz an der Danziger Altstadt. Bevor wir uns jedoch nun an die Erkundung der weiteren Küste machen, möchten wir noch eines nachholen, was wir Ihnen in der letzten Tour noch versprochen haben: **Solidarność.** Schließlich wurde hier in Gdańsk einer der Grundsteine für die Demokratisierung des Ostens gelegt.

Im Dezember 1970 streiken die Werftarbeiter Gdańsks, um gegen den niedrigen Lebensstandard und die steigenden Lebenshaltungskosten zu protestieren. Es kommt zu blutigen Zusammenstößen zwischen den Streikenden und der Armee sowie der Polizei. 44 Tote sind zu beklagen. 1980 wird die Gewerkschaft Solidarność gegründet. Führer der Gewerkschaft wird der Werftelektriker Lech Walesa. Um die Tragödie von 1970 nicht zu wiederholen, schließen sich die Streikenden innerhalb der Danziger Werft ein. Auf dem Werftgelände der **Lenin-Werft** (heute Gdańsk stocznia) wird ein **Denkmal** für die 1970 getöteten Werftarbeiter enthüllt. Am 13. Dezember 1981 verhängt General Wojciech Jaruzelski das Kriegsrecht über Polen. Lech Walesa und andere Führer der

Gewerkschaft Solidarność werden verhaftet. Solidarność bildet illegale Strukturen. Die Lenin Werft wird 1988 erneut besetzt. Solidarność erreicht die offizielle Zulassung der Gewerkschaft. Zehn Millionen Polen treten ihr bei. Bei den ersten Wahlen erringt sie einen überwältigenden Wahlsieg. 1990 wird Lech Walesa erster Präsident im demokratischen Polen.

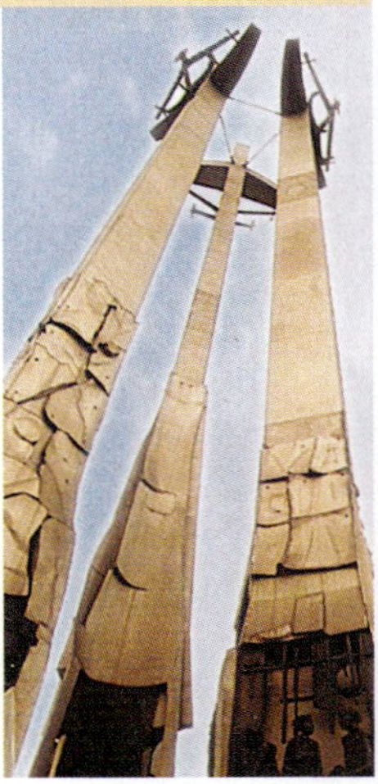
Solidarność-Denkmal

Wir fahren vom Parkplatz aus zurück auf die B7 und biegen dort rechts ab. Nach 1,2 km biegen wir wieder rechts Richtung Sopot / Gdynia ab. Beim zweiten Kreisverkehr, etwa einen Kilometer weiter, wir befinden uns vor dem Hauptbahnhof, halten wir uns rechts und finden nach 250 m, hinter dem nächsten Kreisverkehr, bei [**161**: N 54° 21' 39.6"; E 18° 38' 51.7"], zur Rechten das steil in den Himmel ragende **Monument** für die 1970 getöteten Werftarbeiter. Es besteht aus drei riesigen Kreuzen aus Bootsstahl, durch Schiffsanker miteinander verbunden. Von hier aus fahren wir weiter die B1 Richtung Norden, der nächste Ort, den wir erreichen, ist OLIWA (Oliva). Hier ist die **gotische Kathedrale** einer Zisterzienserabtei sehr empfehlenswert. Im Inneren finden Sie nicht nur **23 Renaissance-**, **Barock-** und **Rokkokoaltäre**, unzählige Grabplatten, sondern auch eine g**ewaltige Orgel**. 7.876 Pfeifen aus Zinn und Holz zaubern einen Klang, der das Gotteshaus weltberühmt gemacht hat. Der Erbauer des Instruments, Johann Wulf, soll einen Herzschlag erlitten haben, als er das Instrument das erste mal hörte! Weiter geht es nach Sopot. An der ul. Pomorska halten wir uns rechts Richtung Küste, nach 900 m biegen wir dann links ab und befinden uns bereits in dem berühmten Kurbad der Danziger. Nach weiteren 900 m notieren wir für Sie rechterhand:

Kathedrale in Oliwa

(162) WOMO-Campingplatz-Tipp:
Nr.67 „Przy Plazy" Sopot (Zoppot)

GPS: N 54° 25' 50.2"; E 18° 35' 13.2"; Bitwy Pod Plowcami 73
Öffnungszeiten: 15.06.-11.08.
Ausstattung/Lage: schön schattig / am Sandstrand; Laden; Gaststätte; Hunde erlaubt; Ver- und Entsorgung; zentral; Landungsbrücke: ca. 2 km
Zufahrt: 900 m nach Beginn der Uferstraße vor dem Kreisverkehr.

Nur 1,4 km weiter biegen wir rechts in die ul. Traugutta ab und finden nach 150 m bei [**163**: N 54° 26' 26.1"; E 18° 34' 30.5"] einen bewachten, gebührenpflichtigen Strandparkplatz. Von hier aus sind es nur noch ein paar Meter bis zur **Strandpromenade** (Fuß- und Radweg), dahinter liegt der kilometerlange, feinsandige und sehr gut besuchte **Badestrand** des Kurbades. In 1,5 km kommt man zur Hauptattraktion des Ortes: die mehr als 500 m langen, **hölzernen Mole** - Flaniermeile und Anlegepunkt der Weissen Flotte nach Danzig beziehungsweise zur Halbinsel Hel. Landseitig befindet sich **Casino**, **Kurhaus**, **Kurpark** und die Einkaufsmeile mit Restaurants und Bierstuben. Sopot ist, milde gesagt, ein äußerst belebter und beliebter Badeort, und wir sind froh, ihn auch wieder zu verlassen. Nachdem wir nun an der Badewanne Danzigs waren, kommen wir zum Hafen der Stadt: Gdynia. Aber zunächst gibt es dort noch einen Badeplatz! Ca. 700 m nach den ersten Häusern von Gdynia biegen wir rechts in die ul. Orlowska und finden nach 400 m:

Sopot - die Badewanne Danzigs ...

(164) WOMO-Badeplatz: Gdynia

GPS: N 54° 28' 48.6" E 18° 33' 34.4"; Orlowska 29
max. WOMOs: 2-3.
Ausstattung/Lage: asphaltierter Parkplatz, ruhig, eben, unbewacht, Strand 150 m
Zufahrt: 700 m nach Ortseingang rechts in die Orlowska abbiegen, nach 400 m links.

4 km weiter nördlich liegt die Südmole des Hafens. Das **Ozeanographische Museum** und ein **Meeresaquarium** befinden sich hier, außerdem als **Museumsschiff** der **Zerstörer „Błyskawica“** - und das **Segelschulschiff "Dar Pomorza"**. Wir entfernen uns nun vom modernsten Hafen der Ostsee über die B6 Richtung Norden. In Reda verlassen wir sie und biegen rechts auf die 216 Richtung Puck. Nach 12.5 km erreichen wir den Ort, wenn Sie sich die **Kleinhäuser** aus dem 18. und 19. Jahr-

hundert und das kleine **Fischereimuseum** ansehen wollen, können Sie am Markt auf einen der Parkplätze fahren. Insgesamt 15,5 km nach dem erwähnten Abzweig auf die 216 machen wir Rast an einem Picknickplatz rechts der Straße unmittelbar am Meer:

(165) WOMO-Picknickplatz: Puck (Putzig) Meer

GPS: N 54° 43' 49.6"; E 18° 23' 37.9".
max. WOMOs: 1-2.
Ausstattung/Lage: geschotterter Parkplatz an der 216, nicht sehr ruhig, eben, unbewacht, am Meer; Tisch & Bänke, Mülleimer / Ortsrand.
Zufahrt: Von Danzig die B6 kommend in Reda rechts auf die 216 abbiegen, nach 15,5 km hinter Puck ausgeschilderter Parkplatz rechts der Straße.

Nach 7 km in Władysławowo biegen wir rechts Richtung Hela ab und kommen auf die gleichnamige Halbinsel. Sie wurde durch Meer und Wind gebildet, indem die Wellen vom Kliff der Schwarzauer Kämpe den Sand anschwemmten. Sie ist 35 km lang, an der schmalsten Stelle nur 150 m breit - und, zumindest an einem Hochsommerwochenende hoffnungslos überfüllt. Zur linken begleitet uns die nächsten Kilometer ein schmaler Waldstreifen mit den Schienen der Eisenbahn nach Hela, rechts das Meer, aber erst nach 13,5 km finden wir eine kleine Möglichkeit, bei [**166**: N 54° 43' 53.3"; E 18° 35' 16.7"] unser Womo einmal abzustellen. Wir befinden uns hier am Südufer der Halbinsel Hel, die endlosen Badestrände befinden sich hingegen an der nördlichen Seite. Um dorthin zu gelangen, muss man also zunächst die Eisenbahnschienen über- und den Waldstreifen durchqueren - insgesamt ca. 250 m. Das Seegebiet zwischen der Heler Halbinsel und Gdingen, das „Putziger Wiek", hat keine Strände uns ist ein Eldorado für Surfer und Segler. Der nächste Ort ist **Jastarnia**. Vor dem Ortseingang liegt rechts der:

(167) WOMO-Badeplatz: Jastarnia (Heisternest)

GPS: N 54° 42' 49.1"; E 18° 38' 17.2"; **max. WOMOs:** 2-3.**Ausstattung/Lage:** geschotterter Parkplatz, ruhig, eben, gebührenpflichtig, Strand 50 m
Zufahrt: 3,8 km nach dem Parkplatz No. 166 rechts der Straße.

1 km weiter befindet sich auf der linken Seite der:

(168) WOMO-Campingplatz-Tipp: „Pod Cyprysami"

GPS: N 54° 42' 30.6"; E 18° 39' 07.1"; **Öffnungszeiten:** 01.05.-30.09.
Ausstattung/Lage: kaum Schatten / Strand 350 m; Laden; Gaststätte; Hunde erlaubt; Ver- und Entsorgung; Bus 100 m, Zentrum 2 km
Zufahrt: Direkt an der Straße ca. 1 km hinter dem Badeplatz 167 auf der linken Seite.

Der heutige Ort ging ursprünglich aus zwei Ortschaften hervor. Neben dem sog. **Jastarnia Pucka** bestand **Bor**, das im 17. Jahrhundert zu Danzig gehörte und von deutschen Protestanten bewohnt war. Damals entwickelte sich Bor schneller als der Nachbarort, in dem Kaschuben lebten. Dann kehrte sich die Entwicklung jedoch um. Die Einwohner Bors gingen zum Katholizismus über. Die Ortschaft wurde "kaschubisiert". Auch heute noch sollen sich die Dialekte beider Ortsteile unterscheiden. Hier gibt es gleich zwei Fischermuseen, das "**Chata Rybacka**", die sogenannte Fischerhütte, ein Gebäude im Originalzustand des 19. Jahrhunderts, wo Sie **Fischergeräte** der letzten **fünf Jahrhunderte** besichtigen können, und das privat betriebene **Muzeum Rybackie** / Fischermuseum von Juliusz Struck. Hier können Sie **Fischerbootswerkstätte** sowie eine **rekonstruierte Fischerstube** besichtigen. Die neue, schon vom weiten zu sehende Kirche von Jastarnia wurde im Jahre 1931 gebaut. Die Kirchenkanzel hat die Form eines Bootes auf den schwankenden Wellen. Ansonsten ist der Ort inzwischen ein großes Touristenzentrum geworden.

Noch 12 km sind es bis **Hel** selbst.Die Straße führt durch ein militärisches Sperrgebiet, ehemalige Verteidigungsanlagen. Bei [**169**: N 54° 37' 17.7"; E 18° 47' 52.9"] befindet sich der Schotterparkplatz zum **Militärmuseum**. Ein Stück weiter werden wir von den ersten Plattenbauten empfangen. Wir müssen mehrmals durch das Einbahnstraßennetz kreisen, bis wie einen der raren Parkplätze sehen. Wir lassen uns jedoch auf dem hiesigen Campingplatz nieder:

(170) WOMO-Campingplatz-Tipp: „Hel Camp"

GPS: N 54° 35' 56.6"; E 18° 48' 23.2"; ul. Kuracyjna 1
Öffnungsz.: 01.05.-30.09.
Ausstattung/Lage: teils schattig; ruhig; einfache Ausstattung / Strand 950 m; Gaststätte; Hunde erlaubt; Ver- und Entsorgung; Zentrum 900 m
Zufahrt: in Hel zur Südspitze des Ortes, ausgeschildert.

Sehenswert ist das Zentrum mit Fußgängerzone und die **Strandpromenade** mit der **Seehundauffangstation**. Auch befinden sich hier die alten Fischerhäuser aus dem 19. Jahrhundert, in denen nun kleine Läden und Restaurants zu finden sind. Auch der Fischerhafen ist recht hübsch, die fangfrische Ware wird teilweise direkt vom Kutter verkauft. Entlang der Hafenpromenade sind auch einige Fischimbisse, die mit frisch verarbeiteter Ware locken. Die alte Kirche aus dem 14. Jahrhundert ist

Die Promenade von Hel

jetzt ein Fischereimuseum. Vom Campingplatz aus führen Fußwege durch den Wald bis zur Südspitze der Landzunge. Hier befinden sich etliche **ehemalige Verteidigungsanlagen** aus dem zweiten Weltkrieg, die auch später nach Kriegsende weiter durch die russischen bzw. polnischen Streitkräfte genutzt wurden. Viele Betonruinen sind zu sehen, einige Einrichtungen sind zu Museumszwecken wiederaufgebaut.

Wiederaufgebaute Geschützanlage

Wir fahren nun die (einzige) Straße wieder zurück zum Festland. Leider können wir Ihnen auf der ganzen Strecke keinen weiteren, auch nur halbwegs annehmbaren freien Stellplatz anbieten. Parkraum ist knapp, und speziell an Wochenenden strömen viele Menschen aus dem Ballungsraum Gdańsk hierher. Die einzige Möglichkeit, die schönen Strände der berühmten Halbinsel richtig zu genießen, hat man auf einem der 10 Campingplätze auf Hel. Zurück auf dem Festland, in **Władysławowo**, geht der Trubel weiter. Gut 1 km nach Ortsausgang liegt bei [**171**: N 54° 49' 39.8"; E 18° 20' 13.8"] der Parkplatz zum **Leuchtturm** (Laternia Morska). Der Ort selbst, sowie auch das zugehörige Jastrzębia, sind äußerst belebte und nicht sehr ansehnliche Erholungszentren. 1 km hinter **Jastrzębia** verläuft die Straße parallel zum nahezu endlosen Sandstrand, lediglich

Strand hinter Jastrzębia

durch einen schmalen Waldstreifen Strand abgetrennt. Etliche PKW parken hier einfach am Straßenrand [**172**: N 54° 49' 57.9"; E 18° 16' 25.3"], es sind weniger als 100 Meter bis zum Wasser! 2,3 km nach obiger Markierung finden wir auf der linken Seite der Straße einen größeren, unbewachten, gebührenfreien Parkplatz [**173**: N 54° 49' 52.5"; E 18° 14' 17.1"]. In Karwia, verlässt die Straße die Küste. Nach 7,5 km, in Krokowa, biegen wir rechts auf die 213, die nun wieder parallel zur Küste verläuft. Auf der Suche nach einem passenden Stellplatz für die Nacht an der Küste nehmen wir nach weiteren 3,8 km rechts den Abzweig nach **Dębki** (Dembeck). 5,8 km später endet das Sträßchen in Dębki, wir halten uns links. Es ist einer der typischen Küstenorte: im Wald gelegen, tausende Ferienhäuschen, Campingplätze, es ist sehr belebt, entlang der

(174) WOMO-Stellplatz: Dębki (Dembeck)

GPS: N 54° 49' 47.2"; E 18° 04' 08.5"; Zakonna **max. WOMOs:** 1-2.
Ausstattung/Lage: schattig, ruhig, eben, Mülleimer; Badestrand: 450 m Ortszentrum ca. 500 m / im Ort.
Zufahrt: 213 vonPuck Richtung Słupsk 3,5 km hinter Krokowa rechts nach Dębki abbiegen, nach 5,8 km links, ca. 1,5 km kurz vor Ende der Pflasterstraße (wird Waldweg) links gegenüber Kirche.

engen Straße Verkaufsstände, Fußgänger und Autos dazwischen. Immer die Ruhe bewahrend, finden wir nach 1,5 km gegenüber der kleinen Kirche einige Parkbuchten.

Wir nutzen den Abend, um uns im Ort ein gutes Abendessen zu genehmigen und natürlich, um den hiesigen Strand zu besuchen und einige Kilometer an ihm entlang zu spazieren. Sehr flach ist das Wasser hier, einige „Lagunen" bilden sich und bieten

„Hauptstraße" von Dębki

Abendstimmung am Strand von Dębki

besonders für die Kinder schöne, warme „Badewannen“. Wer ein, zwei Tage bleiben möchte, sollte jedoch auf den ein paar hundert Meter vor dem Parkplatz gelegenen Campingplatz ausweichen:

(175) WOMO-Campingplatz-Tipp: „Lesne“ Dębki

GPS: N 54° 49' 46.3"; E 18° 04' 13.7"; **Öffnungszeiten:** 01.05.-30.09. **Ausstattung/Lage:** schattig / sehr ruhig; Strand 500 m; Hunde erlaubt; einfache Ausstattung; Ver- und Entsorgung; **Zufahrt:** Von der 213 kommend nach Dębki abbiegen, schmale „Hauptstraße“ (Bild S.199 unten) bis zum Ende durchfahren.

Wir setzen unsere Fahrt entlang der Küste fort. Obwohl es kürzer ist, möchten wir Ihnen nicht empfehlen, den Waldweg als Fortsetzung des Sträßchens an unserem Stellplatz zurück zur 213 zu nehmen. Wir fahren also auf dem gleichen Weg wieder zurück, den wir auch gekommen sind, dann rechts auf die 213 Richtung **Słupsk**. Hinter Zarnowiec biegen wir links Richtung **Wejherewo** ab. Nach 1,5 km, in Lubkowo, biegen wir rechts zum Jez. Zarnowiecki ab und finden den :

(176) WOMO-Badeplatz: Lubkowo

GPS: N 54° 46' 38.7"; E 18° 03' 51.4"; **max. WOMOs:** 1-2. **Ausstattung/Lage:** Schotterparkplatz, ruhig, eben, Sandstrand, Liegewiese **Zufahrt:** von 213 aus Osten kommend hinter Zarnowiec links Richtung Wejherewo, nach 1,5 km in Lubkowo rechts zum See, noc h 150 m

Nur 2 km weiter südlich können wir Ihnen, direkt an der Straße, bei [**177**: N 54° 45' 38.8"; E 18° 04' 38.7"] den nächsten Badeplatz bieten. In Kartoszyno biegen wir hinter dem Industriegelände rechts zur Südspitze des Sees ab. Es folgt ein großes **Pumpspeicherkraftwerk** - der Jez. Zarnowiec ist der untere See dazu! Dann folgen wir der Beschilderung „Gniewino" und gelangen nach 3 km Bergauffahrt zum **Aussichtsturm Kaszubskie** bei [**178**: N 54° 43' 00.9"; E 18° 03' 09.1"] mit großen Parkflächen. Vom Turm aus hat man einen herrlichen Blick auf den oberen und unteren See des Pumpspeicherkraftwerks. Ein Dinopark und ein Minigolfplatz vervollständigen das beliebte Ausflugsziel dieser Region! Wir fahren zurück zum unteren See, dann links das westliche Seeufer Richtung Norden entlang. An der 213 geht es links nach **Słupsk.** In Choczewo fahren wir wieder rechts nach Kopalino Richtung Küste ab. Wir kommen durch Kierzkowo, ein wenig später beginnt der Wald, dann können wir Ihnen nach 2 km auf der rechten Seite einen Picknickplatz empfehlen:

Aussichtsturm Kaszubskie

(179) WOMO-Picknickplatz: Lubiatowo

GPS: N 54° 47' 18.6"; E 17° 52' 47.1"; Topolowa **max. WOMOs:** 1-2.
Ausstattung/Lage: Wiesenplatz unter Bäumen, schattig; Tisch & Bänke, Mülleimer / außerorts.
Zufahrt: 13 vonPuck Richtung Słupsk 18 km hinter dem Abzweig Dębki rechts Richtung Kopalino abbiegen, nach 6,3 km rechts der Straße im Wald.

Am Ende der Straße biegen wir rechts Richtung **Lubiatowo** ab und folgen der Beschilderung „Plaża". Nach 2,5 km Schotterpiste erreichen wir den großen Strandparkplatz (gebührenpflichtig), den wir aber nicht zur Übernachtung empfehlen können. Entweder fahren Sie auf den **Campingplatz** direkt nebenan oder aber Sie nutzen dafür den Picknickplatz Nr.179:

(180) WOMO-Badeplatz: Lubiatowo

GPS: N 54° 48' 36.6"; E 17° 50' 06.6". **max. WOMOs:** 4-5.
Ausstattung/Lage: schattiger Parkplatz, teils sandig, eben, gebührenpflichtig, bewacht, Badestrand 150 m / Ortsfern, kein Übernachten.
Zufahrt: 13 von Puck Richtung Słupsk 18 km hinter dem Abzweig Dębki rechts Richtung Kopalino abbiegen, bis Ende der Straße, rechts nach Lubiatowo, dann links „Plaża" 2,5 km Schotter bis zum Strandparkplatz.

Traumstrand von Lubiatowo

Der Strand von Lubiatowo ist traumhaft schön. Mag der Parkplatz noch so voll sein, hier verläuft sich alles. Am Strandzugang haben sich ein paar Imbissbuden und Pavillons breitgemacht, für jeden Geschmack ist etwas dabei und die Preise sind, nach deutschen Maßstäben, sehr niedrig. Man kann hier bequem den ganzen Tag zubringen - was wir auch mit Vergnügen in Anbetracht des schönsten Sommerwetters tun.
Zurück auf die 213 geht auf dem gleichen Weg, wie wir auch hergekommen sind. Dort biegen wir wieder rechts Richtung **Słupsk** ab, nach 22 km, in **Wicko** treffen wir auf die 214, der wir rechts nach **Łeba** folgen. Nach 9 km erreichen wir den Ort. Łeba - eingezwängt zwischen dem Łebsko- und Sarbsko-See gelegen - ist die Stadt in den Dünen. Das kleine Städtchen ist Fischereihafen und sehr belebtes Seebad gleichzeitig. Der ursprüngliche im 13. Jahrhundert gegründete kaschubische Fischerort (Stadtrecht 1357) wurde nach Jahrhunderte langem Kampf gegen Überschwemmungen und Sand aufgegeben und 1570 weiter landeinwärts neu aufgebaut. Die Gegend wird deshalb auch **Polska Sahara** genannt, die polnische Sahara. Wir wollen Ihnen zunächst die Stellplatzmöglichkeiten aufzeigen. Ein paar hundert Meter nach dem Ortseingang überqueren wir die Bahnschienen. Die nächste Möglichkeit fahren wir schräg links, folgen schräg links dem Verlauf der Straße, bis wir an die Schienen kommen, dort biegen wir rechts ab, nach ca. 500 m geht es wieder links, wir überqueren zum zweiten mal die Eisenbahnstrecke (die unmittelbar danach endet). Dann überqueren wir den Fluss „Łeba". Unmittelbar dahinter liegt links der:

(181) WOMO-Campingplatz-Tipp: „Rafael" No. 145, Łeba

GPS: N 54° 45' 26.7"; E 17° 32' 49.1"; **Öffnungszeiten:** 01.05.-30.09.
Ausstattung/Lage: teils schattig / ruhig; Strand 1,3 km; Zentrum 500 m Hunde erlaubt; sehr gute Ausstattung; Ver- und Entsorgung;
Zufahrt: Von der 214 kommend nach Łeba abbiegen, unmittelbar hinter der Brücke über den Fluss links.

Nach weiteren 500 m folgen wir links dem großen hölzernen Wegweiser zum „Słowiński Park Narodowy“, wo wir nach 1,6 km am Ende der für den Verkehr freigegebenen Straße links einen großen, gebührenpflichtigen Parkplatz am Łebsko-See finden.

(182) WOMO-Stellplatz: Łeba am Łebsko-See

GPS: N 54° 45' 10.0"; E 17° 31' 06.8"; Rabka **max. WOMOs:** 3-4.
Ausstattung/Lage: asphaltierter Parkplatz, ruhig, eben, bewacht, gebührenpflichtig, von hier aus Zugang zum Nationalpark an den Wanderdünen / außerorts.
Zufahrt: Von Wicko aus auf der 214 nach Łeba, nach Überqueren der Schienen links halten, dann am Ende der Bahnstrecke links, über Brücke über die Łeba, nach weiteren 500 m links Richtung „Słowiński Park Narodowy“, nach 1 km links auf den Parkplatz.

Die nächste Möglichkeit ergibt sich, wenn wir nicht links dem großen hölzernen Wegweiser zum „Słowiński Park Narodowy“ folgen, sondern einfach geradeaus weiterfahren. Nach 200 m liegt rechts der große:

(183) WOMO-Campingplatz-Tipp: „Morski“ No. 21, Łeba

GPS: N 54° 45' 41.8"; E 17° 32' 18.4"; **Öffnungszeiten:** 01.05.-30.09.
Ausstattung/Lage: teils schattig / ruhig; Strand 500 m; Zentrum 700 m Hunde erlaubt; Laden + Restauration; sehr gute Ausstattung; Ver- und Entsorgung;
Zufahrt: Von der 214 kommend nach Łeba abbiegen, hinter der Brücke über den Fluss immer geradeaus, nach 700 m rechts der Straße.

Nach weiteren 400 m, am Ende der Straße vor dem Strand, befindet sich links noch ein gebührenpflichtiger Parkplatz:

(184) WOMO-Stellplatz Łeba Strand

GPS: N 54° 45' 49.9"; E 17° 31' 59.9"; Turystyczna **max. WOMOs:** 2-3.
Ausstattung/Lage: asphaltierter Parkplatz, ruhig, eben, zeitweise gebührenpflichtig, direkt am Strandübergang
Zufahrt: Von Wicko aus auf der 214 nach Łeba, nach Überqueren der Schienen links halten, dann am Ende der Bahnstrecke links, über Brücke über die Łeba, nach 700 m am Ende der Straße links.

Wir machen uns nun auf den Weg in die Stadt, zunächst die 700 m zurück bis zur Brücke über die *Łeba*, dann unmittelbar nachdem wir diese überquert haben nach links an den **Hafen**. Am Spätnachmittag können Sie sich direkt mit ganz frisch gefangenem Fisch versorgen. Wir gehen einfach weiter das Le-

Fischverkauf im Hafen von Łeba

baufer entlang. Hier dümpeln friedlich die farbenfroh gestrichenen Kutter der Fangflotte Łebas vor sich hin und warten auf ihren Einsatz am nächsten Tag. Einige der Kutter haben sich auch inzwischen auf die Touristen eingestellt und bieten Touren zum

Die Fangflotte von Łeba

Hochseeangeln an. Nach ein paar weiteren hundert Metern sind wir im **Zentrum** angekommen, in dem sich in einer Reihe **Restaurants** und Imbissstände für jeden Geschmack und Geldbeutel, Geschäfte und Andenkenläden befinden. Hier pulsiert in den Sommermonaten das Leben. Nachdem wir für das leibliche Wohl sowohl in fester als auch flüssiger Form gesorgt haben, machen wir uns wieder auf den Rückweg zum Womo. Am nächsten Tag starten wir zu einer der Attraktionen dieser Region, einer der großen **Wanderdünen**. Und wenn die Dünen wandern können, so können wir es auch - zumindest teilweise. Die 3 km vom Campingplatz bis zum großen Parkplatz am Rande des Naturschutzgebietes legen wir zu Fuß zurück: Für die nächsten Kilometer nehmen wir eine etwas komfortablere Fortbewegung. Zahlreiche Elektro-Karren versehen - gegen eine stattliche Gebühr - den Pendeldienst über die Betonpiste durch den Wald.

Im Zentrum von Łeba

Betonpiste? Ja, hier waren gegen Ende des zweiten Weltkrieges **V2-Raketen** stationiert, und aus dieser Zeit stammt der Weg. In RĄBKA befindet sich auch eine diesbezügliche **Ausstellung**. Vom Fuß der Wanderdüne aus geht es dann nur

Eine der großen Wanderdünen bei Łeba

noch zu Fuß weiter. Einen knappen Kilometer ist die Breite bis zum Meer hier, und man ist bestimmt nicht in einer Viertelstunde am Strand. Die **Dünen wandern** mit bis zu **9 Meter/Jahr**, sind hier über **40 m hoch** - und wenn Sie zwei Schritte vorangegangen sind, rutschen Sie einen wieder zurück. Wir überqueren die Düne zum Strand und laufen die 8 km bis nach Łeba immer am Meer entlang. Wenn Sie uns auf dieser Tour folgen wollen: nehmen Sie unbedingt genug Trinkwasser mit, unterwegs gibt es nichts, sonst haben Sie hinterher das wirkliche und echte Wüstenfeeling...

8 km Strandwanderung ...

Wir gönnen uns danach noch ein wenig Faulenzen am schönen Strand von Łeba, dann geht es weiter! Wir fahren zurück nach Wicko, wo wir wieder rechts auf die 213 Richtung Słupsk abbiegen. Nach 27,3 km, in Choćmirówo geht es rechts Richtung Kluki weiter. Dort angekommen, durchfahren wir das Dorf, die Straße endet an einem Wendehammer. Von dort zweigt ein Schotterweglein ab, dem wir noch 200 m folgen, bis wir am Ende zu einem großen Parkplatz kommen. Von hier aus führt ein Fußweg zu einem Aussichtsturm am Jez. Łebsko.

(185) WOMO-Stellplatz: Kluki (Klucken)

GPS: N 54° 40' 55.8"; E 17° 20' 52.1"; Kluki **max. WOMOs:** 2-3.
Ausstattung/Lage: Schotterparkplatz, ruhig, eben, unbewacht, gebührenfrei / Ortsrand.
Zufahrt: 213 von Nordosten in Choćmirówo rechts Richtung Kluki abbiegen, nach 21 km den Ort durchqueren, am Ende am Wendehammer noch 200 m Feldweg folgen.

Hier in Kluki gibt es ein **Freilichtmuseums**. Man hat hier in den 60er Jahren ein original kaschubisches Dorf zusammengestellt, alle Häuser sind komplett ausgestattet. Wundern Sie sich nicht über die übergroßen, klobigen Holzschuhe mit Riemen, sie sind für Pferde gedacht gewesen, damit sie hier in den Sumpfgebieten nicht so leicht einsinken. Von Klucken aus fahren wir wieder die Straße zurück, biegen aber nach 5,5 km rechts Richtung Czołpino ab und finden nach 2 km rechts dort den:

Im kaschubischen Freilichtmuseum

(186) WOMO-Wanderparkplatz: Czołpino

GPS: N 54° 42' 32.3"; E 17° 14' 30.7"; Czolpino **max. WOMOs:** 2-3.
Ausstattung/Lage: Bank, WC, Mülleimer, Imbissbude, Wanderkarte; gebührenpflichtig
Zufahrt: 213 von Nordosten in Choćmirówo rechts Richtung Kluki, nach 15 km in Smołdzinski-Las links nach Czołpino, noch 2 km.
Sonstiges: Startpunkt für Rundwanderung (8,5 km) über Hochdüne, am Strand entlang, zum Leuchtturm und zurück zum Parkplatz.

Rundwanderung: Wir starten die Wanderung genau gegenüber der Einfahrt zum Parkplatz und folgen zunächst der roten Markierung. Nach 1 km durch den Wald wird der Boden die nächsten 500 m immer sandiger, ohne Schuhe geht es nun besser! Der nächste Kilometer führt über die Wanderdüne, dann folgen 500 m durch einen Wald, bis man an den Strand kommt. Wir gehen links 2 km den Strand entlang, dem Schild „Laternia Morska" folgend. Nach 2 km geht es wieder links 1,5 km durch den Wald bis zum Leuchtturm (Laternia Morska). Diesen sollte man wegen der Aussicht auch besteigen. Von hier aus ist es noch knapp 1 km bis zur Straße, dann links, nach 300 m sind wir wieder am Parkplatz.

Die Wanderdünen vom Leuchtturm „Laternia Morska“ aus gesehen

Von Czołpino aus fahren wir wieder zurück nach Smołdzinski-Las, von dort wieder nach Smołdzino. Dort fahren wir rechts Richtung Słupsk. Wir überqueren die *Łupawa*, links können wir das kleine **Wasserkraftwerk** bewundern. Nach 650 m finden wir rechts einen größeren und tagsüber bewachten Parkplatz.

(187) WOMO-Wanderparkplatz: Smoldzino, Rowokól

GPS: N 54° 39' 43.6"; E 17° 12' 23.6". **max. WOMOs:** 1-2.
Ausstattung/Lage: gebührenpflichtiger Parkplatz, eben, / im Ort.
Zufahrt: 213 von Nordosten in Choćmirówo rechts Richtung Kluki, nach 10 km in Smoldzino links Richtung Słupsk, nach 850 m rechts „P“.

Aussichtsturm auf dem Reveken

Wir stellen unser Womo ab und starten - auf der gegenüberliegenden Straßenseite - die kurze Wanderung auf die Spitze des 115 m hohen „Heiligen Berg der Slowinzen“, den **Rowokól** (Reveken). Hier oben befindet sich ein hoher stählerner Aussichtturm, von dem aus sich ein Rundblick auf die Seen Łeba, Garda und Großer und Kleiner Dolgen mit einem wunderschönen Meerespanorama eröffnet.

Wir folgen dem Verlauf der Straße nach Słupsk und kommen nach 3,7 km in Gardna Wilka an den **Gardner See**. Wir biegen im Ort die erste Möglichkeit rechts zum See ab und finden:

(188) WOMO-Stellplatz: Gardna Wilka (Groß-Garde)

GPS: N 54° 38' 25.0"; E 17° 10' 04.6".
max. WOMOs: 1-2.
Ausstattung/Lage: Parkplatz direkt am See, ruhig, eben, unbewacht, Restaurant anbei, Laden + Bäcker 500 m / im Ort.
Zufahrt: 213 von Nordosten in Choćmirówko rechts Richtung Kluki, nach 10 km in Smoldzino links Richtung Słupsk, in 3,7 km nach Ortseingang Gardna Wilka rechts am See.

Wir folgen dem Verlauf der Straße Richtung Słupsk. Nach 7 km, in Gabino, biegen wir hinter der Bushaltestelle rechts Richtung Rowy / Ustka ab. Der nächste Ort ist Obiazda, wir halten uns links nach Ustka, wo wir nach 11,5 km ankommen. An der ersten Ampel fahren wir rechts Richtung Strand. Es gibt hier aber lediglich gebührenpflichtige (und bewachte) Parklücken am Straßenrand. Da auch der Strand eher als überfüllt zu bezeichnen ist, setzen wir unsere Fahrt fort, und zwar auf der 203 Richtung Darłowo. Nach 9,8 km, in Zaleskie, verlassen wir die 203 wieder und biegen rechts Richtung Jarosławiec ab. Nach 13 km über die typisch zweitklassigen Landsträßchen, in Nacmierz, biegen wir rechts ab und erreichen nach 5,4 km in Jarosławiec den riesigen Sandstrand.

Strand in Ustka

(189) WOMO-Badeplatz: Jarosławiec (Jershöft) I

GPS: N 54° 32' 30.7"; E 16° 32' 18.7". **max. WOMOs:** 2-3.
Ausstattung/Lage: teils schattiger Parkplatz, eben, gebührenpflichtig, bewacht, direkt am Meer, Badestrand 250 m entfernt / im Ort, kein Übernachten.
Zufahrt: 203 von Ustka Richtung Darłowo, in Zaleskie rechts über Naćmierz Richtung Jershöft, dort rechts zum Strandparkplatz.

Auf dem gebührenpflichtigen, bewachten Parkplatz können Sie jedoch nicht übernachten. Aber auch hierfür können wir Ihnen eine Lösung bieten: Wir verlassen obigen Platz wieder, kehren zurück auf die parallel zur Küste verlaufenden Straße; auf die wir rechts abbiegen.

Ca. 1 km nach dem Ortsausgang von Jershöft sind die Wiesenstreifen rechts und links der Straße von parkenden Autos eingenommen. Dies zieht sich über 3 km bis zum Ende der Straße an einem Wendehammer hin. Alle paar hundert Meter gibt es Pfade durch den Kiefernwald zum Strand, der maximal 100 m entfernt ist, und hier wird auch niemand die Nachtruhe stören - Durchgangsverkehr kann es hier auch keinen geben.

(190) WOMO-Badeplatz: Jarosławiec II + III

GPS: N 54° 31' 32.9"; E 16° 30' 35.1". N 54° 31' 05.2"; E 16° 29' 17.6"
max. WOMOs: >5.
Ausstattung/Lage: teils schattiger Parkplatz, eben, gebührenfrei, unbewacht, direkt am Meer, Badestrand 100 m entfernt / außerorts.
Zufahrt: 203 von Ustka Richtung Darłowo, in Zaleskie rechts über Naćmierz Richtung Jarosławiec, weiter die Straße parallel zum Strand.

Vom Wendehammer aus fahren wir 1,5 km zurück und biegen rechts nach Rusinowo ab. Dort, nach weiteren 1,5 km, folgen wir rechts der Beschilderung **Darłowo**.

Endlich, nach 6,5 km treffen wir auf die etwas besser ausgebaute 203 und sind 5 km weiter am Ortseingang. Wir fahren noch 2,2 km weiter, immer dem Straßenverlauf Richtung Koszalin folgend. Direkt am Stadttor, vor der Altstadt, in die wir nicht hineinfahren können, macht die Straße einen Linksknick, 400 m weiter biegen wir links ab und fahren nach 75 m rechts auf den großen Parkplatz am Rande des **Stadtparks**. Von hier aus sind es nur 300 m bis zum Zentrum.

(191) WOMO-Stellplatz: Darłowo (Rügenwalde)

GPS: N 54° 25' 10.5"; E 16° 24' 52.7"; Chopina F. **max. WOMOs:** 1-2.
Ausstattung/Lage: eben, gebührenfrei, Zentrum 500 m / im Ort.
Zufahrt: 203 von Ustka Richtung Darłowo, bis zur Altstadt, davor links, nach 400 m wieder links, dann rechts „P".

Eine der Hauptsehenswürdigkeiten ist das **Schloss der Herzöge von Pommern** aus der 2. Hälfte des 14. Jahrhunderts. Es wurde mehrfach umgebaut und beherbergt heute das **Regionalmuseum** und die **Touristeninformation**. Der Weg führt uns weiter über die **Fußgängerzone**, mit schönem Blick auf die *Wieprza*, die durch Rügenwalde bis zum Meer fließt. Am Ende der Fußgängerzone befindet sich der sehenswerte **Marktplatz**, umgeben von **Bürgerhäusern** aus dem 18. und 19. Jahrhundert.

Das **Rathaus** aus dem 18. Jahrhundert mit dem **Fischer-Denkmal** davor und der **Pfarrkirche St. Marien** dahinter vervollständigen das schöne Gesamtbild der Stadt. Aber bevor Sie sich nun hier in Rügenwalde umsehen und verzweifelt eine große, rote, hölzerne Mühle suchen, wo massenhaft Teewurst geräuchert und von hübschen, jungen Damen verkauft wird, hier die Geschichte dazu:

Schloss der Herzöge von Pommern

Rügenwalde in Hinterpommern galt schon Ende des 18. Jahrhunderts als die Stadt der Wurstspezialitäten. Otto von Bismarck war nur einer von vielen prominenten Genießern zu damaliger Zeit. Verantwortlich für den Ruhm war nicht zuletzt auch der Hafen, der den regen Handel mit Wurstwaren möglich machte.
1834 gilt als das Gründungsjahr der Rügenwalder Wurstfabrik von Carl Müller. Sein Sohn, ebenfalls Carl Müller, trat in die Fußstapfen des Vaters und erfand um die Jahrhundertwende eine streichfähige Wurst, unnachahmlich im Geschmack. Durch eine aufwändige Zubereitung, bei der die Zutaten sehr fein zerkleinert werden, und eine natürliche Reifung entstand eine Wurst von hervorragendem Aroma, so herzhaft fein wie nie zuvor.
Wie zu damaliger Zeit üblich, gab es am Nachmittag Tee. Die Fleischermeister von Rügenwalde bevorzugten dazu einen herzhaften Imbiss und ließen sich statt süßer Backwaren die neuartige feine Streichwurst schmecken. Rasch entwickelte sich diese Wurstsorte zur ständigen Beigabe zum Nachmittags-Tee und so bürgerte sich nach und nach, auch außerhalb der Stadt Rügenwalde – der Name „Teewurst" ein.
Damit Carl Müller seine Teewurst von den anderen unterscheiden konnte, wählte er die rote Mühle als sein Markenzeichen. Schließlich hieß er Müller!

Nach dem zweiten Weltkrieg verlegte das Familienunternehmen die Wurstproduktion nach Niedersachsen, und von „Rügenwalde" ist in der Teewurst nur der Name geblieben.

Der Marktplatz von Darłowo

Aber es gibt ja nicht nur Rügenwalde, sondern auch noch Rügenwaldermünde mit einem wunderschönen Badestrand - und zwar beidseitig der *Wieprza*. Zwischen den beiden Stränden gibt es nur eine Fußgängerbrücke, und wenn Sie mit dem Womo vom einen zum anderen wollen, müssen Sie die

Strecke bis Rügenwalde fahren, den Fluss überqueren und auf der anderen Seite wieder zurück! Der westliche Strand ist der mondänere, hier befinden sich Ferienhäuser, Hotels sowie der **Leuchtturm**, der auch bestiegen werden kann. Der Parkraum hingegen ist dort sehr eingeschränkt. Wir entscheiden uns für das östliche Ufer, fahren also von unseren Parkplatz herunter, dann links und immer geradeaus, ausgeschildert ist der „Park Wodny Jan", ein großes Spaß-Hallenbad mit Riesenrutschen, Saunalandschaft etc., und wenn Sie an diesem Bad vorbei-

(192) WOMO-Badeplatz: Darłowko (Rügenwaldermünde)

GPS: N 54° 26' 41.4"; E 16° 23' 37.9"; Polnocna **max. WOMOs:** 3-4.
Ausstattung/Lage: sandiger Parkplatz, ruhig, eben, unbewacht, direkt am Meer, Badestrand 50 m entfernt / ortsnah.
Zufahrt: Von Darłowo Zentrum aus noch vor der Brücke über die Wieprza rechts Richtung „Park Wodny Jan" fahren, am Schwimmbad vorbei dort „P".

fahren, gibt es sowohl jede Menge kostenlosen Parkraum als auch, hinter dem schmalen Wald- und Buschstreifen und den Panzersperren, einen langen, feinsandigen Strand. Wir fahren nach einer ausgiebigen Badepause wieder den Kilometer zurück zur parallel mit der Wiepzra verlaufenden 205 und sind nach 3 km wieder in Darłowo, hier biegen wir rechts auf die 203 Richtung Koszalin. Hinter der Brücke auf der linken Seite finden wir eine Tankstelle, wo wir, wie immer, nicht nur die Diesel- sondern auch die Wasservorräte ergänzen. Der nächste Ort nach 7,5 km ist Dąbki. Hier können wir einen vom 08:00-21:00 Uhr bewachten, gebührenpflichtigen Parkplatz anbieten:

Der östliche Strand von Darłowko

(193) WOMO-Badeplatz: Dąbki (Neuwasser)

GPS: N 54° 22' 38.6"; E 16° 18' 38.3". **max. WOMOs:** 1-2.
Ausstattung/Lage: bewacht, Strand 50 m entfernt / ortsnah.
Zufahrt: Von Darłowo Zentrum aus die 203 Richtung Koszalin, in Dąbki Richtung Nehrung.

Diesen Platz können wir kaum zum Übernachten empfehlen, wir suchen noch ein wenig weiter nach etwas geeigneterem. Die schmale Nehrung, die den *Buckower See* vom Meer trennt, dürfen wir nicht befahren, also fahren wir die 203 weiter

Richtung Koszalin. Nach 5 km können wir Ihnen am Ufer des Jez. Bukowo bereits den nächsten Platz anbieten:

(194) WOMO-Badeplatz: Jez. Bukowo

GPS: N 54° 20' 32.2"; E 16° 18' 58.1".
max. WOMOs: 4-5.
Ausstattung/Lage: bewacht, Strand 50 m entfernt, gebührenpflichtig / außerorts.
Zufahrt: Von Dąbki aus die 203 Richtung Koszalin, nach 5 km am Seeufer.

Nach 11,5 km, in **Sucha Koszalinska**, biegen wir rechts Richtung **Łazy** ab.Dort, 8 km weiter, können wir in dem belebten Ferienort noch keinen annehmbaren Stellplatz finden. Aber 5 km weiter westlich, auf der Nehrung zwischen dem *Jamunder See* (Jez. Jamno), direkt hinter der kleinen Brücke über den Flusslauf, der den See mit dem offenen Meer verbindet, befindet sich rechts ein sehr schöner, gebührenpflichtiger Privatparkplatz zwischen Büschen und Bäumen.

(195) WOMO-Badeplatz: Jamunder Nehrung

GPS: N 54° 16' 56.4"; E 16° 08' 00.1". **max. WOMOs:** 2-3.
Ausstattung/Lage: teils schattiger Parkplatz, eben, teils sandig, gebührenpflichtig, nur in der Saison geöffnet, nachts unbewacht, direkt am Meer, Badestrand 100 m / außerorts.
Zufahrt: 203 von Darłowo Richtung Koszalin, in Sucha Kosz. rechts über Łazy Richtung Mielno, hinter der Brücke über den Kanal zw. See und Meer rechts.

Wir verleben wir hier einige sehr, sehr ruhige Stunden und haben das Glück, dass durch die momentane Strömung das sehr warme Wasser des Sees ins Meer fließt und auch dort entsprechend warme Stellen entstehen - ein interessantes Badevergnügen! 3 km weiter, in **Mielno-Unieście**, biegen wir direkt am Ortseingang rechts zum:

(196) WOMO-Campingplatz-Tipp: „A.D.A“, Mielno-Unieście

GPS: N 54° 16' 11.6"; E 16° 05' 24.6"; **Öffnungszeiten:** 01.05.-30.09.
Ausstattung/Lage: Teils schattig / ruhig; eigener Strandzugang; Zentrum 700 m; Hunde erlaubt; einfache Ausstattung; Ver- und Entsorgung.
Zufahrt: 203 von Darłowo Richtung Koszalin, in Sucha Kosz. rechts über Łazy Richtung Mielno, nach Ortseingang Mielno-Unieście rechts zum Strand abbiegen.

Strand in Mielno-Unieście

Der Campingplatz verfügt über einen eigenen Zugang zum endlosen Strand von Mielno-Unieście. Geht man ein paar hundert Meter in westlicher Richtung am Strand weiter, kommt man zum alten Fischereihafen. Die Kutter werden hier einfach per Seilzug ein Stück den Strand hochgezogen. Oberhalb des Strandes befinden sich die Lagerräume, außerdem haben sich hier etliche Räuchereien und kleine SB-Restaurants angesiedelt, die die frische Ware direkt vermarkten - preiswert und sehr gut! Wer gerne Fisch mag, kommt auf seine Kosten!

Fischräucherei im Hafen

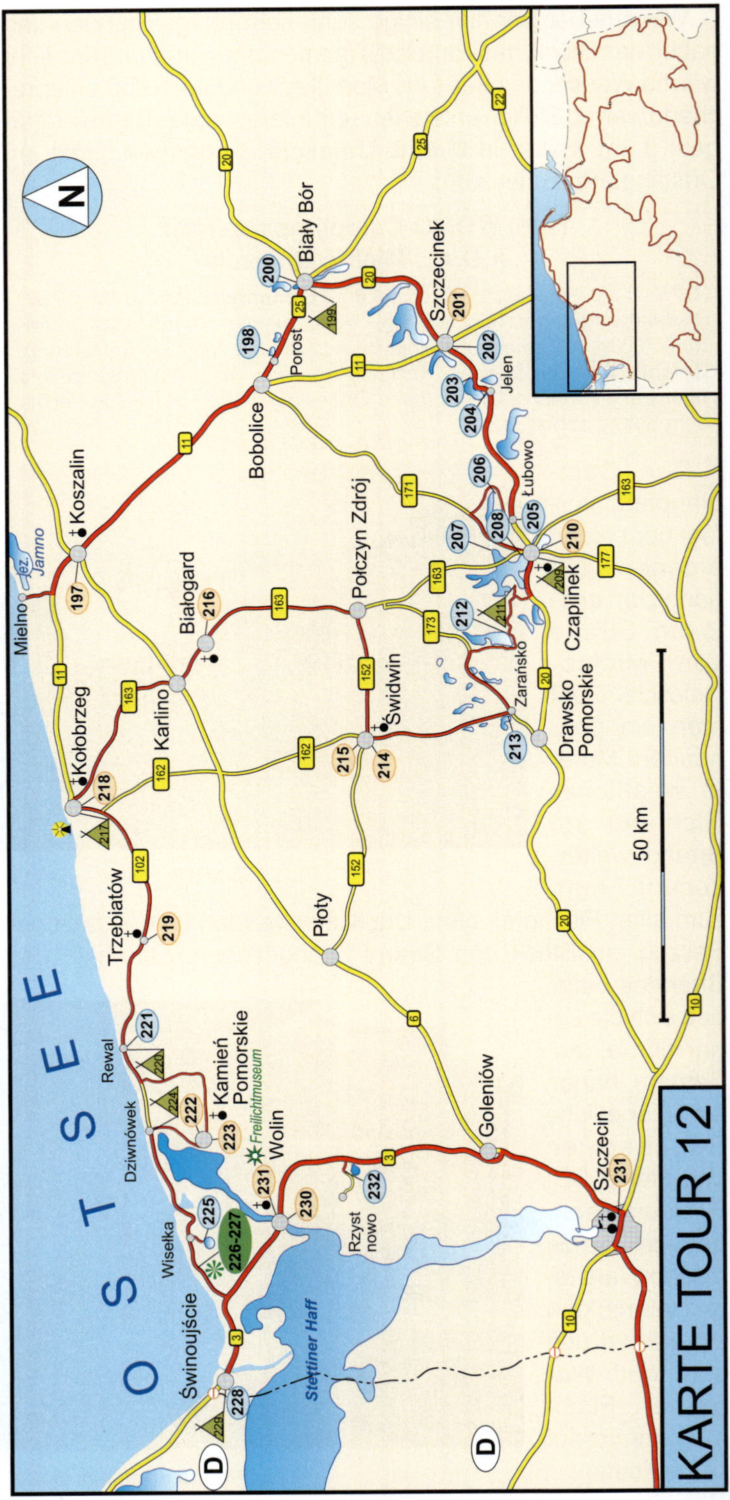
KARTE TOUR 12
OSTSEE
N
Stettiner Haff
D
D
Świnoujście
Wisełka
Dziwnówek
Rewal
Trzebiatów
Kołobrzeg
Mielno
Jez. Jamno
Koszalin
Kamień Pomorskie
Freilichtmuseum
Wolin
Rzyst nowo
Goleniów
Szczecin
Płoty
Karlino
Białogard
Bobolice
Porost
Biały Bór
Szczecinek
Jelen
Łubowo
Połczyn Zdrój
Świdwin
Zarańsko
Czaplinek
Drawsko Pomorskie
50 km
197
198
199
200
201
202
203
204
205
206
207
208
209
210
211
212
213
214
215
216
217
218
219
220
221
222
223
224
225
226-227
228
229
230
231
231
232
3
6
10
11
20
22
25
102
152
162
163
171
173
177

TOUR 12 (ca. 547 km / 7-8 Tage)

Koszalin (Köslin) - Biały Bór - Szczecinek - Czaplinek - Swidwin - Bialogard - Kołobrzeg (Kolberg) - Trzebiatów (Treptow) - Rewal (Rewahl) - Świnoujście (Swinemünde) - Wolin (Wollin) - Szczecin (Stettin)

Freie Übernachtung:	Stadtparkplatz in Koszalin; Am Jez. Chlewo bei Porost; am Jez. Lobez in Biały Bór; in Szczecinek; am See bei Lubowo; am See bei Rakowo; in Czaplinek; am See bei Zarańsko; vor Swidwin; in Bialograd; in Kołobrzeg; an der Steilküste von Rewal; Am Badesee von Wisełka; am Strandparkplatz von Świnoujście; in Wollin am Jachthafen; am Badesee von Przybiernów; Stadtparkplatz in Szczecin
Campingplätze:	„Nr. 268 in Bilay Bor; „Drawtur No. 251" in Czaplinek; „Baltyk Nr. 78" in Kołobrzeg; „Klif No. 192 in Rewal; „Relax Nr. 44" in Świnoujście
Besichtigen:	Zentrum von Koszalin, Świdwin und Bialogard; Seebad Kołobrzeg mit Spaziermole, gotischem Rathaus, Parkanlagen und Basilika; Marienkirche in Trzebiatów; Naturschutzgebiet Wollin;
Baden:	Im See bei Porost; im See bei Biały Bór; im See bei Rakowo; im Jez. Drawsko bei Czaplinek; im Jez. Siecino bei Cieszyno; im Jez. Zarańsko; am Strand bei Rewal; im Badesee Wisełka; am Strand von Świnoujście; im Badesee Przybiernów

Am nächsten Morgen führt uns die weitere Route nach Koszalin. In Mielno, biegen wir links auf die 165, dann links auf die 11. Kurze Zeit später sind wir am Ortseingang. 4,7 km weiter, am 1. Kreisverkehr, halten wir uns schräg links, kreuzen die Eisenbahn, direkt danach am Kreisverkehr fahren wir links und bleiben für 1,4 km auf dieser Straße. Dann biegen wir rechts in die *ul. Młyńska*, nach 500 m links in die *Piastowska* und finden nach 350 m auf der linken Seite einen idealen Stadtparkplatz, ruhig am Park gelegen.

(197) WOMO-Stellplatz: Koszalin (Köslin)

GPS: N 54° 11' 31.0"; E 16° 11' 18.2"; Piasowska **max. WOMOs:** 1-2.
Ausstattung/Lage: schattig, ruhig, eben; Zentrum ca. 500 m / im Ort.
Zufahrt: 11 von Kołobrzeg Richtung Koszalin, 1. Kreisverkehr schräg links, über Bahn, nächster Kreisverkehr links, nach 1,4 km rechts, (ul. Młyńska) nach 500 m links (Piastowska), 350 m weiter links „P"

Marktplatz mit Marienkirche

Wir gehen zunächst durch den **Park** in westliche Richtung und kommen nach ca. 500 m auf den **Rathausplatz**. Hier befindet sich die **Marienkathedrale** aus dem 14. Jahrhundert mit Resten aus der **mittelalterlichen Ausstattung** (Taufbecken, Kruzifix und Heiligenfiguren). Das genaue Gegenteil verkörpert das am gegenüber des Platzes gelegene **Rathaus** - ein im Jahre 1962 vollendeter, moderner, nicht uninteressanter Bau. Von der **Alten Stadt** ist kaum etwas übrig geblieben. Was einem großen Brand 1718 nicht zum Opfer fiel, wurde während des zweiten Weltkrieges zerstört. Nur in der Straße hinter der Kathedrale, der *ul. Bogusława*, sind noch einige wenige historische Häuser erhalten - unter anderem wohnte in dem gotischen Haus, wo heute das Theater „Dialog“ untergebracht ist, von 1464 bis 1893 jeweils der Scharfrichter der Stadt - der letzte mit seiner Familie, obwohl außer Dienst, noch bis in die dreißiger Jahre. Auf unserem Rückweg zum Womo kommen wir noch an den Resten der alten Stadtmauer vorbei und werfen einen Blick in die ehemalige Schlosskirche aus dem 16. Jahrhundert, heute eine griechisch-katholische Kirche.

Sehr modernes Rathaus Koszalin

Wir verlassen nun die quirlige Ostseeküstenregion für einen großen Schlenker über die ruhige, wenig besuchte **pommersche Seenplatte**. Wir wenden uns von Koszalin aus auf die 11 Richtung **Poznań**. Nach gut 39 km, in Bobolice, halten wir uns links auf die 25 Richtung **Bydgoścz**. Nach weiteren 5,6 km, in dem Dorf **Porost**, folgen wir links dem Hinweisschild „Rajska Plaza“und kommen nach ca. 1 km an eine wunderschöne Badestelle am Jez. Chlewo. Einige Zelte und Wohnwagen haben sich hier fast wie auf einem „wilden“ Campingplatz ,zwischen den Bäumen links der kleinen Bucht ausgebreitet.

(198) WOMO-Badeplatz: Porost

GPS: N 53° 56' 13.8"; E 16° 40' 17.4"; Porost.
max. WOMOs: 3-4.
Ausstattung/Lage: Wiesengelande, ruhig, eben, unbewacht, Badesteeg, Mülleimer, Dixi-Toiletten
Zufahrt: 25 von Bobolice Richtung Bydgošcz nach 5,6 km in Porost links dem Hinweis „Rajska Plaza" folgen, noch 1 km.

Nicht weit ist es zum nächsten Ziel. Wir fahren zurück zur 25, dort links Richtung **Bydgošcz**. Nach 12 km, wir befinden uns schon in **Biały Bór**, biegen wir links in die Ul. Sądowa ab. Nach 600 m können Sie rechts abbiegen auf den:

(199) WOMO-Campingplatz-Tipp: „No.268" Biały Bór

GPS: N 53° 54' 09.8"; E 16° 49' 48.4"; **Öffnungszeiten:** 01.07.-15.09.
Ausstattung/Lage: kaum Schatten / Strand 150 m; Laden; Gaststätte; Hunde erlaubt; Ver- und Entsorgung; Zentrum 700 m
Zufahrt: In Biały Bór die 25/20 aus Bobolice kommend links in die ul. Sądowa abbiegen, nach 600 m rechts Einfahrt.

Aber eigentlich besteht hier kein Grund, den Campingplatz aufzusuchen: 250 m weiter, direkt am See, befindet sich der Städtische Badeplatz; hier kann man, natürlich gegen Gebühr, auch übernachten und sogar einen Stromaschluss bekommen:

(200) WOMO-Badeplatz: Biały Bór

GPS: N 53° 54' 19.3" E 16° 49' 40.6"; Ul. Sądowa.
max. WOMOs: 3-4.
Ausstattung/Lage: Wiesengelande, ruhig, beaufsichtigter Badesteeg, Nichtschwimmerbereich, Spielplatz, Mülleimer, Frischwasser, Kajak- und Fahrradverleih
Zufahrt: In Biały Bór die 25/20 aus Bobolice kommend links in die ul. Sądowa abbiegen, nach 850 m links Zufahrt.

Wir fahren zurück zum Zentrum, dort auf die 20 Richtung **Poznań**. Nach 29 km sind wir in **Szczecinek** (Neustettin), einem ca. 700 Jahre alten Ort mit 38.000 Einwohnern. 750 m nach dem Kreisverkehr, an dem die 11 einmündet und den wir „geradeaus" überqueren, biegen wir links in die ul. 1.Maja und dort links auf den großen Parkplatz bei [**201**: N 53° 42' 38.0"; E 16° 41' 37.6"] ab. Nur wenige Meter sind es bis zum **Rynek** mit dem **Rathaus** aus dem 17. Jahrhundert und der **Backstein-Stadtkirche** sowie der unvermeidlichen Außengastronomie, es

Rathausplatz von Szczecinek

schließt sich eine schöne, gepflegte „Einkaufsmeile" an. Der nette Ort liegt an einem See, also können wir Ihnen 750 m südlich des Platzes bei [**202**: N 53° 42' 13.7"; E 16° 41' 40.7"] eine weitere, großzügige Parkmöglichkeit direkt am frisch renovierten, **kostenlosen** städtischen **Strandbad** bieten. Sandstrand, Duschen, eine Imbissbude und unmittelbar anschließende Wasserskianlage und Tretbootverleih vervollständigen das Freizeitangebot. Der recht nahe an der Uferstraße liegende Parkplatz lädt nicht unbedingt zum Übernachten ein.

Strandbad in Szczecinek

Wir fahren weiter über die 20 Richtung **Drawsko Pomorskie**. Nach 11,5 km können wir Ihnen direkt hinter **Przyjerzierze** bei [**203**: N 53° 38' 08.6"; E 16° 36' 36.5"] eine kleine Badestelle für 1-2 WOMOs relativ nahe der Straße bieten, aber haben Sie keine Sorge, wenn die Stelle schon belegt ist. Es sind lediglich weitere 500 m bis zur nächsten Bademöglichkeit an einem weiteren See. Fahren Sie dort einfach rechts der Straße den Weg zwischen den Bäumen hoch und suchen Sie sich dort einen Platz. Der Strand liegt unmittelbar darunter:

(204) WOMO-Badeplatz: Jeleń

GPS: N 53° 37' 53.8"; E 16° 36' 41.2
max. WOMOs: 1-2.
Ausstattung/Lage: zwischen Bäumen, ruhig, Tisch, Bänke, Grillhütte, Mülleimer
Zufahrt: An der 20 Richtung Drawsko Pomorskie direkt im Dorf Jeleń.

Nach 19 km weiter die 20 Richtung Westen fahrend gelangen wir in den Ort **Łubowo**. Hier folgen wir rechts dem Hinweisschild zum „Plaża", nach 1 km Schotterpiste liegt rechterhand der Strand, links und rechts des Weges ist Platz zum Stehen:

(205) WOMO-Badeplatz: Łubowo

GPS: N 53° 35' 29.6"; E 16° 23' 22.0"
max. WOMOs: 1-2.
Ausstattung/Lage: zwischen Bäumen, ruhig, Badesteg, Wiesenstrand, Tisch, Bänke, Grillhütte, Mülleimer
Zufahrt: An der 20 Richtung Drawsko Pomorskie in Łubowo rechts zum Plaża, nach 1 km Weg rechts der Straße.

Badestrand hinter Rakowo

Bevor wir uns mit Czaplinek den nächsten Ort vornehmen, gibt es aber noch zwei weitere Badeplätze. Wir fahren die Schotterstraße zurück nach Łubowo, biegen rechts auf die 20, aber bereits nach 300 m folgen wir rechts der Beschilderung nach **Komorze**. 3 km weiter kommen wir durch **Rakowo** und nach einem weiteren Kilometer liegt links bei [**206**: N 53° 37' 03.4"; E 16° 22' 26.3"] die große Badebucht des Jez. Komorze. Rechts der Straße ist eine breiter Wiesenstreifen als Parkplatz gemäht. Wir fahren weiter, kommen durch **Komorze** und in **Polne** endet die Straße an der 171, der wir links Richtung **Czaplinek** folgen. 5,9 km nach dieser Abzweigung führt ein holpriger Feldweg zum 350 m entfernten Parkplatz am Gemeindebadestrand von **Sikory**:

(207) WOMO-Badeplatz: Sikory

GPS: N 53° 37' 00.6";
E 16° 15' 47.5";
max. WOMOs: 1-2.
Ausstattung/Lage: ruhig, eben, Bänke, Feuerstelle, Mülleimer, Dixi-Toilette; gebührenpflichtig; nur Fzg. bis max. 6 m Länge! / außerorts
Zufahrt: An der 171 von Nordosten Richtung Richtung Czaplinek5,9 km hinter Polne links in den Feldweg abbiegen, noch 350 m.

Wir holpern den Feldweg zurück zur 171 und wenden uns nun endgültig nach **Czaplinek**. 5,6 km weiter sind wir am Ortseingang - hier zweigt rechts die 163 Richtung **Połczyn-Zdrój** ab - und, was sehen wir? Natürlich einen Badeplatz. Also: rechts auf die 163, aber nach 300 m wieder links abbiegen und nach 100 m erneut links zum

Badeplatz Czaplinek

ca. 100 m entfernten Strand. 1-2 kompakte Womos finden hier am Rand oder am Ende der Sackgasse einen Parkplatz [**208**: N 53° 34' 18.5"; E 16° 13' 46.0"]. Für einen längeren Aufenthalt biegen Sie nicht scharf rechts zum Strand ab, sondern folgen dem Weg noch 750 m und sind am:

(209) WOMO-Campingplatz-Tipp: „Drawtur" Czaplinek

GPS: N 53° 34' 36.6"; E 16° 13' 12.0"; **Öffnungszeiten:** 01.05.-30.09.
Ausstattung/Lage: Schattig; bewachter Badestrand; Kantine; Café; Hunde erlaubt; Spielplatz; Kanu- und Segelbootverleih; Sportplätze; Ver- und Entsorgung; Zentrum 1 km
Zufahrt: 171 von Nordosten kommend vor Czaplinek links auf die 163 Richtung Połczyn-Zdrój, nach 300 m links, noch 750 m.

Nun wenden wir uns dem Zentrum des hübschen Städtchens zu. Zurück auf der 171 fahren wir noch gut 1 km weiter und finden bei [**210**: N 53° 33' 37.5"; E 16° 13' 52.1"] den Marktplatz mit einigen Parktaschen. Dort kreuzen sich alle Fernrad- und Wanderwege der Region. Die Straßen rund um den Markt sind noch typisch mittelalterlich angeordnet. Hier findet sich auch die Dreifaltigkeitskirche, auffällig wegen des fehlenden Glockenturms. Sie wurde am Ende des 14. Jahrhunderts im romanischen Stil an der Stelle des vorherigen Schlosses des Templerordens erbaut. Sie stand im Laufe der Jahrhunderte mehrmals in Flammen, zuletzt musste dann 1725 der Turm abgerissen werden. Im Innern finden Sie einen barocken, vergoldeten Baldachinaltar und eine Reproduktion von Rembrands „Heilige Dreifaltigkeit". Die Glocke aus dem Jahr 1730 wurde kurzerhand auf ein hölzernes Gestell vor die Kirche gesetzt.

Marktplatz von Czaplinek

Dreifaltigkeitskirche in Czaplinek

Wir folgen nun weiter der 20 Richtung **Drawsko Pomorskie**. Nach 7 km, in Siernczyno, biegen wir rechts in ein kleines Sträßchen nach Piaseczno ab. 2,7 km später kommen wir an eine Gabelung, rechts ist ein Hinweis zum „Camping Wajk" (den wir Ihnen aber nicht unbedingt empfehlen möchten), aber, wenn sie richtig in der Einsamkeit ausspannen möchten, können wir Ihnen nach 350 m rechts den:

(211) WOMO-Campingplatz-Tipp: „Agroturystika"

GPS: N 53° 34' 53.5"; E 16° 07' 58.0".
Ausstattung/Lage: kein Schatten; Wiesengelände direkt am See beim Bauern; Strom, Ver- und Entsorgung; Toilette, Dusche; frische Eier, Käse und Milch; nächster Ort 3 km
Zufahrt: 20 von Czaplinek kommen in Siernczyno rechts nach Piaseczno abbiegen, nach 3 km rechts

empfehlen. Ansonsten fahren Sie an der Gabelung links weiter. In Rzepowo, nach 2,9 km, biegen wir links nach Cieszyno ab. Die nächsten 2,5 km ist das Sträßchen in einem erbärmlichen Zustand, dann biegen wir links ab und erreichen nach 4,5 km **Cieszyno**. Dort finden wir am Jez. Siecino, welche Überraschung, einen Badeplatz!

(212) WOMO-Badeplatz: Cieszyno

GPS: N 53° 35' 22.0"; E 16° 02' 11.8".
max. WOMOs: 2-3.
Ausstattung/Lage: relativ ruhig, eben,bewachter Badestrand, Badesteg, Minigolf, Spielplatz , Mülleimer / im Ort. Tagesgäste parken kostenlos gegenüber, Übernachtung oder mehrere Tage gegen Gebühr auf Wiese; auch Stromversorgung.
Zufahrt: siehe Text.

Wir fahren die Straße bis zum Ende in 2,3 km und halten uns dann rechts Richtung **Połczyn-Zdrój**. Nach gut 7 km endet die sehr gut ausgebaute Straße an der 173, wir biegen links nach **Drawsko Pomorskie** ab. 14,3 km folgen wir der passablen Straße über das sanft geschwungene Hügelland, dann, in **Zarańsko**, geht es rechts auf die 162 - **Kołobrzeg** ist hier bereits ausgeschildert. Wir sehen schon links den mit dem Jez. Zarańskie den nächsten See blitzen, und, richtig, nach 400 m zweigt links ein Schotterweg zum See und einer ansprechenden Badestelle ab!

(213) WOMO-Badeplatz: Zarańsko

GPS: N 53° 34' 26.3"; E 15° 50' 44.1".
max. WOMOs: 2-3.
Ausstattung/Lage: relativ ruhig, eben, Wiesenstrand, ohne alles / Ortsrand.
Zufahrt: 162 von Drawsko Pomorskie Richtung Kołobrzeg am nördlichen Ortsrand von Zarańsko links Schotterweg zum See, noch 150 m.

Weiter geht es die 162 Richtung **Kołobrzeg**. Ca. 21 km sind es bis zum Ortseingang von **Świdwin**. 850 m weiter biegen wir links in die Ul. Wczasowa ab und kommen nach 150 m an einen ruhigen Parkplatz am Jez. Bukowiec. Baden kann man hier nicht, die Stege, die man von hier aus sieht, gehören zu einer Hotelanlage - aber zu einem ruhigen Übernachtungsplatz reicht es!

(214) WOMO-Stellplatz: Świdwin Jez.Bukowiec

GPS: N 53° 45' 07.8"; E 15° 45' 47.9"; Wczasowa.
max. WOMOs: 1-2.
Ausstattung/Lage: ruhig, eben, ohne alles / Ortsrand.
Zufahrt: 162 von Süden Richtung Kołobrzeg 850 m nach Ortseingang links in die Ul. Wczasowa, nach 150 m „P".

Ins Zentrum sind es rund 2,5 km, aber auch dort gibt es bei [215: N 53° 46' 24.8"; E 15° 46' 15.8"] einen recht geräumigen Parkplatz. **Świdwin** ist fast 700 Jahre alt. Hat man den Ring aus Plattenbauten überwunden, sind noch einige historische Gebäude erhalten, beispielswiese das **Steintor** aus dem 14. Hahrhundert. Auch die **Marienkirche**, eine drei-

Altes Stadttor Swidwin

Marienkirche Świdwin

schiffige spätgotische **Backsteinbasilika** aus den 14. Jahrhundert mit ihrem **Sternengewölbe** ist sehenswert. Mehrere Brände vernichteten in Laufe der Jarhhunderte die Einrichtung, zuletzt brannte die Kirche 1945 bis auf die Grundmauern nieder, nachdem die Rote Armee die gesamte Innenstadt anzündeten. Sie wurde 1947 bis 1950 nach Originalplänen wiederaufgebaut. Im südlichen Bereich der Altstadt liegt das **Schloss**, ursprünglich als Holz-Lehm-Festung im 13. Jahrhundert erbaut. Oft wechselte Besitzer und Verwendung - Gericht, Gefängniss, Waffenkammer, 1945 landwirtschaftliche Schule.1952 zerstörte ein Feuer das Gebäude, es wurde 1962 wiederaufgebaut. Heute sind dort ein Kulturzentrum, die Stadtbibliothek, Handelskammer und **Touristeninformation** untergebracht.

Schloss Świdwiński

Weiter geht die Reise über die 152 Richtung **Połczyn-Zdrój**. Wir haben auch diesem alten Kurbad einen Besuch abgestattet, aber noch zuviel harrt dort noch der Renovierung und dem Neuaufbau, so dass sich der Abstecher dorthin nicht lohnt. Wir bleiben also auf der 163 und kommen nach insgesamt 47 km nach **Białogard**. Bei [**216**: N 54° 00' 22.4"; E 15° 59' 26.6"] finden wir einen netten, direkt an den Resten der alten Stadtmauer gelegenen ruhigen Stadtparkplatz. Auch Białogard blickt auf eine lange, über 900-jährige Geschichte zurück, ausgehend von einer Burg, die ein Handelszentrum an der Kreuzung der Routen Posen - Kolberg und Stettin - Danzig war. Von der mittelalterlichen Stadt ist noch - oder auch wieder - etwas zu sehen, einiges ist in den letzten Jahren restauriert worden, zum Beispiel einige Bürgerhäuser rund um den Marktplatz. Dazu gehört auch das **Alte Rathaus**, ursprünglich ein Wohnhaus von 1827, auf das ein Uhrturm gesetzt wurde. Heute ist dort das Stadtmuseum und das Standesamt untergebracht. In Sichtweite des Platzes finden sie auch die **Pfarrkirche Heilige Marias Geburt** aus dem Anfang des 14. Jahrhunderts. Sehenswert auch das **Hohe Tor**, ebenfalls ursprünglich aus dem 14. Jahrhundert. Bis Ende des 19. Jahrhunderts war hier das Stadtgefängnis und die Wohnung des Hausmeisters. Seit 1924 ist es Sitz des Landesmuseums, heutzutage auch Stadtgalerie mit wechselnden Ausstellungen. Es war Teil der 7-9 m hohen und 1 m dicken Befestigung, die ursprünglich den Stadtkern umschloss.

Marktplatz von Białogard

Das Hohe Tor in Białogard

Nun geht es aber zurück an die Küste! Rund 35 km sind es noch über die 163 bis nach **Kołobrzeg** (Kolberg). Nach dem Ortseingang bleiben wir auf dieser Straße, überfahren einen großen Kreisverkehr, überqueren zwei Bahnübergänge, biegen danach rechts ab und stehen nach 250 m vor der Einfahrt zum:

(217) WOMO-Campingplatz-Tipp:„Nr.142 Baltic“ Kołobrzeg

GPS: N 54° 10' 52.7"; E 15° 35' 45.3";
geöffnet: 15.04. - 15.10.
Ausstattung/Lage: teils schattig; Laden; Gaststätte; Hunde erlaubt; Ver- und Entsorgung; Strand 400 m, Altstadt 800 m.
Zufahrt: B163 von Białogard kommend am 1. Kreisverkehr geradeaus, nach 600 m rechts, Einfahrt noch 250 m.

Wenn Sie in Kołobrzeg unbedingt frei stehen möchten, biegen Sie nicht rechts zum Campingplatz ab, sondern fahren noch 450 m weiter geradeaus. Dort liegt links bei [**218**: N 54° 11' 04.9"; E 15° 35' 30.9"] ein großer, unbewachter und kostenloser Parkplatz. So oder so, es sind nur ein paar hunder Meter Richtung Norden bis zum nahezu 6 km langen, feinsandigen Badestrand der Stadt mit der großen 220 m langen und 1973 gebauten

Badestrand von Kołobrzeg mit Seebrücke

Seebrücke. Parallel verläuft vor dem Strand der Wald mit den Parkanlagen. Seit Anfang des 19. Jahrhunderts ist Kolberg wegen der Salzquellen und der sehr jodreichen Meerluft Kurort, direkt an dem Park befinden sich zahlreiche Hotels und Sanatorien. Wir gehen am Strand in westlicher Richtung, an der **großen Mole** vorbei und kommen zum **Leuchtturm**, einst Teil der Stadtbefestigung, den man auch besteigen kann, um die herrliche Aussicht über die Stadt zu genießen. Oberhalb des Strandes verläuft hier die Strandpromenade mit zahllosen Restaurants und Schnellimbisslokalen, Verkaufsstän-

Promenade und Leuchtturm

den - in der Hochsaison ist hier bis in die Abendstunden der Bär los. Wir haben übrigens an der Promenade kurz vor dem Leuchtturm im Restaurant „Pergola“ mehrmals ganz ausgezeichnet, wenn auch nicht gerade billig, gegessen.

Wir gehen wieder zurück in Richtung der Brücke über die *Parsęta*, halten uns aber kurz davor links und laufen nun südöstlich am Ufer entlang. Nach ungefähr 600 m kommen wir in den Altstadtbereich. Kolberg wurde in den letzten Monaten des 2. Weltkrieges weitgehend zerstört, man hat aber auch hier einige Gebäude wiederaufgebaut. Die imposante **Backsteinkirche** aus dem 14. Jahrhundert sollte man auf jeden Fall besichtigen. Schräg gegenüber liegt das **neugotische Rathaus**, nach Plänen von Karl Friedrich Schinkel gebaut. Hier in der **Fußgängerzone** gibt es eine lebhafte Außengastronomie, besonders abends mit dem schön angestrahlten Rathaus im Hintergrund ergibt sich eine sehr nette Atmosphäre. Ebenfalls erwähnenswert in der Altstadt ist noch das Waffenmuseum zwischen Rathaus und *Parsęta* an der *ul. Gierczak*. Kołobrzeg lässt sich übrigens ganz hervorragend per Fahrrad erkunden - ein ausgedehntes Wegenetz durchzieht die Stadt und den großen Kurpark hinter dem Strand!

Der Dom von Kołobrzeg

Gotisches Rathaus in der Altstadt

Wir setzen unsere Tour fort. Vom Campingplatz aus fahren wir zurück zum Kreisverkehr, dort rechts auf die 11 bis zur 102 nach 1,2 km links. Der nächste Ort unserer Etappe, Trzebiatów, ist bereits ausgeschildert. Rund 20 km sind es bis dorthin, wir finden einen Parkplatz direkt an der Marienkirche.

(219) WOMO-Stellplatz: Trzebiatów (Treptow) Kirche

GPS: N 54° 03' 51.2"; E 15° 16' 03.1". **max. WOMOs:** 1-2.
Ausstattung/Lage: nicht sehr ruhig, eben / im Ort.
Zufahrt: 102 von Kołobrzeg kommend nach Treptow hineinfahren, bis Zentrum, dort direkt an der Marienkirche „P".

Der Ort wurde im Krieg kaum zerstört und sein Altstadtbild ist recht gut erhalten. Neben dem schön hergerichteten Rathausplatz mit den umliegenden Häusern ist auch die gotische Marienkirche aus dem 14. Jahrhundert mit der drittgrößten Glocke Polens sehenswert. Der Parkplatz an der Kirche, ist wegen der Nähe zur Durchgangsstraße vielleicht doch kein idealer Übernachtungsplatz - wir fahren die 102 weiter, Großrichtung ist MISDROY (Międzyzdroje). Nach 11 km, hinter Konarzewo, sind wir hier schon rechts zur Küste abgebogen - Sie können sich diesen Abstecher sparen, es sei denn, Sie suchen Trubel in den aufstrebenden Badeorten Pogorzelica oder Niechorze - dann sollten Sie sich dort auf einen der Campingplätze niederlassen, freie Stellplätze haben wir nicht gefunden. In **Rewal** (Rewahl) kommt die 102 an die Küste, und direkt am Ortsausgang sehen wir rechts an der Kuste den:

Rathaus von Trzebiatów

(220) WOMO-Campingplatz-Tipp:„Nr.192 Klif" Rewal

GPS: N 54° 04' 46.3"; E 15° 00' 16.8";
geöffnet: 01.05. - 30.09.
Ausstattung/Lage: teils schattig; Laden; Gaststätte; Hunde erlaubt; Ver- und Entsorgung; eigener Strandzugang, Zentrum 500 m.
Zufahrt: B163 von Białogard kommend am 1. Kreisverkehr geradeaus, nach 600 m rechts, Einfahrt noch 250 m.

600 m weiter, kurz von **Trzęsacz**, sehen wir rechts ein großes Wiesengelände - schön, ein Feldweg führt hinein! 200 m rumpeln wir mit weniger als Schrittgeschwindigkeit, die gröbsten Löcher umfahrend, auf die Steilküste zu und finden ein schönes Plätzchen. Aber fahren Sie keinesfalls weiter als bis zu dem gelben Schild auf die Kante zu, dies ist verboten!

(221) WOMO-Badeplatz: Steilküste Rewal

GPS: N 54° 04' 42.0"; E 14° 59' 47.7".
max. WOMOs: 2-3.
Ausstattung/Lage: ebenes Wiesengelände, Zufahrt sehr holprig und teils sandig; Achtung: nicht bis zur Klippe fahren, max. bis zum gelben Warnschild! Unbewacht, Steilküste direkt am Meer, Treppenabgang 200 m, ohne alles / außerorts.
Zufahrt: 102 von Trzebiatów kommend Richtung Międzyzdroje, hinter dem Ortsausgang Rewal, noch vor Trzęsacz, Wiesengelände rechts; dort Feldweg, 200 m hineinfahren.

Die Aussicht vom Rande der Steilküste ist überwältigend. Unter uns ist ein schöner, feinsandiger Strand. Unser Sohn hat die glorreiche Idee, den Abhang hinunter zu rutschen - und unten

der neue Abgang in Trzęsacz

dann zu fragen, wie er denn wieder nach oben kommen soll !?!

Aber nach einigen hundert Metern in östlicher Richtung befindet sich ein Treppenaufgang - so wissen wir auch, wie man vernünftig an den Strand kommt! Wir spazieren die Klippe entlang in westlicher Richtung nach

Trzęsacz, auch dies ist ein belebter Ferienort, Sie haben verschiedenste Restaurants und Imbisse zur Auswahl.

Wir verbringen eine herrliche, ruhige Nacht auf dem Wiesengelände. Am nächsten Morgen geht es weiter Richtung Westen, und zwar die 102 Richtung Międzyzdroje. Aber nach 9,6 km, in Lukecin, machen wir einen Abstecher links nach **Kamień Pomorskie**. Nach 11,6 km, bereits im Ort, halten wir uns rechts und fahren zum Ufer des Zalew Kamieński (Camminer Bodden).

(222) WOMO-Stellplatz: Kamień Pomorskie I

GPS: N 53° 58' 26.9"; E 14° 46' 19.5". **max. WOMOs:** 1-2.
Ausstattung/Lage: Gebührenpflichtig auf dem ehem. Campingplatz am See mit WC oder gebührenfrei direkt an der Stadtmauer / im Ort.
Zufahrt: siehe Text.

Alternativ fahren Sie noch 450 m weiter durch den Ort bis hinter das Museum, dann scharf rechts zum Ufer hinunter - dort befindet sich links vom neuen Schiffanleger ein Parkplatz:

(223) WOMO-Stellplatz: Kamień Pomorskie II

GPS: N 53° 58' 22.7"; E 14° 45' 57.6". **max. WOMOs:** 1-2.
Ausstattung/Lage: Geschotterter, leicht schräger Parkplatz direkt am Ufer, ruhig, WC/Dusche (Gebühr) im Hafenamt, Mülleimer / im Ort.
Zufahrt: siehe Text.

Kathedrale St. Johannes

Kamień Pomorskie ist eine der ältesten Städte Pommerns, mit Stadtrecht seit 1274. Seine Lage auf einem Hügel über dem Bodden, der nur westlich von Dziwnów mit der Ostsee verbunden ist, ist wunderschön. Vom mittelalterlichen Stadtbild ist nicht mehr allzu viel übrig, aber die seit 1946 katholische Kathedrale St. Johannes (davor 1535 -1945 ev. Dom St. Mariae und St, Johann Baptist) ist durchaus vorzeigenswert, insbesondere die imposante Orgel von 1669. Auch das Rathaus aus dem 14. Jahrhundert ist wunderschön, aber sowohl der Rathausplatz, als auch das Gebäude selbst waren bei unserem Besuch im Zustand der Renovierung, so dass wir Ihnen hiervon kein ansehnliches Foto zeigen können. Wir fahren wieder zurück über die 107, kommen durch **Wrzosowo** und treffen in **Dziwnówek** an einem Kreisverkehr wieder auf die Küstenstraße 102. 250 m nach dem Kreisverkahr mach die Straße einen Linksknick, nach weiteren 450 m liegt rechts im Wald gebiet zum Strand der:

(224) WOMO-Campingplatz-Tipp: „Wiking" Dziwnówek

GPS: N 54° 02' 03.0"; E 14° 47' 59.0"; ul. Wolności 3
geöffnet: 01.05. - 30.09.
Ausstattung/Lage: Schön schattig; Laden; Gaststätte; Hunde erlaubt; Ver- und Entsorgung; Spielplatz; eigener Strandzugang, Zentrum 300 m.
Zufahrt: B107 von Kamień Pomorskie kommend 250 m nach Kreisverkehr Linkskurve, nach 450 m Einfahrt rechts.

Die nächsten 18 km können wir Ihnen keine erwähnenswerten Stellplätze oder Sehenswürdigkeiten entlang der Küste bieten. In **Wisełka** (Neuendorf) werden wir jedoch fündig - wir biegen links ein schmales Sträßchen zum *Jezioro Wisełka* hinab und kommen an einen netten, kleinen **Badestrand**, wo wir am Straßenrand parken können. Fahren wir noch 300 m weiter, finden wir auf der linken Seite einen idyllischen Wiesenplatz direkt am See, der auch einen vortrefflichen Übernachtungsplatz bietet.

Badeplatz am Jez. Wisełka

(225) WOMO-Badeplatz: Wisełka-See

GPS: N 53° 57' 36.9"; E 14° 34' 08.4".
max. WOMOs: 1-2.
Ausstattung/Lage: Nicht ganz ebenes Wiesengelände, unbewacht, direkt am See; Badeplatz mit Steg, Tretbootverleih ca. 500 m entfernt / ortsfern.
Zufahrt: 102 von Trzebiatów kommend Richtung Międzyzdroje, in Wisełka links zum See abbiegen, nach 750 m links am See.

Von Wisełka aus fahren wir die 102 wieder weiter in westliche Richtung. Wir befinden uns nach kurzer Strecke im „**Wolińsky Nationalpark**". mit reichen Küstenbuchenbeständen.

Entlang der Landstraße können wir Ihnen zunächst den ersten, dann noch gut 2 km weiter den zweiten Parkplatz bieten, die jeweils zu einer Wanderung an die Steilküste beziehungsweise zu einem Wisentreservat führen.

(226) WOMO-Wanderparkplatz: Wolińsky-Nationalpark I

GPS: N 53° 57' 13.8"; E 14° 29' 34.7". **max. WOMOs:** 1-2.
Ausstattung/Lage: Tisch & Bank, gebührenpflichtig, bewacht, Wanderkarte / ortsfern
Zufahrt: 102 von Trzebiatów kommend Richtung Międzyzdroje, 5,7 km hinter Wisełka rechts der Straße „P"
Sonstiges: Wanderung zum Aussichtspunkt Steilküste 95 m ü.d.M.

(227) WOMO-Wanderparkplatz: Wolińsky-Nationalpark II

GPS: N 53° 56' 16.0"; E 14° 28' 32.3". **max. WOMOs:** 1-2.
Ausstattung/Lage: Tisch & Bank, gebührenpflichtig, bewacht, Wanderkarte / ortsfern
Zufahrt: 102 von Trzebiatów kommend Richtung Międzyzdroje, 7,9 km hinter Wisełka links der Straße „P"**Sonstiges:** Wanderung zum Wisentreservat.

Wir kommen nun als nächstes nach **Międzyzdroje** (Misdroy), einem Seebad, dessen Ursprünge bis 1835 zurückgehen. Nach 1945 begann der Aufschwung zum Luxusbad. Leider ist hier für uns Wohnmobilisten kein rechter Platz zu finden, die Küste des Ortes teils mit mondänen Hotels, teils mit nicht enden wollenden Ferienhaussiedlungen zugepflastert und nicht ein einziger vernünftiger Stellplatz ist für uns zu finden, zumindest nicht jetzt in der Hochsaison. Wir folgen also weiter der 102 Richtung **Świnoujścsie** (Swinemünde), biegen dann rechts auf die B3. Bald ersetzt eine (kostenlose) Fähre die Straße. Dies ist die einzige Verbindung nach Świnoujście hinein. Zwar befindet sich am westlichen Stadtrand die polnisch/deutsche Grenze nach Usedom, die inzwischen auch für Fahrzeuge komplett offen ist - aber eben nur bis maximal 3,5 t. Die gesamte Versorgung der belebten Stadt läuft also über die Fähre, so ist zu Spitzenzeiten auch durchaus mit Wartezeiten von manchmal mehr als 45 Minuten zu rechnen.

Fähre nach Świnoujście

5,8 km hinter dem Fähranleger kommen wir auf die *ul. Grunwaldzka*, wir biegen rechts ab, dann nach 400 m links in die *11. Listopada*. Wir kommen 1,5 km weiter an die *Wojska Polskiego*, biegen links Richtung Grenze ab. Nach 1 km, die letzte Möglichkeit vor der Grenze, biegen wir rechts in die *ul. Bałtycka* und kommen nach 800 m auf einen Großparkplatz, direkt am feinsandigen, endlosen Strand.

(228) WOMO-Badeplatz: Świnoujście (Swinemünde)

GPS: N 53° 55' 34.4"; E 14° 13' 43.7"; Baltycka **max. WOMOs:** 4-5.
Ausstattung/Lage: Großparkplatz, unbewacht, gebührenpflichtig, Strand 50 m entfernt, Zentrum 2,5 km / ortsnah.
Zufahrt: 102 / B 3 von Międzyzdroje nach Świnoujście, dort links Richtung Grenze, letzte Straße rechts vor der deutschen Grenze abbiegen.

Alternativ biegen Sie die *11. Listopada* nicht links auf die *Wojska Polskiego* ab, sondern fahren geradeaus weiter bis zur ul. Słowackiego, biegen dort rechts ab und finden nach 1 km:

(229) WOMO-Campingplatz-Tipp: „Nr. 44 Relax" Świnoujście

GPS: N 53° 55' 02.5"; E 14° 15' 29.1"; Slowakiego J. **Öffen:** ganzjährig
Ausstattung/Lage: Schön schattig; Laden; Gaststätte; Hunde erlaubt; Ver- und Entsorgung; zentral - Badestrand 400 m, Zentrum 900 m.
Zufahrt: 02 / B 3 von Międzyzdroje nach Swinoujście, 5,8 km hinter Fähranleger rechts auf die ul. Grunwaldzka, nach 400 m links in die 11. Listopada, nach 2,3 km rechts auf ul. Słowackiego, nach 1 km links.

Der unendliche Sandstrand von Świnoujście

Etwa 400 Meter sind es von hier bis zum Strand. Wir spazieren 1 km am Strand in östlicher Richtung, zum Wahrzeichen der Stadt, der **Windmühle** am Strand. Dann geht es weiter Richtung Süden entlang der*Świna*. Wir kommen am **Zachodny-** und **Aniola- Fort** vorbei, dann zum Jachthafen. Noch ein Stück weiter, wir sind nun im Zentrumsbereich, befindet sich in der Nähe des Anlegers der kleinen Stadtfähre die **Touristeninformation**. Von der Innenstadt aus gehen wir durch den Kurpark zurück zum Campingplatz. Die gesamte Strandpromenade, gut 1 km lang, ist neu gestaltet und bis in die Nacht belebt.

Promenade in Świnoujście

Straßenkünstler, Musiker, Verkaufsstände und viele Restaurants für jeden Geschmack und Geldbeutel vervollständigen das Angebot und schaffen eine angenehme Atmosphäre. Am nächsten Tag setzen wir unsere Route fort - wieder den gleichen Weg zurück, den wir gekommen sind, mit der Fähre, dann der B3 in Richtung **Szczecin**. Der nächste größere Ort, durch den wir kommen, ist **Wollin**. Gegenüber des Rathauses biegen wir rechts ab und finden einen schönen Parkplatz am Ufer des *Kanal Dziwna*.

(230) WOMO-Stellplatz: Wolin (Wollin)

GPS: N 53° 50' 33.6"; E 14° 36' 59.9". **max. WOMOs:** 1-2.
Ausstattung/Lage: ruhig, eben, Laden, Gaststätte 100 m / im Ort.
Zufahrt: B3 von Nordwesten kommend Richtung Szczecin in Wolin gegenüber des Rathauses rechts Richtung Jachthafen.

Sehenswert sind hier das **Rathaus**, das dort angebaute **Regionalmuseum** (schliesslich ist die Halbinsel Wollin seit der Wickingerzeit bewohnt!) und die wiederaufgebaute **St. Nikolai-Kirche**. Neu ist - auf der gegenüberliegenden Seite des Kanals - ein original rekonstruiertes wiederaufgebautes **Wickingerdorf**. Vorbild sind Ausgrabungen auf der Wollin-Insel. Die Häuser sind - wie vor über 1.000 Jahren - ohne einen einzige nagel zusammengebaut und strohgedeckt, von einer Holz-

„Skansen Słowian i Wickingów" in Wolin

pallisade umgeben. Der Parkplatz des **Museums** befindet sich auf der anderen Seite des Flusses bei [**231**: N 53° 50' 26.0"; E 14° 37' 15.5"]. Das Museum ist im Juli/August von 10:00 Uhr bis 18:00 Uhr, April-Juni und September/Oktober von 10:00 Uhr bis 16:00 Uhr geöffnet.

Wir setzen unsere Fahrt auf der gut ausgebauten B3 Richtung Szczecin fort. 18,5 km hinter Wolin kommen wir an eine Kreuzung, links geht es nach **Przybiernów** (Pribbernow), rechts nach **Rzystnowo** (Rißnow). Wir biegen rechts ab und kommen nach 1,2 km zu einem wunderschönen Badeplatz - es ist der letzte dieses Buches. Die Zufahrt liegt unmittelbar nach Beginn des Waldes auf der linken Seite. Fahren Sie nicht zu weit hinein, der Untergrund ist stellenweise sehr sandig. Der Platz ist sehr ruhig und eignet sich auch gut zum Übernachten.

(232) WOMO-Badeplatz: Pribbernower See

GPS: N 53° 45' 37.0"; E 14° 45' 37.3".
max. WOMOs: 1-2.
Ausstattung/Lage: schattiger Parkplatz, leicht schräg, teils sandig, unbewacht, direkt am See / außerorts.
Zufahrt: B3 von Nordwesten kommend Richtung Stettin bei Przybiernówskie rechts Richtung Rzystnowo abbiegen, nach 1,2 km nach Beginn des Waldes links Parkplatz.

Wir fahren nun zurück zur B3 und biegen rechts Richtung **Szczecin** ab. Nach 16-17 km, vor **Goleniów**, ist die B3 autobahnmäßig ausgebaut, ist aber gebührenfrei und wird zur S4. Bei **Starków**, hier ist bereits „Szczecin Zentrum" ausgeschildert, verlassen wir die Autobahn und fahren rechts auf die Zwierzyniecka. Nach 11,5 km überqueren wir die Oder und sind auf der Prachtstraße „Trasa Zamkowa". Hier unterhalb der Brücke befindet sich ein großer **Bus- und PKW-Parkplatz**. Wir fahren jedoch mit unserem

Schiffsmast auf der Straße ...

(233) WOMO-Stellplatz: Szczecin (Stettin) Zentrum

GPS: N 53° 25' 33.0"; E 14° 33' 17.8"; Staromlynska **max. WOMOs:** 2-3.
Ausstattung/Lage: Relativ ruhig, eben, Mülleimer, gebührenpflichtig; nur für kleine WOMOs!; Altstadt und Schloss je 400 m / im Ort.
Zufahrt: siehe Text.

kompakten WOMO bis zum nächsten Kreisverkehr, machen dort eine 360°-Kehre und fahren wieder in Gegenrichtung zurück. Nach 200 m fahren wir schräg rechts Richtung Schloss. 150 m weiter biegen wir rechts auf die *ul. Farna* 220 m weiter rechts in die *ul. Grodzka* und sehen nach 150 m zur Rechten einen schönen Stadtparkplatz - also die nächste rechts, direkt nach 20 m ist rechts die Zufahrt! Es ist ein relativ ruhiger Platz, trotz des Kopfsteinpflasters haben wir hier ungestört übernachtet. Von hier aus lassen sich alle Sehenswürdigkeiten Stettins zu Fuß er-

Schloss der pommerschen Herzöge

Hakenterrasse

kunden, auch wenn sie verstreut und etwas verloren zwischen all den hastig errichteten Neubauten stehen. Hier wäre zuerst das **Schloss der pommerschen Herzöge** zu nennen, 1346 angefangen und in seinen heutigen Grundzügen 1619 vollendet. Heute ist das Schloss Kulturzentrum und Museum. Der **Glockenturm** kann bestiegen werden, von hier hat man einen schönen Blick auf die Stadt. Unweit des Schlosses befindet sich der **Loitzenhof**, das feudale Wohnhaus von 1547 der Familie Loitzen. Zur anderen Seite der Prachtstraße hin erstrecken sich die wunderschönen alten Gebäude entlang der **Hakenterrasse** - heute Hochschule für Meeresforschung, Nationalmuseum und Wojewodschaftsverwaltung. Am Ufer der Oder entlang gehen wir zurück Richtung Altstadt und bewundern die restaurierten Häuser am **Rathausplatz**. Auch Stettin wurde im zweiten Weltkrieg nahezu vollständig zerstört.

Altstädter Rathaus

1993 begann man das Vorhaben, der Stadt ihren historisch gewachsenen Kern wiederzugeben. Nach der Besichtigungstour suchen wir ein gutes Restaurant, um den Abend - und unsere Buchrecherche - angemessen zu beenden. Am nächsten Tag fahren wir südwestlich aus der Stadt hinaus und sind nach 14 km wieder auf der A6, dann nach 2,2 km hat Deutschland uns wieder. Wir haben in Polen sehr Vieles gesehen und erlebt, was wir so nicht erwartet haben.Sehr schöne Landschaften, einsame Seen, liebevoll restaurierte Städte, Zeugnisse der oft sehr leidvollen Geschichte Polens, und vor allem viele liebenswerte, sehr freundliche Menschen. Wir hoffen, dass auch Sie ein wenig der Faszination dieses schönen Nachbarlandes, welches sich massiv im Aufbruch befindet, erlegen sind. ***Dowidzynia !***

Altstadt von Szczecin

Tipps und Tricks – alphabetisch geordnet

ABWASSERTANK

Nicht jedermann betrachtet WOMOs mit wohlwollendem Auge! Mit Sicherheit beschwört man jedoch Ärger herauf und versaut den Ruf der ganzen Sippe, wenn man sein Abwasser seelenruhig unter dem Fahrzeug heraustrielen lässt!

Tipps:

>> *Bedenken Sie bei der Dimensionierung, falls ein Abwassertank nachträglich eingebaut werden muss: Größe mindestens 10 Liter x Personenzahl.*

>> *Für die Entleerung, Entleerungsöffnung oder -schlauch so verlegen, dass man mühelos über einen Gully fahren kann.*

>> *Steht man längere Zeit an einem Platz, so muss man zwischendurch entweder eine Tankstelle aufsuchen (die haben immer großdimensionierte Abwassergullys) oder im Notfall auch einmal einen Straßengraben.*

>> *Besitzer zu klein dimensionierter Abwassertanks sollten einen Faltkanister als Abwasserlunge umfunktionieren. Den kann man geschickt in die allgegenwärtigen Toiletten entleeren.*

>> *Abwassertanks erhält man in allen Größen und Formen im Campingfachhandel.*

>> *Messen Sie vor dem Kauf genau die freien Flächen an der Wagenunterseite aus, überprüfen Sie die Zulauf- und Ablaufführungen.*

>> *Tabu sind Bereiche genau zwischen den Achsen und am Wagenheck. Hier braucht das Fahrzeug eine große Bodenfreiheit für Fahrten über Bodenwellen, Wurzeln und herausragende Steine.*

ADRESSEN

Kurz vor der Grenze holen wir Personalausweise und Grüne Karte aus dem Geheimfach. Was tun, wenn der Personalausweis beim Geldholen auf der Bank liegenblieb? Was tun, wenn die Polizei bei einem Verkehrsunfall den Pass einzieht und man sich ungerecht behandelt fühlt? Was tun, wenn das ganze Geld oder sogar das Auto geklaut wurde? Was tun, wenn man einfach nicht mehr weiter weiß?

Tipps:

>> *Jeder größere Ort hat seine Touristeninformation. Dort erhält man nicht nur Prospektmaterial und Stadtpläne, sondern von den stets fremdsprachenkundigen Angestellten auch Rat und Hilfe.*

>> *Die Konsulate tun in solchen Fällen wirklich alles, manchmal sogar mehr und vor allen Dingen erfolgreicheres, als man sich vorstellen kann:*

Botschaft der Republik Polen:

14193 Berlin, Lassenstr. 19-21
Tel.: 030-22313 0
Fax: 030-22 313 155
www.polen-botschaft.de

Konsularabteilung: *14193 Berlin, Richard-Strauss-Str. 11*
Tel: 030/223130
Fax: 030/22313212

Generalkonsulate: *50968 Köln, Lyboldstr.74,*
Tel.: 0221-93 73 00
Fax: 0221-38 25 35

04104 Leipzig,
Truffanowstr. 25
Tel.: 0341-5 62 33 01
Fax: 0341-5 62 33 10

81675 München,
Ismaninger Str. 62
Tel.: 089-41 86 08 0
Fax: 089-47 13 18

22309 Hamburg, Gründgensstr. 20
Tel.: 040-6 31 11 81
Fax: 040-6 32 50 30

Botschaft der Bundesrepublik Deutschland in Polen:
Ambasada Republiki Federalnej Niemiec
Pl 03-932 Warszawa,
ul.D·browiecka Nr. 30
Tel.: +48-22-617 30 11-15
Fax: +49-22-617 35 82
http://www.ambasadaniemiec.pl
Email: info@ambasadaniemiec.pl

Deutsche Konsulate in Polen:
80-219 GdaÕsk,
Aleja ZwyciÄstwa 23
Tel.: +48-58-341 43 66
Fax: +48-58-341 22 45
31-043 Kraków, ul. Storlarksa
Tel.: +48-12-421 84 73
Fax.: +48-12-421 76 28

50-440 WrocÓaw, ul. Podwale 76
Tel.: +48-71-342 52 52
Fax: +48-71-342 41 14

45-084 Opole,
ul. Strzelców Bytomskich 11
Tel.: +48-77-454 21 84
Fax: +48-77-453 19 63

>> *Sie möchten sich von zu Hause aus noch etwas genauer über Ihr Urlaubsziel informieren:*

POLNISCHES FREMDENVERKEHRSAMT
Marburgerstraße 1
10789 Berlin, Tel.: 030-210 09 20, Fax 030-210 09 214

>> *Die meisten polnischen Orte sind auch im Internet vertreten, in der Regel unter www.ORTSNAME.pl - versuchen Sie es einfach! Sie müssen natürlich die entsprechende polnische Schreibweise der Ortsnamen beachten (z.B.* Warszawa *statt* Warschau)

>> *Reichhaltiges Informationsmaterial verteilen oft auch die großen Automobilclubs.*

>> *Weitere Informationsbüros finden Sie in den jeweiligen Orten unter dem Zeichen* **it = informacja turystyczna** *(Touristeninformation). Dort erhalten Sie auch Informationen über spezielle, auf die jeweilige Stadt oder Region ausgerichtete Veranstaltungen und andere Touristische Aktivitäten sowie Pläne mit Wander- Radfahr- und Kajakrouten.*

AUSRÜSTUNG

Boot, Surfbrett:
Die masurischen Seen und die Ostseeküste, wie auch die vielen Flüsse, wie z.B. die Krutyna, laden zum Surfen bzw. Wasserwandern ein. Haben Sie genügend Platz, nehmen Sie ihre Ausrüstung mit! Andererseits kann man an vielen Stellen Kanus, Boote oder Surfbretter recht preiswert zu mieten.

ÄRZTLICHE HILFE

Krank im Urlaub? Das ist so ziemlich das letzte, was man sich wünscht. Trotzdem sollte man vorbereitet sein und folgendes berücksichtigen:
Das mit Polen bestehende Sozialversicherungsabkommen im Bereich der Krankenversicherung sieht keine Leistungen für Besucher und Touristen vor. Gesetzlich Versicherten wird empfohlen, sich vor Abreise nach Polen das E-111-SI-Formular bei ihrer Krankenkasse zu besorgen.
Ärztliche Leistungen müssen sofort in bar bezahlt werden.
Während der Sommermonate sollten sich Reisende in Waldgebiete von ihrem Arzt hinsichtlich der Schutzimpfung gegen
Zeckenbisse (FSME) beraten lassen. Ferner ist eine Hepatitis A - und Hepatitis B - Impfung empfehlenswert.
Manchmal ist es jedoch nur das kleine Unwohlsein, das den Tag vermiest oder fehlt ein Medikament. Was tun?

Tipps:

>> *Medizinische Tipps im Internet vor der Reise einholen: www.fit-for-travel.de*

>> *Alle polnischen Ärzte sprechen englisch oder deutsch. Auskunft erteilt das Touristenbüro, oder Sie suchen im Telefonbuch unter "***Lekarz***"*

>> *Die ärztliche Versorgung in Polen ist gut. Bei Problemen (oder Problemchen) wendet man sich am besten an die Ambulanz des nächsten Krankenhauses* **(Spital)**.

>> *Arzneimittel erhalten Sie in der* **Apteka** *(Apotheke), dessen Netz sehr eng geknüpft ist. Es werden Arzneimittel aus polnischer und internationaler Produktion angeboten.*

>> *Im Falle eines Falles: der Notarztwagen heißt* **"pogotowie Ratunkowe"**, *die landesweiten Notrufnummern lauten:*

Policia (Polizei)	**997**
Notarztwagen	**999**

>> *ADAC-Notrufnummer: 0049-89-22 22 22.*

ANGELN

Reisen in das Land der tausend Seen ohne Angel sind eigentlich unvorstellbar! Die Flüsse und Seen sind so fischreich, dass der Erfolg nahezu garantiert ist. Natürlich brauchen Sie einen Angelschein, den man bei den örtlichen Touristeninformationen ***it***, in Hotels, Geschäften für Angelbedarf oder auf dem Campingplatz bekommt.

Tipps:

>> *An den Meeresküsten in Polen ist das Angeln kostenfrei und ohne Genehmigung möglich*

AUTOHILFSDIENSTE

Irgendwann passiert es jedem: Das Auto gibt keinen Mucks mehr von sich.

Tipps:

>> *Pannenhilfe leisten private wie auch der Straßenhilfsdienst des polnischen Automobilclubs* ***PZM.*** *Sie erreichen ihn unter der Warschauer Telefonnummer: 022-259734 und 022-259539.*

>> *Trotzdem sollten Sie sich vor dem Urlaub von Ihrer Autowerkstatt ein internationales Kundendienstverzeichnis besorgen lassen. Sie können ja Glück im Unglück haben und in der Nähe einer Reparaturwerkstätte Ihrer Automarke sein.*

>> *Polizei und Unfallrettung haben in Polen die einheitliche Rufnummern:*
Unfall, Feuerwehr, Krankenwagen: Tel. 999
Polizei: Tel. 997

>> *Die ADAC-Notrufzentrale in München ist rund um die Uhr besetzt:* ***Tel. 0049-89-22 22 22.***

BABY

Mit einem Baby oder Kleinkind in den WOMO-Urlaub? Wir haben nur gute Erfahrungen gemacht. Kinder ändern ihr Verhalten im Urlaub wesentlich weniger als Erwachsene, sie kämen z. B. nie auf die Idee, sich wie Fleisch in der Sonne braten zu lassen. Vorsicht ist jedoch stets bei Sonnenschein, speziell im Gebirge und am Meer, angeraten. Magen- und Darmkomplikationen bleiben meist aus, wenn man noch Babykost füttert.

Tipps:

>> *Schon vor der Reise frühzeitig mit Sonnenbaden und Eincremen anfangen.*

>> *Hütchen und baumwollenes T-Shirt sind Pflicht, der Rest des Körpers ist wesentlich unempfindlicher.*

>> *Nach dem Baden sofort abtrocknen, erneut mit Sonnenschutzcreme einreiben.*

>> *Babykost, Windeln und spez. Medikamente (Kinderarzt fragen!) von zu Hause mitbringen. Selbstverständlich erhält man alles auch in Polen, aber Vertrautes erspart Ärger.*

>> *Buggy oder Babyrückentrage sind für Besichtigungen unentbehrlich. Kein noch so geduldiges Kleinkind trippelt freiwillig durch Gegenden, denen es kein Interesse abgewinnen kann.*

>> *Getränkewünsche unbedingt erfüllen und zwar mit schwach gesüßtem Tee (als Pulver mitnehmen). Gekaufte Getränke sind oft zu zuckerhaltig, um erfrischend zu wirken.*

>> *Wasser unbedingt entkeimen (s. "Trinkwasser").*

>> *Wichtigste Urlaubsutensilien für Ihr Kind sind: Lieblingsschmusetier, Sandelsachen, Schwimmflügel, Schwimmreif, Bücher, Malsachen für die Fahrt.*

>> *Landschaften erleben Kinder unter 15 Jahren nicht als Erlebnis, das sollten Sie bei einer Rundreise beachten.*

>> *Machen Sie öfter Station: Ein Kletterhügel, ein Sandstrand, ein Spielbach, ein Streicheltier, das sind die Erlebnisse, die Ihre Kinder brauchen!*

BIER

Auch in Polen wird gutes Bier gebraut Empfehlenswerte Biermarken sind: Okocim, Tyskie, Zywiec, Heweliusz, Lech und Tatra. Sie können auch andere Biermarken ausprobieren: Krolewskie, Warka, EB, Piast, Kujawiak, Brok und Dojlidy. Außerdem kann man überall tschechisches, deutsches, dänisches oder slowakisches Bier bekommen. Bier wird oft mit Himbeersirup gemischt (piwo z sokiem)und durch einen Strohhalm getrunken. Eine der polnischen Spezialitäten ist heißes Bier mit Honig oder Himbeersaft und Gewürzen.

CAMPING

Seit der Demokratisierung sind in Polen fast alle Campingplätze privatisiert worden Sie finden in jeden größerem Urlaubsort mindestens einen davon. Sie sind in drei (nationale) Kategorien eingeteilt:

*	fließend Wasser, Strom und einfache Sanitäreinrichtung
**	zusätzlich Waschräume mit Kalt- und Warmwasser
***	zusätzlich Duschen, Koch- und Spülgelegenheit

Die Campingsaison geht in der Regel vom 15.Mai bis zum 30.September. Nur wenige Plätze haben das ganze Jahr geöffnet. Campen ist nur auf dafür vorgesehenen Camping- und Zeltplätzen gestattet oder mit Zustimmung des Grundstückeigentümers.

DEVISEN

Die polnische Währung ist der **Zloty**. Er ist frei konvertierbar, bei unseren Recherchen lag der Kurs bei ungefähr 1 : 4 (1 EUR = 4 Zloty). Die Ein- und Ausfuhr von Devisen in Höhe von mehr als EUR 5.000 ist deklarationspflichtig.

Bargeld in einheimischer Währung oder der des Urlaubslandes, Euroscheck-Karte, Reiseschecks, Kreditkarten, oder, oder? Vor jeder Reise das gleiche Problem?

Tipps:

>> *Für die An- und Rückfahrt durch Deutschland muss genügend Bargeld vorhanden sein, um Treibstoff sowie eventuelle Gaststätten- und Übernachtungskosten bezahlen zu können. Ein Blick auf Ihre Karte oder die Entfernungstabelle zeigt Ihnen, wie viele Euro Sie ungefähr dafür brauchen.*

>> *Ob Sie Ihre Polnischen Zloty in Deutschland oder in Polen einkaufen, gegen Bargeld, Reiseschecks oder ec-Karte, spielt kaum eine Rolle, was den Umtauschkurs anbetrifft. Überall wird man Sie jedoch mit Gebühren traktieren. Am wohlsten haben wir uns dabei auf dem Postamt gefühlt: Es hat die längsten Öffnungszeiten – und man wird gleichzeitig an den Kauf von Briefmarken erinnert.*

>> *Euroschecks werden in Polen nicht mehr akzeptiert! Das stört aber wenig, da man an den vielen, rund um die Uhr geöffneten Automaten per ec-Karte und Geheimzahl das benötigte Geld abholen kann. Unabhängig von der Höhe der Abhebung zahlt man pauschal ca. 2,50 E.*

>> *Beim Bezahlen haben wir beste Erfahrungen mit unserer Visa-Karte gemacht! Sie ist in Polen weit verbreitet und bietet speziell beim Tanken einen enormen Vorteil.*

DIEBSTAHL

Schlimmes wird über Fahrzeugdiebstähle und -aufbrüche erzählt, Polen ist diesbezüglich aber nicht mehr oder weniger gefährlich wie andere Urlaubsländer auch. Aber ein paar Überlegungen sollte man schon anstellen:

Tipps:

>> *Geklaut wird dort, wo es sich lohnt, also an überlaufenen Strandgebieten, Parkplätzen an den Hauptfernstraßen.*

>> *Meiden Sie, wenn möglich, größere Touristenansammlungen. Wenn möglich, stellen Sie ihr WOMO möglichst separat und beaufsichtigt ab!*

>> *WOMOs sind nicht ideal für Diebe! Ziehen Sie vor dem Verlassen die Vorhänge zu und die Rollos hinab, lassen Sie die Trittstufe draußen -*

vielleicht vermutet ein Dieb noch Personen im Inneren.

>> *Geradezu sträflicher Leichtsinn sind: heruntergekurbelte Scheiben, offene Türen - und alle Insassen liegen am Strand oder sitzen auf der anderen Seite im Schatten des Fahrzeuges.*

>> *Aktive Vorbeugung muss nicht teuer sein:*

a) Verbindet ein Spanngurt beide Armlehnen der Fahrerhaustüren, kann ein Dieb nachts nicht lautlos die Fahrertür knacken.

b) Oft reicht es, die Sicherheitsgurte durch die Armlehnen der Vordertüren zu schlingen und ins Gurtschloss zu stecken.

c) Unser ***WOMO-Knackerschreck*** *(siehe Bestellseite am Buchende) verhindert das Öffnen der Vordertüren zuverlässig.*

>> *Wem ein richtiger Hund zu umständlich ist: Hängen Sie eine Hundeleine an die Türe und stellen Sie einen Futternapf daneben!*

EINREISE/AUSREISE

Polen ist seit dem 01.05.2004 Vollmitglied der EU, somit gilt die Reisefreizügigkeit. Durch den Beitritt zum Schengen-Abkommen entfallen jegliche Grenzkomtrollen, selbstverständlich sollten Sie aber als deutscher Staatsangehöriger ab 16 Jahren einen Personalausweis mitführen. Kinder deutscher Staatsangehörigkeit bis zum 16. Lebensjahr dürfen mit eigenem Kinderausweis mit Lichtbild nach Polen einreisen oder mit den Eltern, wenn sie im Reisepass der Eltern eingetragen sind.

Tipps:

>> *Reisebedarf für den persönlichen Gebrauch kann zollfrei eingeführt werden, als Reiseproviant darf jede Person ab 12 Jahren 15 kg mitschleppen.*

>> *Die Ausfuhr von Gegenständen (z. B. Bücher, Kunstgegenstände, Gemälde), die aus der Zeit vor 1945 stammen, ist ohne vorherige Genehmigung der zuständigen polnischen Behörden verboten.*

FAHRRADFAHREN

Radtouren im Land der großen Seen, wie im Landschaftspark Masuren, im Wigry Nationalpark oder auf stillgelegten Eisenbahnstrecken, die zu Fahrradwegen umgebaut wurden, laden zu großen und kleinen Radtouren ein - wobei markierte Rundwege selten anzutreffen sind. Aber auch zum Essen und Einkaufen gehen eignet sich das Fahrrad bestens!

FAHRZEUG

Wenn das Auto nicht mehr läuft, "läuft" gar nichts mehr im Urlaub. Nur das beruhigende Gefühl, alles getan zu haben, damit Motor, Zündanlage, Reifen und Fahrgestell mehrere tausend Kilometer ohne Murren durchhalten, kann stressfreie Urlaubstage garantieren.

Tipps:

>> *Kundendienst vor dem Urlaub nicht vergessen; besonders wichtig: Ölwechsel mit HD 20/W50, Luftdruck erhöhen, 2 x Batteriedienst.*

>> *Ersatzteile mitnehmen (evtl. als Paket von der Werkstatt mit Rückgaberecht bei Nichtgebrauch):*

* *Gaszug*
* *Bremsseil*
* *Unterbrecherkontakte*
* *Reservezündkerzen*
* *Reserve-Birnenset komplett?*

* *Reserve-Keilriemen*
* *Ersatz-Sicherungen*

>> *Pannenausrüstung komplett?*
* *Reservekanister 20 Liter, voll?*
* *1-2 Liter Öl*
* *Reserverad mit Profil, Luftdruck o.k.?*
* *Ersatzschlauch (auch bei schlauchlosen Reifen!)*
* *Abschleppstange, ausprobiert?*
* *passender Wagenheber, ausprobiert?*
* *Klappspaten*
* *Warndreieck/Warnblinkleuchte*
* *Luftpumpe*
* *Erste-Hilfe-Koffer komplett?*
* *Werkzeugkoffer komplett?*
* *Verzeichnis der Auslandskundendienststätten meiner Automarke, neu!*
* *Reparaturbuch*

>> *Scheibenwaschanlage gefüllt, "Scheibenkratzer" mit Gummilippe und Schaumstoffwulst (Insekten!) vorhanden?*

>> *Feuerlöscher o.k..?*

>> *Am Tag vor der Abfahrt mit allen Teilnehmern und dem fertig gepackten WOMO auf die öffentliche Waage fahren (z. B. Raiffeisenlager). Übergewicht, wenn möglich, vermindern. Jedes Kilo zusätzliches Gepäck erhöht nicht nur den Treibstoffverbrauch, sondern beeinflusst Fahrverhalten, Bremsweg, Lenkbarkeit und Steigfähigkeit negativ.*

FILMEN/FOTOGRAFIEREN

Zweifelsohne verstärken die mitgebrachten optischen oder sogar akustischen Urlaubserinnerungen die Vorfreude auf die nächste Reise. Für jegliches Foto/ Filmmaterial gilt: Reichlich von zu Hause mitbringen, die Preise in den Urlaubsländern sind stets höher, von der Auswahl ganz zu schweigen.

Tipps:

>> *Kaufen Sie rechtzeitig Filmmaterial, nutzen Sie Sonderangebote im Frühjahr. Im Kühlschrank hält das Filmmaterial jahrelang, ohne zu altern.*

>> *Für Aufnahmen in Kirchen und Bergwerken brauchen Sie Ihr Blitzgerät.*

>> *Denken Sie an einen Vorrat der benötigten Batterien oder steigen Sie auf wiederaufladbare Batterien um.*

>> *Packen Sie die belichteten Filme wieder in das Döschen; ganz Vorsichtige wickeln vorher noch etwas Alu-Papier herum, und verstauen Sie sie an der kühlsten und dunkelsten Stelle im WOMO.*

>> *Schauen Sie öfter nach dem Objektiv. Seeseitiger Wind bläst Salzwasserspritzer auf die Linse. Vorsichtig mit einem angefeuchteten Läppchen abtupfen, dann trockenwischen.*

>> *Falls Sie keinen Belichtungsmesser haben: Bei 100 ASA (21 DIN) ist Blende 11 (am Meer und im Gebirge Blende 16) sowie 1/100 sec. immer richtig, wenn die Sonne scheint.*

Inzwischen erfreut sich auch die digitale Fotografie großer Beliebtheit. Im Wohnmobil kann man sicherlich gute Voraussetzungen dafür schaffen. Idealerweise hat man einen Wechselrichter eingebaut, so dass man permanent 220V Wechselstrom für die Akkuladegeräte zur Verfügung hat - ansonsten spezielle 12V-Ladegeräte besorgen! Besitzt man dazu auch noch ein Laptop, ist mehr als genug Speicherplatz für Tausende Urlaubsbilder vorhanden - Alternative: Mini-Festplattenspeicher!

FREIES STEHEN

Bitte beachten Sie: "Freies Stehen" hat nichts mit "Wild Campen" zu tun! Letzteres ist in Polen untersagt. Sofern Sie sich aber in Ihrem Fahrzeug aufhalten, weder Markise ausfahren noch Tisch und Stühle auspacken und dann nicht auch noch tagelang auf einem Fleck verbleiben, dann haben Sie keinerlei Probleme. Bitte legen Sie Ihr Verhalten so aus, dass dies auch noch lange so bleibt! Wir haben über 50 Nächte in Polen "frei stehend" verbracht und haben nirgendwo auch nur den Ansatz von Schwierigkeiten erlebt. Bei Besichtigung der Highlights und in Großstädten empfehlen wir die rund um die Uhr bewachten Parkplätze, wo man oft sogar Frischwasser bunkern kann oder Campingplätze.

GAS

Außer der Zweitbatterie die einzige Energiequelle beim Freien Camping. Bei einer vierköpfigen Familie muss man mit einem Gasverbrauch von 3 kg pro Woche rechnen. Einen ordentlichen Happen "frisst" davon der Kühlschrank.

Tipps:

>> *Sie haben eine graue Camping-Europa-Umtauschflasche? In Polen tauscht sie Ihnen niemand um!*

>> *Die in Polen an vielen Tankstellen vorrätigen Propangasflaschen werden nur gegen gleiche getauscht, allerdings sind die Abmessungen der Flaschen identisch mit den Deutschen, auch die Anschlüsse passen einwandfrei. Wenn Sie also einen längeren Aufenthalt in Polen planen, sollten Sie nur eine Flasche von zu Hause mitnehmen und in Polen sofort eine örtliche kaufen, die Sie immer wieder tauschen können und vor der Ausreise wieder verkaufen können.*

>> *Haben Sie schon einmal an den Kauf einer Tankflasche gedacht? Diese hat Format und Aussehen einer 11-kg-Flasche (passt also in Ihren Gasflaschenkasten, darf aber wie ein Gastank an jeder Autogas-tankstelle gefüllt werden (weil ein automatischer Fülllstopp eingebaut ist). Bezugsadresse z.B. Wynen-Gas, 41747 Viersen, Tel.: 02162-356699, Preis ca. EUR 250 - Gastankstellen (LPG) finden sie in Polen in Hülle und Fülle.*

GPS

... steht für **G**lobal **P**ositioning **S**ystem, einem Navigationssystem bestehend aus 23 die Erde umkreisenden Satelliten. Bereits ab EUR 150 bekommt man ein handy-kleines Gerät, mit dem man jederzeit feststellen kann, wo man sich befindet - und wie man zu dem Platz findet, von dem man die Koordinaten hat. Nach oben hin ist die Preisskala natürlich offen, über PDA (**P**ersonal **D**igital **A**ssistant) - Lösungen mit einer größeren Kartendarstellung und Routing-Funktionen über Autoradio-integrierte bis hin zu festinstallierten Geräten ist alles möglich. In diesem Reiseführer sind für alle Übernachtungsplätze die Koordinaten im Positionsformat **hddd°mm'ss.s"**angegeben.
Besitzer von GPS-Geräten geben die Koordinaten vor dem Urlaub direkt in das Gerät ein (oder über das mitgelieferte Kabel und mit einem kostenlosen Programm aus dem Internet, z.B. www.easyGPS.com). Wer ein Gerät besitzt, in das keine direkte Koordinateneingabe möglich ist: Wo vorhanden, befindet sich in den Stellplatzkästen neben den Koordinaten auch noch der Straßenname. Wer es noch komfortabler haben möchte, erwirbt beim WOMO-Verlag die "GPS-CD zum Buch" - und die GPS-Daten aller Stellplätze werden in Sekundenschnelle vom PC aufs Navi übertragen!

HAUSTIERE

Hunde und Katzen dürfen selbstverständlich mit nach Polen. Lediglich ein Tollwutimpfzeugnis muss vorliegen. Hunde sind in Polen sehr respektiert, wir hatten nie Probleme mit unserem Sam, einem stattlichen Landseermischling von ca. 40 kg Gewicht. Am Strand müssen Sie gelegentlich mit Einschränkungen rechnen. Auch wo dies nicht der Fall ist, sollte es jedoch selbstverständlich sein, dass man sein Tier das Geschäft nicht unbedingt mitten am Strand erledigen lässt.

KARTENMATERIAL

Neben einem hinreichend genauen Europa-Atlas empfehlen wir Ihnen als Kartenmaterial:
Zur Übersicht die Polen-Straßenkarte 1:750.000 aus dem TESSA-Verlag (Ortsnamen sowohl in polnischer als auch in deutscher Sprache)
Freytag & Berndt, Polen 1:500.000 (Ortsnamen nur polnisch, gibt's bei WOMO)
Im Detail: Euro-Reiseatlas Polen 1 : 300.000 aus dem RV Verlag

KLIMA/REISEZEIT

Die Republik Polen mit ihrer mitteleuropäischen Lage hat gemäßigtes Kontinentalklima - was grob bedeutet, dass die Sommer wärmer und niederschlagsärmer und die Winter kälter und länger mit kürzerem Übergang im Frühling und Herbst als in Deutschland sind. Unsere Sommeraufenthalte (je drei Wochen) hatten zu 80% Blauen Himmel und Sonnenschein, mit angenehmen Temperaturen zwischen 25 und 28°, ein Osteraufenthalt im März war noch sehr kalt, stellenweise lag noch Schnee und ein Teil der Seen war noch zugefroren. Als ideale Reisezeit empfehlen wir Juli und August; es ist zwar recht voll, aber wir haben immer und überall Platz für uns gefunden. In dieser Zeit ist auch gewährleistet, das alle Campingplätze, Restaurants, Museen und andere Sehenswürdigkeiten göffnet sind. Auch wirken die Zentren vieler Orte, spziell an der Küste, mit belebter Außengastronomie viel reizvoller als ohne!

KÜHLSCHRANK

Die ELEKTROLUX-Kühlschränke mit den Anschlüssen für 220 V/12 V/Gas, die in den meisten Wohnmobilen eingebaut sind, haben eine robuste Natur ohne bewegliche Verschleißteile.
Trotzdem sind sie ein Sorgenkind für jeden Camper, denn ohne Kühlung kommt auch ein WOMO-Haushalt kaum noch aus.

Tipps:

>> *Schon bei geringer Schräglage des Fahrzeugs sinkt die Kühlleistung bis auf den Nullpunkt.*
Abhilfe: Mit Wasserwaage oder voll gefülltem Wasserglas waagerechten Stand des WOMOs kontrollieren, durch Aufbocken eines Rades oder Platzwechsel verbessern.

>> *Seit einiger Zeit gibt es jedoch Geräte, die auch bei stärkerer Neigung des WOMOs einigermaßen gut kühlen. Achten Sie darauf beim Neukauf.*

>> *Während der Fahrt, vor allem aber beim Tanken, ist der Betrieb mit Gas gefährlich, außerdem geht das Flämmchen oft im Fahrtwind aus. Schaltet man auf 12 V und vergisst nach Ankunft das Ab- bzw. Umstellen, so ist eine vollgeladene 50-Ah-Batterie nach ca. 5 Stunden leer und meist auch kaputt. Was hilft's, wenn es sich "nur" um die Zweitbatterie handelt, wenn jetzt Tauchpumpe und Innenbeleuchtung nicht mehr funktionieren!*
Nur eine Schaltung mit Trennrelais kann dies verhindern.

>> *Ist die Kühlleistung bei Gasbetrieb nicht zufriedenstellend, sind folgen-*

de Punkte zu überprüfen:
** Liegen die Zu- und Abluftgitter möglichst nach Norden, also nicht im Sonnenschein?*
** Ist der Kühlschrank nicht zu vollgestopft?*
** Ist überhaupt ein Abluftkanal montiert?*
** Liegt überall, vor allem an der Unterseite der Tür, das Dichtgummi an?*
** Ist das Flämmchen überhaupt noch an? Von außen kann man das Zischen hören, im Inneren des Kühlschranks ist meist ein Guckloch!*

>> *Geht während der Reise die piezoelektrische Zündung kaputt, kann man von außen das untere Lüftungsgitter abschrauben und den Brenner mit einem Streichholz in Gang setzen, wenn eine zweite Person die Zündsicherung niederdrückt.*

>> *Die im Fachhandel für Campingzwecke angebotenen Kompressorkühlschränke arbeiten nur mit 12 V/220 V. Sie kommen nur in Verbindung mit einer ausreichend dimensionierten Solaranlage in Frage.*

LEBENSMITTEL/GETRÄNKE

Wer mit randvollen Vorratsschränken und Paletten voller Getränke nach Polen fährt, dem ist nicht zu helfen. In kaum einem anderen Land ist die Auswahl und Vielfalt von Lebensmitteln so groß wie hier. Wochenmärkte mit frischen regionalen Waren aller Orten, und das zu Preisen (für unsere Verhältnisse), die sehr günstig sind.

MEDIKAMENTE

Natürlich können wir hier keine ärztliche Voraussage machen, was Ihnen im Urlaub alles passieren kann, aber nach der Statistik wollen wir einige Wahrscheinlichkeiten abwägen.

Tipps:

>> *Schauen Sie nochmals nach, ist Ihr Erste-Hilfe- Koffer noch gut gefüllt (Mullbinden, Heftpflaster, Schere, Pinzette, Fieberthermometer)?*

>> *Mittel gegen Durchfall sind ein "Muss" in fremden Ländern, fragen Sie Ihren Arzt. Kohletabletten sind "härteren Sachen" zunächst vorzuziehen.*

>> *Wie steht es mit Reisekrankheit? Fahren Sie zum ersten Mal mit einem WOMO, könnte Ihnen vielleicht das Schwanken oder die ungewohnte Sitzstellung aufstoßen. Sorgen Sie vor!*

>> *Kinder sind ein Fall für sich! Nehmen Sie auf jeden Fall die Medikamente mit, die Sie sowieso das Jahr über brauchen.*

>> *Soventol hilft nicht nur gegen Insektenstiche, sondern lindert auch Sonnenbrand.*

>> *Zwei Elastik-Binden für verstauchte Füße und Salbe gegen Prellungen (z. B. Mobilat) sollten nicht nur bei der Bergtour dabei sein.*

>> *Zwar kein Medikament, aber manchmal die letzte Rettung (statt eines Schlafmittels): Ohropax gegen Straßenlärm.*

>> *Was brauchen Sie sonst noch alles gegen Erkältungen, Magenbeschwerden, Sodbrennen, Blähungen, Völlegefühl? Schleppen Sie nicht alles mit! Die polnischen Apotheken sind ausgezeichnet sortiert.*

>> *Last not least: Das Merfen-Orange für die kleine Schürfwunde und gegen den großen Schmerz, ein Wund-Desinfektionsmittel, das nicht brennt, aber wegen der schönen Farbe bei Kindern besonders beliebt ist. Gegen Brennen im Salzwasser hilft Sprühpflaster.*

>> *Und wenn alles nichts mehr hilft: Beim ADAC-Arzt können Sie sich von Polen aus Rat holen unter der Nummer:* ***0049-89-22 22 22.***

PACKLISTE

Brieftasche/Handtasche/Geheimfach
Pässe, Personal-, Kinderausweis (gültig!)
Führerscheine
Grüne Karte (gültig, obwohl nicht Vorschrift)
KFZ-Schein
Fährtickets
Bargeld/Brustbeutel
Devisen/Umrechnungstabellen
Eurocheque-Karte
Visa-Karte
Impfbücher
Auslandskrankenscheine
Zusatzversicherungen
Schutzbrief
Fotokopien aller dieser Papiere

Wohnmobilhaushalt
Wecker (Fähre!)
Einkaufstasche (groß)
Kaffee-, Teekanne
Filtertüten/Filter
Geschirr/Gläser
Vesperbrettchen/Bestecke
Brotmesser/Kartoffelschäler
Schöpflöffel/Schneebesen
Töpfe/Dampftopf
Pfannen/Sieb
Topflappen
Butterdose/Plastikdöschen mit Deckel
Flaschentrage
Thermoskanne
Eierbehälter
Küchenpapier/Alufolie
Nähzeug/Schere
Klebstoff/Klebeband
Wäscheleine/Klammern
Waschpulver
Plastikschüssel
Abtreter
Schuhputzzeug
Kabeltrommel
Verbindungskabel CEE-Schuko
Stecker (Ausland)
Doppelstecker
Gasflaschen (voll?)
Handfeger/Kehrschaufel
Putzlappen
Klappspaten
Hammer/Nägel/Axt
Zündhölzer/Feuerzeug
Gasanzünder
Taschenlampen
Kerzen
Petroleumlampe/Petroleum
Ersatzbirnen 12 V/220 V
Ersatzsicherungen für jedes Gerät
Ersatzwasserpumpe
2 m passender Druckwasserschlauch
Feuerlöscher
Insektenspray/Insektenlampe
Moskitogaze für Fenster und Tür
Toilette/Klo-Papier
Toilettenchemikalien (formaldehydfrei!)
Dosen-, Flaschenöffner, Korkenzieher
Spülmittel/Bürste
Scheuerpulver
Geschirrtücher
Leim/5 m Schnur
5 m Schwachstromkabel zweiadrig
Wasserentkeimungsmittel
Müllbeutel
WOMO-Zapfschlauch (s. S. 232)
WOMO-Pfannenknecht (s. S. 237)
WOMO-Knackerschreck (s. S. 237)

Reiseapotheke
Mittel gegen Reise-, Seekrankheit
Soventol (lindert Insektenstiche usw.)
Husten-, Schnupfenmittel
Fieberzäpfchen
Kohle-Kompretten
Mittel gegen Durchfall
Mittel gegen Kopfschmerzen
Mittel gegen Verstopfung
Nasen-, Ohrentropfen
Halsschmerztabletten
Wundsalbe/Brandsalbe
Wunddesinfektionsmittel (Merfen-Orange)
Sprühpflaster
Elastikbinden
Salbe gegen Prellungen
Fieberthermometer
Pinzette
Auto-Verbandskasten o.k..?
Persönliche Medikamente

Auto
Allgemeines Wohnmobil-Handbuch
Bedienungsanleitungen
Bordbuch/Wörterbücher
Reiseführer/Campingführer
Straßenkarten/Autoatlas
Auffahrkeile/Stützböcke
Wasserwaage
D-Schild
Kundendienst gemacht?
Ersatzteilset von der Werkstatt?
Pannenausrüstung komplett?
Reservekanister voll?
1-2 Liter Reserveöl (HD 20/W 50)
Reserverad Luftdruck o.k..?
Abschleppstange, ausprobiert?
Passender Wagenheber, ausprobiert?
Luftpumpe
Warndreieck
Arbeitshandschuhe
Werkzeugkoffer komplett?
Kundendienststellenverzeichnis, neu?

Kleidung
Unterwäsche
Socken/Strümpfe
Hemden/Blusen
Schuhe/Sandalen
Hausschuhe
T-Shirts/Shorts
Hosen/Jeans
Kleider/Röcke
Pullover/Jacken/Stola
Anoraks/Windjacken/"Friesennerz"
Regencapes/Wolldecken
Sonnenhüte/Kopftücher
Nachthemden/Schlafanzüge
Bikinis/Badehosen
Gummistiefel/Wanderstiefel
Sonnenbrille/Ersatzbrille

____
____
____

Campingartikel
Stühle/Tisch/Liegestühle
Liegematten/Hängematte
Sonnensegel/Stangen/Häringe/Leinen
Grill/Grillzange
WOMO-Pfannenknecht
Holzkohle

____
____

Unterhaltung
KW-Radio
Schreibzeug/Adressbuch
Handarbeitszeug
Kinderspielzeug
Malutensilien
Bücher/Spiele
Kassettenrekorder/Kassetten
Taucherbrillen
Wasserball/Fußball/Wurfringe
Frisby/Indiaca usw.
Schlauchboot/Pumpe/Ruder
Luftmatratzen
Sandspielzeug
Schwimmflügel/Schwimmreif
Surfbrett/Zubehör
Fotoapparat/Filme
Filmkamera/Filme
Videokamera/Kassetten
Ersatzbatterien/Ladegerät für 12 V
Rucksäcke
Kartentasche
Fernglas
Kompass
Iso-Matten/Zelte/Kochtopfset
Feldflaschen/Taschenmesser/Angelzeug
SOS-Kettchen (vor allem für Kinder)

____
____
____

Lebensmittel
Allgemeines Wohnmobil-Kochbuch
Getränke (Limo, Bier, Wein, Schnaps)
H-Milch
Dosenmilch/Coffeemate
Milchpulver/Limopulver/Zitronenteepulver
Wurstdosen
H-Käse
Fertiggerichte/Beutelsuppen
Tee/Kaffee/Kaba
Müsli
Butter/Margarine
Brot/Vollkornbrot/Dosenbrot
Reis/Nudeln/Grieß
Kartoffelbrei/Mehl
Babykost
Puddingpulver
Schokolade/Bonbons/Kaugummi
Marmelade/Nutella
Bratfett/Öl/Essig
Mayonnaise, Senf
Gewürze
Ketchup/Maggi/Salz
Zucker/Süßstoff
Kartoffeln
Zwiebeln
Eier
Zwieback/Salzstangen

____
____

Toilettenartikel
Hand-, Badetücher, Waschlappen
Geschirrtücher
Tempo-Taschentücher
Kämme/Bürsten
Haarfestiger/Lockenwickel/Haarspangen
12 V-, Akku- oder Nassrasierer
Nageletui/Hygieneartikel
Empfängnisverhütungsmittel
Windeln/Creme/Babycreme
Seife/Rei in der Tube
Sonnencreme, -öl
Fettstift (Labello)
Zahnbürsten/Zahnpasta
Autan gegen Mücken, Zeckenzange
Schlafsäcke/Kopfkissen/Spannlaken

____
____
____

Nicht vergessen!
Post/Zeitung abbestellen
Offene Rechnungen bezahlen
Haustier abgeben
Blumen versorgen
Mülleimer leeren
Kühlschrank abstellen?
Antennen herausziehen
Wasch-, Spülmaschine, Bügeleisen aus?
Wasser, Gas, Heizung, Boiler abgestellt?
Rolläden schließen
Haustür verschließen!
Nachbarn/Verwandte benachrichtigen:
Reiseroute, Autokennzeichen.
Reserveschlüssel abgeben.

____
____
____

Ortsregister Polnisch - Deutsch:

B
Bisztynek - Bischofstein
Braniewo - Braunsberg
Bydgoszcz - Bromberg

C
Chełmno – Kulm
Chełmża - Kulmee
Choćmirówo - Neu-Gutznierow
Choczewo – Gotendorf

D
Dąbki - Neuwasser
Darłowo – Rügenwalde
Darłowko - Rügenwaldermünde
Dębki – Dembeck
Dzierzgon - Christburg

E
Elbląg - Elbing

F
Frombork - Frauenburg

G
Gardna Wilka - Groß-Garde
Gdańsk – Danzig
Gdynia – Gdingen
Gierłoż - Görlitz
Giżycko - Lötzen
Gniezno Gnesen
Gorzów Wielkopolski – Landsberg
Grudziądz – Graudenz
Grunwald – Grünfelde

H
Hel - Hela

J
Jantar – Pasewark
Jarosławiec - Jershöft
Jastarnia – Heisternest
Jastrzęb a – Habichtsberg
Jez. Dąbrąg – Dabrag See
Jez. Jamno - Jamunder *See*
Jez. Maltanskie – Malta See
Jezioro Wulpinskie - Wulping-See

K
Kadyny – Cadinen
Katy Rybackie - Bodenwinkel
Karwia – Karwen
Kętrzyn - Rastenburg
Kluki – Klucken
Kołobrzeg - Kolberg
Kopalino -Kopallin
Kostrzyń - Kostschin
Koszalin - Köslin
Kowalów –Kohlow
Krokowa – Krockow
Krutyn – Krutinnen
Krynica Morska - Kahlberg-Liep
Kuźnica - Kußfeld
Kwidzyn - Marienwerder

L
Łazy - Lasse
Lidsbark-Warmiński - Heilsberg

M
Malbork - Marienburg
Mrągowo – Sensburg
Międzyrzecz – Meseritz
Międzyzdroje – Misdroy
Mielno - Großmöllen
Mikołajki – Nikolaiken
Motława - Mottlau

N
Nidzica – Neidenburg
Niechorze - Horst
Nowy Dwór Gdański - Tiegenhof

O
Olecko - Treuburg
Oliwa - Oliva
Olsztyn - Allenstein
Olsztynek – Hohenstein
Orneta - Wormditt
Ośno Lubuskie – Drossen
Ostróda - Osterode

P
Pasłęk - Preussisch-Holland
Piaski - Neukrug
Pieniężno - Mehlsack
Pisz – Johannisburg
Pogorzelica - Fischerkarten
Pogrodzie - Neukirch-Höhe
Poznań - Posen
Puck – Putzig
Przybiernów - Pribbernow

R
Radzieje - Rosengarten
Reszel – Rössel

Rewal - Rewahl
Rowokol – Reveken
Ruciane-Nida – Nierdersee-Nieden
Rzystnowo - Rißnow

S
Skwierzyna – Schwerin
Słubice – Damm
Słupsk - Stolp
Smołdzino – Schmolsin
Sobieszewo - Bohnsack
Sopot – Zoppot
Stegna - Steegen
Suchacz – Succase
Sucha Koszalinska - Zuchen
Świebodzin – Schwiebus
Świnoujście - Swinemünde
Swiecie – Schwetz
Święta Lipka – Heiligelinde
Szczecin - Stettin

T
Tolkmicko - Tolkenmit
Toruń - Thorn
Trzebiatów - Treptow

U
Ustka - Stolpmünde

W
Warszawa – Warschau
Warta – Warthe
Węgorzewo - Angerburg
Wicko – Vietzig
Wisełka - Neuendorf
Wisła – Weichsel
Władysławowo – Grossendorf
Wojnowo – Eckertsdorf
Wolin - Wollin

Z
Zaleskie - Saleskie

Ortsregister Deutsch - Polnisch:

A
Allenstein - Olsztyn
Angerburg - Węgorzewo

B
Bischofstein - Bisztynek
Bodenwinkel - Katy Rybackie
Bohnsack - Sobieszewo
Braunsberg - Braniewo
Bromberg - Bydgoszcz

C
Cadinen - Kadyny
Christburg - Dzierzgon

D
Dabrag See - Jez. Dąbrąg
Damm - Słubice
Danzig - Gdańsk
Dembeck - Dębki
Drossen - Ośno Lubuskie

E
Eckertsdorf - Wojnowo
Elbing - Elbląg

F
Fischerkarten - Pogorzelica
Frauenburg - Frombork

G
Gdingen - Gdynia
Gnesen - Gniezno
Görlitz - Gierłoż
Gotendorf - Choczewo
Graudenz - Grudziądz
Grossendorf - Władysławowo
Groß-Garde - Gardna Wilka
Großmöllen - Mielno
Grünfelde - Grunwald

H
Habichtsberg - Jastrzębia
Heiligelinde - Święta Lipka
Heilsberg - Lidsbark-Warmiński
Heisternest - Jastarnia
Hela - Hel
Hohenstein - Olsztynek
Horst - Niechorze

J
Jamunder See - Jez. Jamno
Jershöft - Jarosławiec
Johannisburg - Pisz

K
Kahlberg-Liep - Krynica Morska
Karwen - Karwia
Klucken - Kluki
Kohlow - Kowalów
Kolberg - Kołobrzeg
Kopallin - Kopalino
Köslin - Koszalin
Kostschin - Kostrzyń
Krockow - Krokowa
Krutinnen - Krutyn

Kulm - Chełmno
Kulmsee - Chełmża
Kußfeld - Kuźnica

L
Landsberg - Gorzów Wielkopolski
Lasse - Łazy
Lötzen - Giżycko

M
Malta See - Jez. Maltanskie
Marienburg - Malbork
Marienwerder - Kwidzyn
Mehlsack - Pieniężno
Meseritz - Międzyrzecz
Misdroy - Międzyzdroje
Mottlau - Motława

N
Neidenburg - Nidzica
Neuendorf - Wisełka
Neu-Gutznierow - Choćmirówo
Neukirch-Höhe - Pogrodzie
Neukrug - Piaski
Neuwasser - Dąbki
Nierdersee-Nieden - Ruciane-Nida
Nikolaiken - Mikołajki

O
Oliva - Oliwa
Osterode - Ostróda

P
Pasewark - Jantar
Posen - Poznań
Preussisch-Holland - Pasłęk
Pribbernow - Przybiernów
Putzig - Puck

R
Rastenburg - Kętrzyn
Reveken - Rowokol
Rewahl - Rewal
Rißnow - Rzystnowo
Rosengarten - Radzieje
Rössel - Reszel
Rügenwalde - Darłowo
Rügenwaldermünde - Darłowko

S
Saleskie - Zaleskie
Schmolsin - Smołdzino
Schwerin - Skwierzyna
Schwetz - Swiecie
Schwiebus - Świebodzin
Sensburg - Mrągowo
Steegen - Stegna
Stettin - Szczecin
Stolp - Słupsk
Stolpmünde - Ustka
Succase - Suchacz
Swinemünde - Świnoujście

T
Thorn - Toruń
Tiegenhof - Nowy Dwór Gdański
Tolkenmit - Tolkmicko
Treptow - Trzebiatów
Treuburg - Olecko

V
Vietzig - Wicko
Warschau - Warszawa

W
Warthe - Warta
Weichsel - Wisła
Wollin - Wolin
Wormditt - Orneta
Wulping-See - Jezioro Wulpinskie

Z
Zoppot - Sopot
Zuchen - Sucha Koszalinska

TELEFONIEREN

Als Vorwahl nach Deutschland gilt in Polen die 0049 und dann die Ortsvorwahl ohne die erste 0. Die Vorwahl von Deutschland nach Polen lautet 0048. Seit vielen Jahren sind wir in Europa mit dem Handy unterwegs, man ist in Europa dank des GSM-Standards überall unter seiner normalen Rufnummer erreichbar. Auch Polen hat ein flächendeckendes Netz, so dass man überall erreichbar ist. Stellen Sie vor Reiseantritt sicher, dass bei Ihnen das "International Roaming" freigeschaltet ist! Denken Sie auch, sofern Sie nicht über Wechselrichter sowieso 220 V an Bord haben, daran, an ein spezielles 12V-Ladegerät für Ihr Handy zu besorgen. Eine Freisprecheinrichtung ist auch in Polen zum Telefonieren während der Fahrt vorgeschrieben! (natürlich nicht für den Beifahrer / die Beifahrerin ...)

TOILETTE

Einer der Gründe dafür, dass das Freie Camping in so vielen Ländern verboten wird, ist mit Sicherheit die Verunstaltung und Verseuchung der Landschaft mit Fäkalien.
Die Benutzung einer Campingtoilette ist deshalb ein absolutes "Muss" für jeden engagierten Camper.

Tipps:

>> *Campingtoiletten sind nicht der Weisheit letzter Schluss, bekämpft man doch die zu erwartenden Düfte selten mit umweltverträglichen Mitteln. Wie verhält sich der umweltbewusste Toilettengänger in Polen:*

1. *Möglichst nur die aufgestellten Toiletten benutzen.*
2. *Toilettenchemikalien äußerst sparsam einsetzen; wir verwenden nur Schmierseife (Schlecker) – und es geht auch!*
3. *Campingtoiletten entweder an Tankstellen an Raststätten oder öffentlichen WC's entsorgen*
4. *Wer den Inhalt seiner Campingtoilette hinters Gebüsch gießt, den soll der Blitz beim Schei... treffen*

TREIBSTOFF

Polen, auch als nicht überall dicht besiedeltes Land verfügt über ein großes Tankstellennetz, wo wir neben Diesel auch fast immer - auf Nachfrage! - Frischwasser bunkern konnten. Der Diesel ist billiger als in Deutschland.

TRINK-, WASCH-, SPÜLWASSER

Beim Abwasser hatten wir die Formel aufgestellt:

10 Liter x Personenzahl = Volumen des Abwassertanks

Als Trinkwasservorrat muss man pro Person und Tag mindestens 15 bis 20 Liter rechnen.

Tipps:

>> *In den südlichen Ländern haben wir für Sie nach Trinkwasserbrunnen gesucht. Solche "überkommenen" Einrichtungen gibt es in Polen nicht.*

>> *Die Trinkwasserversorgung ist jedoch trotzdem kein Problem: Alle Tankstellen haben saubere Zapfhähne, wir haben immer erst um Erlaubnis gefragt, nie wurden wir abgewiesen.*

>> *Der verwöhnte Wassertankbesitzer fragt sich: „Wie kriege ich das frische Nass möglichst bequem in den eingebauten Behälter?“ Für ihn haben wir den WOMO-Zapfschlauch konstruiert. Es handelt sich um 3 - 5 Meter Gartenschlauch, an dessen Beginn man ein Stück Fahrradschlauch der Größe 1 3/8 x 1 5/8 Zoll anflanscht, das über jeden Wasserhahn passt. Am anderen Ende befestigt man einen Karabinerhaken, den man in eine Öse am Einfüllstutzen des Wassertanks hängt, wenn man keinen zweiten Mann zum Halten hat.*

>> *Mehr aus Gewohnheit haben wir auch in Polen unser Trinkwasser mit Entkeimungsmitteln behandelt – jedoch in erster Linie, um eine Nachverkeimung im Tank zu verhindern.*

>> *Irgendwann geht an jedem Platz das Trinkwasser aus. Wie kann man sparen?*

1. *Salzwasser: Geschirrspülen klappt wunderbar, wenn das "Spüli" keine "Anionischen Tenside" enthält. Auf der Flasche nachschauen oder einfach probieren.*

Haarewaschen geht prima! Auch hier ist Seife nicht geeignet. Man nehme flüssige Seife, die keine Alkalien enthält, z. B. "Eubos" (Apotheke).

2. *See-, Flusswasser: Wenn das Wasser optisch rein ist, kann man es zum Spülen, Waschen und Haarewaschen verwenden. Nur zum Zähneputzen muss man es vorher abkochen oder entkeimen.*

VERKEHR

Dem WOMO-Fahrer kann es nur darum gehen, sein großes und schweres Gefährt unbehelligt bis zum Urlaubsziel und zurück zu transportieren. Dabei kann ihm allerhand passieren.

Tipps:

\>> *Geschwindigkeitsbegrenzungen nötigen uns meist nur ein müdes Lächeln ab:*

Autobahnen .... 120 km/h .... über 3,5 t 80 km/h
Schnellstraßen .... 90- 110 km/h .... über 3,5 t 70 km/h
Innerorts 05:00 - 23:00 .... 50 km/h
Innerorts 23:00 - 05:00 .... 60 km/h
Beruhigte Wohngebiete .... 30 km/h

\>> *Promillegrenze: **0,2***

\>> *Es besteht **Anschnallpflicht** auf Vorder- und Rücksitzen, Kinder haben hinten zu sitzen.*

\>> *Auch tagsüber nur mit **Abblendlicht** fahren!*

\>> *Polen ist stark landwirtschaftlich geprägt. Insbesondere im Juli und August zur Erntezeit muss man immer und überall auch mit langsamen Pferdefuhrwerken, überbreiten Mähdreschern, hochbeladenen Schleppern und anderen Maschinen rechnen.*

\>> ***Straßenverhältnisse:***
Das Fernstraßennetz ist dicht und gut ausgebaut, die Haupttransit-Strecken Richtung Russland, Ukraine und Baltikum sind auch sehr stark befahren, vor allem von LKW. Autobahnen sind kaum vorhanden. Auf diesen Fernstraßen wird größtenteils schnell gefahren und wild überholt. Die Straßenzustände reichen von neuem, topfebenem Asphalt bis zu tiefen Spurrillen und Schlaglöchern. Es wird allerorten ausgebaut und erneuert. Nebenstraßen sind oft schmal und als wunderschöne Alleen angelegt - aber achten Sie bei Gegenverkehr, wenn Sie nach rechts ausweichen müssen, auf Ihren Alkoven! Manch Ast ragt ein wenig in die Fahrbahn und kann teure Schäden verursachen. Ansonsten können Sie uns bei unbesorgt allen Touren folgen, auch ohne Allrad und auch mit einem großen Womo.

VERSTÄNDIGUNG

Gehen Sie nicht davon aus, dass in Polen jeder der deutschen Sprache mächtig ist! Zumal es auch kein großer Akt der Höflichkeit ist, im Ausland sofort in seiner Heimatsprache loszulegen und dann auch noch zu erwarten, verstanden zu werden! Englisch ist seit vielen Jahren jedoch Pflichtfach in den Schulen, so dass die Wahrscheinlichkeit, insbesondere bei jüngeren Gesprächspartnern, auf die Frage "Do you speak English?" ein "Yes, of course!" zu erhalten, recht groß ist. Viele ältere Menschen sprechen auch noch Deutsch, aber aufgrund der nicht sehr ruhmreichen Vergangenheit spricht es auch nicht jeder, der es könnte. Andererseits sollte man aber grundsätzlich vorsichtig sein, was man, auch untereinander, alles sagt - manch ein Pole versteht recht gut, ohne sich zu erkennen zu geben ...

WOMO-Forum - der Treff für Wohnmobilurlauber

Seit 2002 gibt es das WOMO-Forum, einen kostenlosen Service unseres Verlages, unter: **forum.womoverlag.de**

Offensichtlich hatten die WOMO-Freunde nur darauf gewartet, denn in der kurzen Zeit ist die Zahl der registrierten Mitglieder bereits auf über 5.000 angewachsen, die mit der abenteuerlichen Zahl von 110.000 Beiträgen zu allen Themen des wohnmobilen Lebens das Forum zu einer einmaligen Ideen-Austauschbörse gemacht haben.

Deshalb wird – wer sich unter: forum.womoverlag.de – einklickt und nach einem Thema sucht, wohl kaum ohne Antwort bleiben:

Natürlich lebt das Forum von einem regen Erfahrungsaustausch. Deshalb ist es in vielerlei Rubriken aufgeteilt, in denen man gezielt Fragen stellen oder versuchen kann, die Fragen anderer zu beantworten.

ALLGEMEIN	THEMEN	BEITRÄGE	LETZTER BEITRAG
WOMO-Bücher: Lob-Kritik (Keine Korrekturen) Schreibt bitte hier Eure Meinung zu den WOMO-Büchern. **Moderator:** Mods	178	983	von **ANUBIS** 19.10.2011 - 14:57:20
User-Treffen (Nur für registrierte User) Hier geht es um geplante Treffen der Forenmitglieder **Moderator:** Mods	32	593	von **Malu** 14.11.2011 - 20:14:47
Stellplatztipps Hier kannst Du neue Stellplätze in Deutschland beschreiben oder danach fragen. **Moderator:** Mods	1215	7139	von **Karl0097** 25.11.2011 - 19:40:56
Urlaub mit Kindern Fragen & Ratschläge fürs Reisen mit Kindern. **Moderator:** Mods	90	824	von **Isa** 16.11.2011 - 13:50:41
Urlaub mit Haustieren Fragen, Tipps und Ratschläge **Moderator:** Mods	165	2474	von **Klaus2011** 24.11.2011 - 17:12:42

WOMO	THEMEN	BEITRÄGE	LETZTER BEITRAG
Aktivitäten rund ums WOMO Sport, Kultur, etc. etc. **Moderator:** Mods	159	2150	von **Gwaihir** 15.11.2011 - 19:53:11
WOMO-Technik Gas-, Wasser- und Elektroinstallation, Innenausbau. **Moderator:** Mods	3108	31232	von **Herby** 25.11.2011 - 19:28:45
Multimedia im WOMO Alles zum Thema Multimedia, Navigation, POIs, Hard- und Software **Moderator:** Mods	764	7597	von **heulnet** 25.11.2011 - 11:23:16
WOMO-Kauf, WOMO-Miete Tipps, Fragen & Antworten **Moderator:** Mods	1035	13535	von **dooley** 24.11.2011 - 21:56:05
WOMO-Clubs Stelle Deinen Club vor oder empfehle einen. **Moderator:** Mods	59	356	von **Monty** 20.11.2011 - 21:19:43
WOMO-Küche Stelle neue Rezepte für die WOMO-Küche vor. **Moderator:** Mods	267	1484	von **dooley** 09.11.2011 - 17:26:25
WOMO-Neuigkeiten Informiere über Neues aus den Bereichen: Technik, Zubehör, usw. **Moderator:** Mods	136	1622	von **Freetec 598** 22.11.2011 - 10:56:23
Gasversorgung Fragen & Antworten zum Thema Autogas und Gasflaschentausch im Ausland. **Moderator:** Mods	169	2176	von **Joanne** 26.10.2011 - 17:41:39
Umwelt & Wohnmobile Am Thema Umwelt kommt man heute nicht mehr vorbei. Hier ist das Forum dafür. **Moderator:** Mods	150	2646	von **VY73** 26.11.2011 - 12:11:51
Recht und Verkehr Alles zum Thema Recht und Verkehr kann hier diskutiert werden. **Moderator:** Mods	397	6090	von **Pego** 16.11.2011 - 23:05:03
WOMO-Quasselecke Themen für alles Andere und Jeden. Alle Threads die 500 Tage unbeachtet bleiben, werden automatisch gelöscht! **Moderator:** Mods	236	2998	von **Kule** 25.11.2011 - 21:02:43

Weiter geht es mit Fragen und Antworten zu Urlaubszielen, Reiseberichten und Korrekturen für alle WOMO-Bücher.

Also: Klicken Sie sich ein, machen Sie mit – es lohnt sich für Sie und andere!

ZEITUNGEN

Deutsche, aber auch andere ausländische, deutschsprachige Zeitungen und Zeitschriften bekommt man nur in den Großstädten.

In der Regel dabei waren die "Süddeutsche", die "Frankfurter" und "Bild", unter den Zeitschriften "Spiegel", "Focus" "Bunte" und "Burda". Wir hoffen, da ist etwas nach Ihren Wünschen dabei. Nicht immer waren die Exemplare jedoch taufrisch. Zwischen zwei und zehn Tagen waren die Neuigkeiten schon alt...

Zum Schluss:

IN EIGENER SACHE – ODER DER SACHE ALLER!?

Urlaub mit dem Wohnmobil ist etwas ganz besonderes. Man kann die Freiheit genießen, ist ungebunden, dennoch immer zu Hause, lebt mitten in der Natur – **wo man für sein Verhalten völlig selbst verantwortlich ist!**

Seit mehr als 14 Jahren geben wir Ihnen mit unseren Reiseführern eine Anleitung für diese Art Urlaub mit auf den Weg. Außer den umfangreich recherchierten Touren haben wir viele Tipps allgemeiner Art zusammengestellt, unter ihnen auch solche, die einem WOMO-Urlauber eigentlich selbstverständlich sein sollten. Weil wir als Wohnmobiler die Natur in ihrer ganzen Schönheit und Vielfalt hautnah erleben dürfen, haben wir auch besondere Pflichten ihr gegenüber, die wir nicht auf andere abwälzen können.

Jährlich erhalten wir viele Zuschriften, Grüße von Lesern, die mit unseren Reiseführern einen schönen Urlaub verbracht haben und sich herzlich bei uns bedanken. Wir erhalten Hinweise über Veränderungen an den beschriebenen Touren, die von uns bei der Aktualisierung der Reiseführer Berücksichtigung finden.

Aber: Wir erhalten auch Zuschriften über das Verhalten von Wohnmobilurlaubern, die sich **egoistisch, rücksichts- und verantwortungslos** der Natur und ihren Mitmenschen – nachfolgenden Urlaubern und Einheimischen – gegenüber verhalten.
In diesen Briefen geht es um die Themen Müllbeseitigung, Abwasser- und Toilettenentsorgung. Es soll immer noch Wohnmobilurlauber geben, die ihre Campingtoilette nicht benutzen, dafür lieber den nächsten Busch mit Häufchen und Toilettenpapier "schmükken", die den Abwassertank nicht als Tank benutzen, sondern das Abwasser unter das WOMO trielen lassen, die ihren Müll neben dem Wohnmobil liegenlassen und davondüsen, alles frei nach dem Motto: **"Nach mir die Sintflut!"**

Liebe Leser!

Wir möchten Sie im Namen der gesamten WOMO-Familie bitten: Helfen Sie aktiv mit, diese Schweinereien zu unterbinden! Jeder Wohnmobilurlauber trägt eine große Verantwortung, und sein Verhalten muss dieser Verantwortung gerecht werden. Bestimmt hat mancher, dem Sie auf Ihrer Tour begegnen und der sich unwürdig verhält, das gleiche Büchlein in der Hand wie Sie. Er weiß zumindest jetzt, worum es geht. Sprechen Sie ihn an und weisen Sie ihn auf sein Fehlverhalten hin.
Der nächste freut sich, wenn er den Stellplatz sauber vorfindet, denn auch er hat sich seinen Urlaub verdient!
Vor allem aber: Wir erhöhen damit die Chance, dass uns unsere über alles geliebte Wohnmobil-Freiheit noch lange erhalten bleibt.

Helfen Sie mit, den Ruf der Sippe zu retten! Verhindern Sie, dass einzelne ihn noch weiter in den Schmutz ziehen!
Wir danken Ihnen im Namen aller WOMO-Freunde –

Ihr WOMO-Verlag

Stichwortverzeichnis

Der WOMO®-Pfannenknecht

ist die saubere Alternative zum Holzkohlengrill.

* Kein tropfendes Fett,
* Holz statt Holzkohle,
* vielfältige Benutzung –
* vom Kartoffelpuffer bis zur Gemüsepfanne.

Massive Kunstschmiedearbeit, campinggerecht zerlegbar,
Qualitäts-Eisenpfanne von Rösle,
bequeme Handhabung im Freien, einfachste Reinigung.

Nur 49,90 € – und nur bei WOMO!

Der WOMO®-Aufkleber

WOMO® fan
www.womo.de

* passt mit 45 cm Breite auch auf Ihr Wohnmobil.
* ist das weit sichtbare Symbol für alle WOMO-Freunde.

Nur 2,90 € – und nur bei WOMO!

Der WOMO®-Knackerschreck

* ist die universelle und **sofort sichtbare Einbruchssperre**.
* Wird einfach in die beiden Türarmlehnen eingehängt, zusammengeschoben und abgeschlossen. (tagsüber unter Einbeziehung des Lenkrades, nachts direkt, somit ist Notstart möglich).
* Passend für Ducato, Peugeot, MB Sprinter sowie VW (LT & T4).
* Krallen aus 10 mm starkem Edelstahl, d. h. nahezu unverwüstlich.

Ab 44,90 € – und nur bei WOMO!

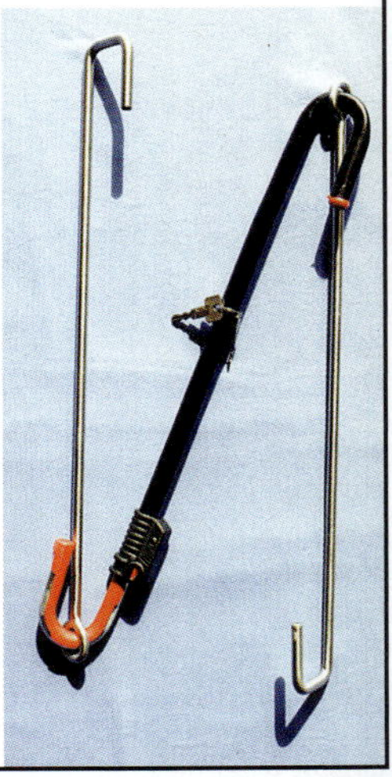

Info-Blatt für das WOMO-Buch: Polen (N) '12

(ausgefüllt erhalte ich 10% Info-Honorar auf Buchbestellungen direkt beim Verlag)

Lokalität: Seite: Datum:
(Stellplatz, Campingplatz, Wandertour, Gaststätte, usw.)
unverändert gesperrt/geschlossen folgende Änderungen:

Lokalität: Seite: Datum:
(Stellplatz, Campingplatz, Wandertour, Gaststätte, usw.)
unverändert gesperrt/geschlossen folgende Änderungen:

Lokalität: Seite: Datum:
(Stellplatz, Campingplatz, Wandertour, Gaststätte, usw.)
unverändert gesperrt/geschlossen folgende Änderungen:

Lokalität: Seite: Datum:
(Stellplatz, Campingplatz, Wandertour, Gaststätte, usw.)
unverändert gesperrt/geschlossen folgende Änderungen:

Lokalität: Seite: Datum:
(Stellplatz, Campingplatz, Wandertour, Gaststätte, usw.)
unverändert gesperrt/geschlossen folgende Änderungen:

Lokalität: Seite: Datum:
(Stellplatz, Campingplatz, Wandertour, Gaststätte, usw.)
unverändert gesperrt/geschlossen folgende Änderungen:

Meine Adresse und Tel.-Nummer:
(nur komplett ausgefüllte, zeitnah eingesandte Infoblätter können berücksichtigt werden)

Info-Blatt für das WOMO-Buch: Polen (N) '12

(ausgefüllt erhalte ich 10% Info-Honorar auf Buchbestellungen direkt beim Verlag)

Lokalität: Seite: Datum:
(Stellplatz, Campingplatz, Wandertour, Gaststätte, usw.)
unverändert gesperrt/geschlossen folgende Änderungen:

Lokalität: Seite: Datum:
(Stellplatz, Campingplatz, Wandertour, Gaststätte, usw.)
unverändert gesperrt/geschlossen folgende Änderungen:

Lokalität: Seite: Datum:
(Stellplatz, Campingplatz, Wandertour, Gaststätte, usw.)
unverändert gesperrt/geschlossen folgende Änderungen:

Lokalität: Seite: Datum:
(Stellplatz, Campingplatz, Wandertour, Gaststätte, usw.)
unverändert gesperrt/geschlossen folgende Änderungen:

Lokalität: Seite: Datum:
(Stellplatz, Campingplatz, Wandertour, Gaststätte, usw.)
unverändert gesperrt/geschlossen folgende Änderungen:

Lokalität: Seite: Datum:
(Stellplatz, Campingplatz, Wandertour, Gaststätte, usw.)
unverändert gesperrt/geschlossen folgende Änderungen:

Meine sonstigen Tipps und Verbesserungswünsche:

Wir bestellen zur sofortigen Lieferung: (Alle Preise in € [D], Preisänderungen vorbehalten)

❑ Wohnmobil Handbuch ... 19,90 €	❑ Heitere WOMO-Geschichten ... 6,90 €	❑ WOMO-Pfannenknecht ... 49,90 €
❑ Wohnmobil Kochbuch ... 12,90 €	❑ Gordische Lüge – WOMO-Krimi . 9,90 €	❑ WOMO-Knackerschreck ab ... 44,90 €
❑ Multimedia im Wohnmobil ... 9,90 €	❑ WOMO-Aufkleber "WOMO-fan" .. 2,90 €	Fahrzeugmarke/Bj.: ______

WOMO-Reiseführer: Mit dem WOMO ins/durch/nach....

❑ Allgäu ... 17,90 €	❑ Marokko ... 18,90 €	❑ Schwabenländle ... 17,90 €
❑ Auvergne ... 17,90 €	❑ Neuseeland ... 19,90 €	❑ Schwarzwald ... 17,90 €
❑ Baltikum (Est-/Lettland/Litauen) 18,90 €	❑ Niederlande ... 19,90 €	❑ Schweden (Nord) ... 18,90 €
❑ Bayern (Nordost) ... 19,90 €	❑ Normandie ... 17,90 €	❑ Schweden (Süd) ... 17,90 €
❑ Belgien & Luxemburg ... 17,90 €	❑ Norwegen (Nord) ... 19,90 €	❑ Sizilien ... 17,90 €
❑ Bretagne ... 18,90 €	❑ Norwegen (Süd) ... 19,90 €	❑ Slowenien ... 17,90 €
❑ Burgund ... 17,90 €	❑ Österreich (Ost) ... 19,90 €	❑ Spanien (Nord/Atlantik) ... 17,90 €
❑ Dänemark ... 17,90 €	❑ Österreich (West) ... 17,90 €	❑ Spanien (Ost/Katalonien) ... 17,90 €
❑ Elsass ... 18,90 €	❑ Ostfriesland ... 19,90 €	❑ Spanien (Süd/Andalusien) ... 17,90 €
❑ Finnland ... 18,90 €	❑ Peloponnes ... 17,90 €	❑ Süditalien (Osthälfte) ... 17,90 €
❑ Franz. Atlantikküste (Nord) ... 17,90 €	❑ Pfalz ... 17,90 €	❑ Süditalien (Westhälfte) ... 17,90 €
❑ Franz. Atlantikküste (Süd) ... 17,90 €	❑ Piemont/Ligurien ... 19,90 €	❑ Süd-Tirol ... 18,90 €
❑ Griechenland ... 19,90 €	❑ Polen (Nord/Masuren) ... 17,90 €	❑ Thüringen ... 19,90 €
❑ Hunsrück/Mosel/Eifel ... 19,90 €	❑ Polen (Süd/Schlesien) ... 17,90 €	❑ Toskana & Elba ... 19,90 €
❑ Irland ... 18,90 €	❑ Portugal ... 17,90 €	❑ Trentino/Gardasee ... 17,90 €
❑ Island ... 17,90 €	❑ Provence & Côte d'Azur (Ost) ... 18,90 €	❑ Tschechien ... 18,90 €
❑ Korsika ... 17,90 €	❑ Provence & Côte d'Azur (West) . 17,90 €	❑ Tunesien ... 17,90 €
❑ Kreta ... 14,90 €	❑ Pyrenäen ... 17,90 €	❑ Türkei (West) ... 18,90 €
❑ Kroatien (Dalmatien) ... 17,90 €	❑ Sardinien ... 19,90 €	❑ Umbrien & Marken mit Adria ... 17,90 €
❑ Languedoc/Roussillon ... 19,90 €	❑ Schleswig-Holstein ... 19,90 €	❑ Ungarn ... 17,90 €
❑ Loire-Tal/Paris ... 17,90 €	❑ Schottland ... 17,90 €	... und jährlich werden's mehr!

* WOMO * * WOMO * * WOMO * * WOMO *

Absender:

Datum

Unterschrift

Pol(N) '12

WOMO®-VERLAG

Versandabteilung

Wiesenweg 4-6

98634 Mittelsdorf/Rhön

DIE REISE- UND ERLEBNISFÜHRER

* Bequeme Touren durchs ganze Urlaubsland.
* Viele Plätzchen für freie Übernachtungen mit GPS.
* Genaue Hinweise auf viele Trinkwasserstellen.
* Die schönsten Badeplätze, die nicht jeder kennt.
* Bergtouren und Spaziergänge für groß und klein.
* Die besten Anreiserouten, Fähren, usw.
* 300 Tipps und Tricks – für Ausrüstung, Reisevorbereitung und Urlaub.
* Ausgefeilte Profipackliste.
* Spezialkarten mit supergenauen Einträge der freien Stellplätze, Trinkwasserstellen und Entsorgung.

DAS KOCHBUCH

* Einrichtung der WOMO-Küche.
* Lebensmittel-Grundausstattung.
* Konserven selbst gemacht.
* Backen in der Bratpfanne – Kuchen, Pizza, Brote.
* Viele, viele WOMO-Rezepte für zwei Gasflammen – einfach, schnell und lecker!
* Einkochen im Urlaub.
* Spezialrezepte für den Dampftopf.
* Der WOMO-Pfannenknecht.

DAS HANDBUCH

* Beratung bei Kauf und Miete.
* Gas-, Wasser-, Elektroinstallation.
* Einrichten des Wohnmobils.
* Tipps & Tricks fürs Wochenende.
* 3200 freie deutsche Stellplätze.
* 700 deutsche Entsorgungsstationen.
* Urlaubsvorbereitung, Profipackliste.
* .Stellplatz-Infos für ganz Europa.
* Wohnmobil und Wintersport.
* Der WOMO-Urlaubspartner-Service.
* Gastankstellen in ganz Europa.

Unsere Bücher erhalten Sie in jeder Buchhandlung oder auf Rechnung direkt vom Verlag. Hier gibt's auch die aktuellen Infos über unsere ständigen Neuerscheinungen. (Versandkosten 1,20 €, ab 10 € portofrei / Ausland 4 €, Preisänderungen vorbehalten).

24 Std.-Bestell-Telefon: 036946-20691*Fax: 036946-20692
Internet: www.womo.de * eMail: verlag@womo.de**

* WOMO * * WOMO * * WOMO * * WOMO *